ROLETA VERMELHA

ROLETA VERMELHA

UMA HISTÓRIA
EXCLUSIVA DE
RIQUEZA, PODER,
CORRUPÇÃO
E VINGANÇA NA
CHINA DE HOJE

DESMOND SHUM

BILIONÁRIO QUE DENUNCIOU A CORRUPÇÃO
NO PARTIDO COMUNISTA DA CHINA

ALTA BOOKS
GRUPO EDITORIAL
Rio de Janeiro, 2023

Roleta Vermelha

Copyright © 2023 da Starlin Alta Editora e Consultoria Eireli.
ISBN: 978-65-5520-969-3

Translated from original Red Roulette. Copyright © 2021 by Desmond Shum. ISBN 978-1-9821-5615-2. This translation is published and sold by permission of Simon & Schuster, Inc, the owner of all rights to publish and sell the same. PORTUGUESE language edition published by Starlin Alta Editora e Consultoria Eireli, Copyright © 2023 by Starlin Alta Editora e Consultoria Eireli.

Impresso no Brasil — 1ª Edição, 2023 — Edição revisada conforme o Acordo Ortográfico da Língua Portuguesa de 2009.

Dados Internacionais de Catalogação na Publicação (CIP) de acordo com ISBD

S562r   Shum, Desmond

     Roleta Vermelha: uma história exclusiva de riqueza, poder, corrupção e vingança na China de hoje / Desmond Shum ; traduzido por Alberto Gassul Streicher. - Rio de Janeiro : Alta Books, 2023.
     336 p. ; 15,8cm x 23cm.

     Tradução de: Red Roulette
     Inclui índice.
     ISBN: 978-65-5520-969-3

     1. Autobiografia. I. Streicher, Alberto Gassul. II. Título.

                    CDD 920
                    CDU 929
2022-2465

Elaborado por Vagner Rodolfo da Silva - CRB-8/9410

Índice para catálogo sistemático:
1. Autobiografia 920
2. Autobiografia 929

Produção Editorial
Editora Alta Books

Diretor Editorial
Anderson Vieira
anderson.vieira@altabooks.com.br

Editor
José Ruggeri
j.ruggeri@altabooks.com.br

Gerência Comercial
Claudio Lima
claudio@altabooks.com.br

Gerência Marketing
Andréa Guatiello
andrea@altabooks.com.br

Coordenação Comercial
Thiago Biaggi

Coordenação de Eventos
Viviane Paiva
comercial@altabooks.com.br

Coordenação ADM/Finc.
Solange Souza

Coordenação Logística
Waldir Rodrigues
logistica@altabooks.com.br

Direitos Autorais
Raquel Porto
rights@altabooks.com.br

Assistente Editorial
Henrique Waldez

Produtores Editoriais
Illysabelle Trajano
Maria de Lourdes Borges
Paulo Gomes
Thales Silva
Thiê Alves

Equipe Comercial
Adenir Gomes
Ana Carolina Marinho
Ana Claudia Lima
Daiana Costa
Everson Sete
Kaique Luiz
Luana Santos
Maira Conceição
Natasha Sales

Equipe Editorial
Andreza Moraes
Beatriz de Assis
Betânia Santos
Brenda Rodrigues
Caroline David
Gabriela Paiva
Kelry Oliveira
Marcelli Ferreira
Mariana Portugal
Matheus Mello
Milena Soares

Marketing Editorial
Amanda Mucci
Guilherme Nunes
Livia Carvalho
Pedro Guimarães
Thiago Brito

Atuaram na edição desta obra:

Tradução
Alberto Streicher

Copidesque
Daniele Ortega

Revisão Gramatical
Maíra Meyer
Raquel Escobar

Diagramação
Daniel Vargas

Capa
Marcelli Ferreira

Editora
afiliada à:

ASSOCIADO

ALTA BOOKS
GRUPO EDITORIAL

Rua Viúva Cláudio, 291 — Bairro Industrial do Jacaré
CEP: 20.970-031 — Rio de Janeiro (RJ)
Tels.: (21) 3278-8069 / 3278-8419
www.altabooks.com.br — altabooks@altabooks.com.br
Ouvidoria: ouvidoria@altabooks.com.br

Para Hong Kong e Whitney Duan.

Queria saber o que dizer; apenas saibam que me importo.

寧鳴而死，不默而生

*É melhor se manifestar e morrer do que
ficar em silêncio e viver.*

— Fan Zhongyan (989–1052)

⊷ SUMÁRIO ⊷

⊪ INTRODUÇÃO ⊪

NO DIA 5 DE SETEMBRO DE 2017, WHITNEY DUAN, COM 50 anos de idade, desapareceu das ruas de Pequim. A última vez que fora vista foi no dia anterior, em seu amplo escritório no Gênesis Pequim, um projeto de desenvolvimento que construí junto com ela e que vale mais de US$2,5 bilhões. Lá, enfurnada em um espaço de trabalho em que os visitantes chegavam após passarem por inúmeros seguranças, jardins meticulosamente cuidados e uma dezena de variedades de mármore italiano, Whitney criara projetos imobiliários que valiam muitos bilhões. E agora, do nada, tinha sumido.

Como isso aconteceu? E quem é Whitney Duan?

Whitney Duan era minha esposa e sócia há mais de uma década. À época, estávamos divorciados, mas por muitos anos fomos colaboradores e confidentes, tendo juntos experimentado as aventuras mais radicais. Realizamos um sonho em comum de fazer grandes coisas na China pela China. Como éramos pobres, fomos tomados por um desejo de fazer algo de nossas vidas. Ficamos impressionados com nosso próprio sucesso.

Tínhamos construído um dos maiores hubs logísticos do mundo no Aeroporto Internacional de Pequim — Capital. Havíamos idealizado e construído o hotel, que contava com o centro de negócios mais chique da capital da China — localizado em uma área imobiliária de primeira, perto do coração agitado da cidade. Fizéramos transações com ações que nos deram centenas de milhões de dólares de lucro. Operávamos no centro do poder na China, cultivando relacionamentos com os membros mais importantes e influentes do Partido Comunista Chinês e com suas famílias. Aconselhávamos os oficiais em ascensão que tinham o país inteiro sob seu domínio. Pressionáramos por mudanças sociais e políticas para fazer da China um lugar melhor. Ao nos darmos bem, acreditávamos que poderíamos fazer o bem. Tínhamos feito os cálculos; nosso patrimônio líquido chegava a bilhões.

Mas agora ela tinha desaparecido. De minha casa na Inglaterra, entrei em contato com sua empregada, que me disse que Whitney não havia retornado do trabalho naquele dia e nunca mais aparecera. Parecia que ela tinha evaporado.

Liguei para as pessoas da empresa que fundáramos e descobri que Whitney não era a única que tinha sumido. Dois executivos seniores, juntamente com uma assistente júnior que fazia um extra como empregada, também estavam desaparecidos. Ninguém ouvira mais sobre eles desde então. Eu tinha acabado de sair de Pequim no fim de julho, após deixar nosso filho para passar o verão com a mãe. Fiquei pensando: será que teria desaparecido também se tivesse ficado algumas semanas a mais na China?

Desaparecimentos inexplicáveis ocorrem regularmente na China, onde o Partido Comunista exerce um monopólio de poder. Apesar das proteções legais resguardadas pela constituição do país, os investigadores do Partido desprezam tais leis para capturar qualquer um sob os pretextos mais triviais e deter a pessoa indefinidamente. Atualmente, os agentes chineses comunistas realizam até operações de sequestro no exterior, tendo como alvo editores de jornais, empresários, livreiros e dissidentes. Provavelmente já ouviu sobre as incríveis extradições de terroristas suspeitos feitas pelos EUA. Bem, essa é a versão chinesa.

Liguei para os pais de Whitney, mas eles não sabiam de nada. Perguntei a amigos, oficiais superiores na hierarquia do Partido Comunista que deviam suas posições a ela. Nenhum deles estava disposto a interceder por ela. As pessoas estavam tão preocupadas em serem pegas pelo caso de Whitney e com tanto medo da Comissão Central de Inspeção Disciplinar do Partido — que concluí ser a organização que a detinha —, que não estavam dispostas a ajudar.

Quanto mais eu perguntava, mais percebi que todos os relacionamentos formados entre aqueles que trabalham dentro do sistema do Partido na China estão saturados pelos cálculos de benefícios e perdas. Whitney tinha sido extraordinariamente útil para seus amigos. Tinha conseguido promoções para muita gente dentro do Partido Comunista Chinês e do governo. Ela administrara as carreiras deles e passara incontáveis horas ajudando-os nas estratégias para os passos seguintes. Porém, agora que estava em perigo, eles faziam de conta que não a conheciam.

Conforme eu pensava desesperadamente sobre o que fazer, qual abordagem inteligente traria de volta ao meu filho a mãe desaparecida e a mim a ex-mulher que exerceu um efeito tão transformador na minha vida, refleti sobre a série de eventos incríveis ao longo dos anos que levaram a essa situação.

Quando Whitney desapareceu, ela tinha tanto dinheiro que excedia muito o que nós dois poderíamos ter imaginado no início do nosso relacionamento. Uma mulher de talentos enormes em uma sociedade patriarcal, ela jogava a roleta do ambiente político da Nova China com uma habilidade inigualável, usando a aliança com a família de um titã político para conquistar um sucesso quase inimaginável. Até que tudo acabou. Ela havia compreendido a China real, mas então tudo ficou incompreensível. Eu era seu sócio e marido. Escalamos às alturas juntos. Esta é minha história, e a dela também.

CAPÍTULO UM

CONSIDERANDO MINHAS ORIGENS, HAVIA POUCOS motivos para acreditar que um dia eu teria ligações com o poder econômico e político da China na virada do século XXI. Não nasci na aristocracia vermelha — os filhos dos líderes do grupo de elite dos comunistas que tomaram o poder na China em 1949. Longe disso. Minha personalidade parecia não ser apropriada para o papel.

Nasci em Xangai em novembro de 1968; minha família estava dividida entre aqueles que tinham sido perseguidos depois que os comunistas chineses chegaram ao poder, e aqueles que não tinham. De acordo com a doutrina comunista, meu lado paterno pertencia a uma das "cinco categorias pretas": senhorio, camponês rico, contrarrevolucionário, mau elemento ou direitista. Antes da Revolução Comunista de 1949, meus ancestrais eram donos de terras. Sua maldição era dupla, se considerarmos a acusação adicional de terem parentes no exterior. Em qualquer outro lugar do mundo essas seriam características distintas, mas, na China das décadas de 1950 e 1960, o sucesso econômico e contatos internacionais significava que eram, como diziam os comunistas, "ratos nascidos no país". O status baixo da minha família impediu meu pai de frequentar boas escolas e o sobrecarregou com um ressentimento contra o mundo, sentimento que ele carregaria durante toda a vida.

Meus parentes paternos faziam parte da aristocracia rural de Suzhou, uma cidadezinha no delta do Rio Yangtze, conhecida como a Veneza chinesa graças aos seus suntuosos jardins e canais pitorescos. Reza a lenda familiar que, em 1949, quando as forças comunistas avançaram em sua guerra civil contra o Exército Nacionalista de Chiang Kai-shek, o clã Shum jogou seus itens de valor em um poço localizado no complexo da família. Aquela terra foi subsequentemente expropriada pelo governo comunista e, atualmente, é o local de um hospital estatal. Durante um encontro familiar anos atrás, um parente mais velho me passou uma localização bem específica e tentou me convencer a escavar esse tal tesouro. Ao perceber que o governo chinês considera propriedade do Estado tudo que está sob a terra, objetei.

Meu avô paterno era um ilustre advogado em Xangai antes da Revolução. Conforme os comunistas apertaram suas garras sobre a nação, ele, como muitos dos abastados, tivera a chance de fugir. Porém, meu avô hesitou perante a perspectiva de se tornar um refugiado humilde. Para ele, Hong Kong, destino favorito para os migrantes de Xangai, nunca poderia se comparar com sua cidade natal, na época conhecida como a Paris do Oriente. Ao comprar a ideia da propaganda comunista de que o Partido faria parcerias com os membros da classe capitalista para construir a "Nova China", ele decidiu ficar.

Meu pai nunca perdoou meu avô por tal decisão, sustentando que sua crença ingênua no Partido custou-lhe a juventude. Em 1952, as autoridades do Partido fecharam o escritório de advocacia do meu avô e expulsaram a família inteira, incluindo os dois irmãos e a irmã do meu pai, da casa geminada de três andares em Xangai, que meu avô tinha comprado com barras de ouro antes da Revolução. Meu avô levou todo mundo de volta a Suzhou. Todo mundo, quer dizer, com exceção do meu pai, que, aos 10 anos, foi orientado a ficar em Xangai para terminar o colégio.

Os 5 anos seguintes foram difíceis. Meu pai pulava de casa em casa de parentes, mendigando comida e um local para dormir. Não raro, pegava no sono com fome. Um tio foi particularmente bondoso com ele, muito embora a Revolução não tivesse sido bondosa. Antes da tomada comunista, esse tio era um executivo bem-sucedido. Os comunistas tomaram sua empresa e lhe atribuíram um trabalho como condutor de riquixá em uma das fábricas que ele possuíra. Eles eram mestres nesse tipo de tratamento, criado para destruir as posses mais estimadas de um homem — sua dignidade e seu respeito próprio.

Como descendente de uma família de advogados capitalistas em um país comunista, meu pai aprendeu a manter-se imperceptível. Viver por conta própria o fez resiliente e o ensinou a sobreviver. Mesmo assim, seus problemas só fortaleceram sua raiva contra meu avô por manter a família na China.

O fato de crescer com fome e de estar sozinho em Xangai incutiu em meu pai um medo de formar conexões mais profundas com aqueles ao seu redor. Ele odiava ficar devendo qualquer coisa a qualquer um, e só queria depender de si mesmo. Esse mesmo ponto de vista foi incutido em mim e, até hoje, fico desconfortável ao sentir que estou devendo algo. Só depois, após ter conhecido a mulher que viria a ser minha esposa, eu aprenderia como isso pode ser isolador. No vaivém da vida, se não deve nada a ninguém, diria Whitney, ninguém jamais estará em dívida com você e nunca desenvolverá relacionamentos mais profundos. Embora tenha passado anos com medo do meu pai, agora o vejo como uma figura solitária que lutou sozinho contra o mundo.

A origem de classe condenada do meu pai impossibilitou-o de frequentar uma das melhores faculdades da China. Sendo assim, foi-lhe atribuída uma escola de treinamento de professores em Xangai, onde se formou em Chinês. Alto para sua geração, com mais de 1,82m, ele era a estrela do time de vôlei da escola. Sua diligência obstinada e seu atleticismo devem ter chamado a atenção da minha mãe. Os dois se conheceram na faculdade de professores em 1962. Minha mãe também era atraente, alta para o padrão chinês — 1,76m — e também atleta; era velocista. Na foto em branco e preto do tamanho de um selo tirada no dia, eles estão usando uniformes pardos de Mao e não esboçam nenhuma expressão, mas, ainda assim, formam um belo casal.

A família da minha mãe tinha conexões no exterior, mas ela e seus parentes se esquivaram da perseguição. Meu avô paterno é oriundo da província de Guangdong, perto de Hong Kong. Como muitos clãs do sul da China, sua família espalhara-se pelo mundo. Sete irmãos e irmãs imigraram para a Indonésia, Hong Kong e Estados Unidos. Antes da Revolução Comunista de 1949, o pai da minha mãe viajava entre Hong Kong e Xangai, administrando os negócios em ambas as cidades. Em determinado momento no fim da década de 1940, ele representava os patrões nas negociações com um representante dos funcionários da Fábrica de Pasta de Dentes Xangai, chamado Jiang Zemin. Jiang viria a ser o chefe do Partido Comunista em 1989 e o presidente da China em 1993. Quando os comunistas tomaram Xangai em 1949, a família da minha mãe mudou-se para Hong Kong, mas após um desentendimento com meu avô, minha avó voltou para Xangai com os três filhos, incluindo minha mãe. No entanto, o casal nunca se divorciou, e meu avô sustentava minha avó enviando dinheiro para a China até o dia de sua morte.

A família da minha mãe não sofreu sob o governo comunista. Após a Revolução de 1949, o Partido Comunista Chinês usava famílias como a da minha mãe como uma fonte de moeda internacional e para quebrar o embargo comercial da Guerra Fria que os Estados Unidos infligiram à China. O Partido denominava tais famílias "chineses patrióticos no exterior", um sinal para as autoridades na China a pegarem leve com aqueles parentes que ficaram para trás. A certa altura, os comunistas pediram ao meu avô que administrasse a subsidiária da estatal de petróleo chinesa em Hong Kong, a Corporação Nacional de Petróleo da China.

Minha avó materna era uma figura. Linda quando jovem, veio de uma família rica da cidade litorânea de Tianjin, que, antes da Revolução Comunista, era um centro comercial e de negócios do norte da China. Abrigada em uma casa geminada de Xangai, que esse lado da família nunca perdeu, levantava todas as manhãs às 4h para fazer calistenia em um parque ali perto, comprava uma xícara de leite de soja e um *youtiao*, uma massa frita no formato de um pãozinho comprido, para o café da manhã, e ia para casa fumar — algo raro para uma mulher naqueles dias — e jogar paciência. Sustentada pelas remessas de fundos de Hong Kong, nunca trabalhou em sua vida e teve empregados mesmo durante os dias mais sombrios da Revolução Cultural, quando as pessoas que tinham estudado no Ocidente foram assassinadas aos milhares pelo crime de favorecer as ideias ocidentais como ciência, democracia e liberdade. Ela escapou ilesa, protegida pela aura de sua associação com os "chineses patrióticos no exterior".

Minha avó permaneceu extrovertida e popular até a velhice. Eu adorava visitá-la nos fins de semana. Ela moía suas próprias sementes de gergelim, fazendo uma pasta saborosa e servindo bandejas de *baozi* no vapor, um bolinho do tamanho de uma bola de tênis recheado com carne e vegetais, uma especialidade de sua cidade natal, Tianjin.

Minha mãe teve uma infância muito mais feliz que meu pai. Como minha avó, ela era do tipo sociável. Popular entre os colegas de classe, ela possuía uma visão alegre sobre a vida. Sua personalidade era quase o oposto polar da do meu pai, especialmente quando o assunto era risco. Minha mãe arriscava-se; meu pai, não. Posteriormente, ela desenvolveu instintos de investimento incrivelmente bons que lhes permitiram aproveitar os booms imobiliários tanto em Hong Kong quanto em Xangai.

Em 1965, com a permissão do Partido, meus pais se casaram. As autoridades do Partido atribuíram aos dois trabalhos como professores em diferentes colégios. É o que acontecia naquela época. O Partido controlava tudo. Não dava para escolher o próprio trabalho ou o dia do seu casamento. Na Escola de Ensino Médio Xiangming em Xangai, meu pai lecionava Chinês e Inglês, que aprendera ouvindo lições no rádio. Ele também era o técnico do time feminino de vôlei e regularmente disputavam o campeonato municipal de Xangai. Todos aqueles anos de muito cuidado compensaram quando a comissão do Partido na escola o nomeou "professor modelo".

A escola da minha mãe ficava a uma hora de bicicleta de sua casa. Ela lecionava matemática e os alunos a adoravam. Um dos motivos para isso era sua diligência; o outro era sua empatia. Meu pai era do tipo "é do meu jeito e ponto final". Minha mãe era mais flexível. Essa qualidade lhe foi útil ao lecionar matemática, especialmente no ensino médio chinês, onde o conteúdo programático fica exigente. Sua habilidade de ver os problemas sob a perspectiva do aluno permitiu a ela guiá-los melhor a uma solução. Ela também era uma voz moderadora conforme as campanhas políticas se espalhavam pelo colégio e alunos e professores se atacavam por transgressões ideológicas. Durante seções de críticas em massa quando um aluno era evidenciado, minha mãe interferia e encerrava o confronto antes de ficar violento demais. Nenhum outro professor no colégio ousava fazer o mesmo. Mas o status dela como a filha de um "chinês patriótico no exterior" lhe conferia certa proteção para ajudar. Suas ações eram como lançar uma corda a alguém que estava se afogando, atitude que seus alunos nunca esqueceram. Até hoje, eles ainda promovem reencontros.

Minha mãe era a segunda de três filhos, no meio de dois irmãos. Após o casamento dos meus pais, meus tios tiravam sarro dela por ter escolhido um homem das humildes "cinco categorias pretas". Eles nunca deixaram meu pai se esquecer de que pertenciam a um status exaltado e tinham mais dinheiro, cortesia do estipêndio mensal enviado de Hong Kong pelo meu avô. Um dos meus tios comprou a primeira motocicleta do bairro com esse dinheiro e fez questão de que meu pai soubesse do fato.

Eu nasci no meio da Revolução Cultural. O Partido enviou meus pais ao interior para aprenderem com os camponeses chineses, um programa concebido pelo líder Mao, que destruiu as vidas de milhões de pessoas e acabou levando a economia da China para o buraco. Meus pais e eu tivemos a sorte de nunca perdermos a permissão de vivermos em Xangai, diferentemente das centenas de milhares de residentes dessa cidade que foram exilados à versão chinesa da Sibéria, para nunca mais retornar. Os colégios dos meus pais os permitiram ir um de cada vez para morar entre os camponeses chineses, então, nunca fiquei sozinho.

Nasci um bebê robusto e cresci rápido. Era digno do meu nome chinês, Dong, que significa "pilar". Meu tamanho — chegando a 1,98m — e o atletismo me fizeram um líder natural entre meus pares. Meus pais também cultivaram em mim o amor pela leitura. Desde meus primeiros dias, tinha a melhor coleção de gibis sobre as figuras míticas da China, os heróis da Revolução Comunista chinesa e da guerra da China contra o Japão. Criado com as histórias de Xiao Gazi, uma criança que pegou em armas para matar invasores japoneses durante a Segunda Guerra Mundial, eu era naturalmente patriota — e adorava narrar histórias. Meus amigos rodeavam-me para ouvir tais histórias. Eu criava outras conforme as narrava. Ainda me lembro de tramar uma aventura maluca sobre uma caverna que se abriu no solo para engolir o comboio de um general chinês.

Aqueles gibis, repletos de sagas de pessoas que se sacrificavam pela pátria e pela Revolução Comunista, nutriram em mim um profundo amor pela China. Eles definiram o tom para minha vida posterior e alimentaram uma crença de que eu, também, deveria me dedicar à construção da China. Fui ensinado a ver a China como um ótimo país e a acreditar em sua promessa.

Em Xangai, vivíamos na mesma casa que as autoridades comunistas tinham expropriado do meu avô paterno em 1952. Era geminada ao estilo inglês em uma rua que saía da Avenida Huaihai Middle, uma alameda principal na antiga Concessão Francesa, distrito arborizado que, antes da Revolução de 1949, era administrado por servidores públicos de Paris, como parte do reino imperial francês. Os comunistas geralmente direcionavam os outrora proprietários a viverem em um cantinho de sua antiga casa, novamente uma tática deliberada para demonstrar o espantoso poder do Estado.

Fomos colocados em dois quartos no segundo andar. Um médico e sua família ocupavam a antiga sala de estar do meu avô no térreo. O médico estudara na Inglaterra antes da Revolução e seu apartamento era abarrotado com periódicos estrangeiros de medicina. Uma família de parentes distantes vivia acima de nós, no terceiro andar. Todas as dez pessoas da casa compartilhavam um banheiro e uma cozinha. Uma das principais padarias de Xangai ficava na esquina e o cheirinho de pão assando nos atormentava constantemente.

Nós dividíamos o quarto; meus pais dormiam em uma cama de casal e eu numa de solteiro. Uma cômoda com gavetas nos separava. Uma mesinha com nossa valorosa posse — um rádio — ficava ao lado da minha cama. Meu pai passava horas sobre um banquinho, perante o aparelho, aprendendo inglês. Quando meus pais estavam lá embaixo cozinhando, eu deixava de lado minha lição de casa e sintonizava programas sobre os heróis chineses do passado, ouvindo atento ao narrador e ao menor sinal dos passos dos meus pais subindo as escadas. Eles queriam que eu me dedicasse aos estudos. Como muitas crianças chinesas, eu ficava em casa enquanto meus pais trabalhavam. Chegava em casa na hora do almoço e, sozinho, preparava minha refeição. Logo cedo, também fazia o café da manhã.

Raivoso com sua sorte e nutrindo seus ressentimentos, meu pai descontava sua insatisfação em mim. Ele me puxava para o meio do cômodo sob uma fraca luz fluorescente pendurada por dois fios presos ao teto e me batia impiedosamente com cintos ou com as costas de sua mão, ou ainda com uma régua de madeira, que era dura feito pedra. Na verdade, eu era uma criança-modelo. Fui um dos primeiros da minha turma a conseguir entrar na Pequena Guarda Vermelha, uma organização infantil seletiva sancionada

pelo Partido Comunista Chinês. Fui selecionado como representante de sala e reconhecido como um líder natural. Mas meu pai
não se importava e me batia assim mesmo.

Certo dia, me esqueci de uma lição. Os professores chineses são
muito assíduos em termos de informar aos pais as falhas de seus
filhos. Naquela noite, meu pai me espancou como se não houvesse
amanhã. A esposa do médico no andar de baixo ouviu meus gritos,
subiu as escadas, bateu à nossa porta e pediu calmamente que meu
pai parasse com aquilo. Ele parou. Meus pais respeitavam aquela
família, especialmente porque o médico estudara no Ocidente. Sua
esposa acabou sendo minha salvadora. Sempre que meu pai se lan-
çava sobre mim, eu rezava para que meus gritos fizessem com que
ela subisse as escadas.

Meus pais me disseram que, na verdade, eu estava muito bem.
Outros pais puniam seus filhos fazendo com que se ajoelhassem
por horas sobre uma tábua de lavar roupas cheia de sulcos que
esfolava a pele do joelho. Não estou convencido sobre o que me
disseram. Ainda tenho pesadelos com ele me espancando. Acordo suando frio e com o coração disparado. Meu pai e eu nunca
tivemos um acerto de contas sobre o passado. Ele nunca deu a
entender que, retrospectivamente, se arrependia de me tratar de
forma tão bruta.

Minha mãe, que tanto protegia seus alunos na escola, nunca me
concedeu a mesma cortesia. Pelo contrário, expressava sua desaprovação, não batendo em mim, mas com palavras. Já com meus
trinta e poucos anos, ela constantemente mencionava que eu era
"mais burro que um rebanho de gado e mais obtuso que um monte
de vegetais".

"Pássaros burros precisam começar a voar cedo", dizia-me ela, destacando que, se eu quisesse ser alguém, precisaria dar muito mais duro que as outras crianças.

Assim, em casa, cresci em um ambiente de degradação e punições. Elogios eram tão raros quanto os ovos naquela época. Meus pais pegavam no meu pé por causa dos meus erros. "Não fique se achando", dizia minha mãe sempre que eu experimentava um pequeno sucesso. Mais tarde, a maioria das interações com meus pais se tornaram tentativas de evitar a crítica em vez de tentar ganhar elogios. Não se tratava de abraçar a conquista. A questão era escapar do fracasso. Preocupava-me constantemente o fato de que eu não era bom o bastante.

Naquela mesma época, e desde criança, eu experimentava uma diferença enorme entre o mundo fora de casa, onde eu era reconhecido como líder, contador de histórias, atleta e até uma boa pessoa, e o mundo dentro do nosso minúsculo apartamento, onde meus pais pareciam estar totalmente decepcionados comigo. Talvez isso fosse comum para as crianças chinesas, momentos em que as expectativas são altas e o criticismo é constante e em que os pais acreditam que os filhos aprendem com o fracasso, e não com o sucesso. Conforme ia ganhando maturidade, a tensão entre esses dois mundos crescia.

No entanto, sempre serei grato aos meus pais por me ajudarem a ler logo cedo, e muito. Ambos sabiam exatamente que tipos de livros me fascinariam. Eles me iniciaram com gibis. Logo, me formei com *wuxia xiaoshuo*, as ficções de artes marciais do tipo que viriam a inspirar o diretor Ang Lee a fazer filmes como o sucesso *O Tigre e* o Dragão.

Por crescer como filho único em uma sociedade em que, na época, todos tinham irmãos, passei muito tempo sozinho. Então, eu lia. Os livros de artes marciais, assim como a série Harry Potter atualmente, me puxavam para um universo imaginário repleto de relacionamentos complicados nas cortes dos reis, de batalhas de vida ou morte, amor e ódio, rivalidades e vinganças, tramas e esquemas. Minhas histórias favoritas seguiam uma trajetória semelhante. Uma garotinho testemunha o assassinato de seus pais. A miséria vem em seguida conforme ele mendiga por comida e faz de tudo para se manter aquecido no inverno enquanto é caçado pelo assassino, que está resoluto para extirpar a família do garoto da face da Terra. Perdido no deserto, ele tropeça e cai numa caverna e encontra um monge itinerante que o ensina os segredos do *wushu*. Após anos de dureza, ele retorna para casa, exige vingança e une os artistas marciais do império para trazerem a paz a todos aqueles sob o céu. Vi a mim mesmo nessa história, lutando contra meus próprios demônios e batendo neles.

Meu colégio ficava perto do Hotel Jinjiang, um dos mais famosos em Xangai antes dos acontecimentos de 1949 e, na época, apenas um dos dois hotéis na cidade que recebiam viajantes estrangeiros. Nossa proximidade com o Jinjiang significava que o Departamento de Propaganda frequentemente organizava grupos de estrangeiros para fazerem um *tour* pelo colégio. O Partido Comunista Chinês dividia o mundo em inimigos e aliados e, para ganhar apoio internacional, cultivava "amigos estrangeiros" de forma agressiva, como intelectuais, jornalistas e políticos, todos esquerdistas. Sempre que um grupo de "amigos estrangeiros" aparecia no meu colégio, os melhores alunos de matemática eram apresentados para realizar cálculos nos quadros negros, e os melhores atletas eram convocados para uma aula de ginástica — tudo parte de uma grande tradição comunista chinesa de ludibriar os incrédulos colegas viajantes para que reconhecessem o brilhantismo do socialismo chinês.

Certo dia, um representante da vasta administração chinesa de esportes, com o estilo soviético, veio ao nosso colégio. Um grupo dos mais atléticos entre nós foi instruído a tirar as roupas e ficar de cueca. O burocrata analisou minhas mãos e pés e declarou que eu deveria ser nadador. Meu pai começou a me levar à piscina pública perto da minha escola infantil. Ele me ensinou a nadar usando a típica maneira chinesa: me jogou na água. Subi à superfície me debatendo e engoli muita água. Em poucas semanas, porém, estava pronto para um teste em uma equipe local. Aos 6 anos, consegui a vaga.

Os treinos de natação aconteciam sete dias por semana em uma piscina que ficava a 40 minutos de caminhada desde minha casa. Todas as manhãs, acordava às 5h30, fazia meu próprio café da manhã e partia pelas ruelas serpentinosas de Xangai até a piscina. Aproveitava-me desse desafio para tentar descobrir atalhos. Ao entrar em uma nova ruela, nunca sabia aonde sairia. Aprendi rápido que havia muitas rotas para chegar ao mesmo lugar. Nós nadávamos das 7h às 8h, e depois eu caminhava até o colégio. Em geral, tínhamos um segundo treino à tarde. As competições aconteciam nos fins de semana. Não demorou até que me tornasse o número um em nado de costas e o número dois em nado *crawl* dentro do meu grupo etário. O filho de um vizinho era meu principal concorrente; mais para frente, ele chegou à seleção nacional da China. Costumávamos caminhar juntos até a piscina. No vestiário, nas manhãs após ter apanhado do meu pai, eu tentava esconder os vergões em meus braços, costas e pernas. Mas ele os percebia. Disse-lhe que era um sortudo porque seu pai não batia nele. Ele me deu um sorriso triste.

Nosso treinador, o técnico Shi, era um típico técnico chinês: baixinho, gordinho e com um péssimo temperamento. Os invernos em Xangai eram frios, mas como a cidade fica ao sul do Rio Yangtze, sob as regras impostas pelo governo central, nenhum dos prédios tinha aquecimento. O técnico Shi começava os treinamentos nas manhãs de inverno ordenando-nos a nadar borboleta para quebrar uma fina camada de gelo que havia se endurecido na superfície da piscina durante a noite. Os técnicos às vezes jogavam água quente de grandes garrafas térmicas na piscina só para nos observar, como peixes contorcendo-se atrás da comida, rodeando os lugares quentinhos numa vã tentativa de evitar o frio. Eles achavam isso hilário.

Havia benefícios por fazer parte da equipe. Depois dos treinos à tarde, ganhávamos refeições decentes. Arroz e carne ainda eram racionados na China, mas na cantina da equipe éramos tratados com carne magra, e não só gordura, vegetais de boa qualidade e algo que todos estimávamos: o ocasional ovo. Uma vez por ano ganhávamos uma galinha para levarmos para casa. Tornei-me adepto de furtar comida extra, que repartia com meus colegas de equipe em troca de sua lealdade. A comida era preciosa naqueles dias; era uma forma de ganhar a liderança da matilha.

A natação contribuiu tremendamente para quem sou hoje. Ela me deu autoconfiança, perseverança e a alegria de um empreendimento com propósito. Por meio da natação, encontrei pessoas que estão muito longe do meu círculo social normal. Ainda sinto sua influência.

Quando criança, tinha apenas a mais vaga noção de política. Lembro-me de passar caminhando por cartazes políticos exigindo que as classes inimigas fossem implacavelmente punidas conforme a Revolução Cultural semeava o caos nacional. Ouvi soldados em postos do exército perto do meu colégio cantando os slogans contra o desvio ideológico e louvando o fundador da China comunista, o líder Mao Tsé-Tung. Vi os prisioneiros políticos usando chapéus de burro sendo levados pelas ruas em caminhões abertos, rumo à sua execução.

Então, no dia 9 de setembro de 1976, Mao morreu. Meus colegas e eu, então com 8 anos, entendíamos muito pouco sobre o que isso significava. Quando a escola deu a notícia, nossos professores começaram a chorar, então, começamos a chorar também. Saiu um decreto de que não podíamos brincar nem sorrir. Vários de nós foram repreendidos por fazer muito barulho.

Cerca de um ano depois, um líder sênior chinês chamado Deng Xiaoping retornou ao poder após anos em exílio interno. Deng organizou a prisão da Gangue dos Quatro, um grupo de esquerdistas extremos que se formou ao redor de Mao. Depois, em 1979, ele lançou as reformas históricas que transformariam a China na potência econômica que é hoje. Porém, minha família não vivenciaria tais mudanças históricas. Meus pais tinham outros planos.

CAPÍTULO DOIS

NO VERÃO DE 1978, APÓS O TÉRMINO DAS AULAS, MINHA mãe e eu fomos a Hong Kong. Ela me disse que faríamos uma viagenzinha curta, então não me despedi de nenhum amigo. Houve muita novidade nessa jornada, como a primeira vez que viajei de avião e a primeira Coca que tomei. Nenhum desses foi muito impressionante.

Esperamos para entrar em Hong Kong num pacato posto de fronteira chamado Shenzhen, um município com 36 mil habitantes. Atualmente, sua população é de quase 13 milhões de pessoas, sendo a sede de muitas gigantes tecnológicas, como Tecent e Huawei. Precisávamos de permissão para sairmos da China. Todos os dias, minha mãe suplicava em nosso favor para os guardas fronteiriços carrancudos que eram os responsáveis por controlar o fluxo de pessoas que deixavam o país. Após duas semanas, por fim nos deixaram ir. Só depois percebi que minha família não planejava apenas visitar os parentes. Estávamos aguardando era a permissão para um visto de saída de "curto prazo", que realmente significava uma emigração a longo prazo.

O plano para irmos embora de Xangai começou por acidente. Após o término da Revolução Cultural em 1976, a China novamente foi atrás dos chineses no exterior, buscando o capital necessário para salvar sua economia. Agentes do escritório chinês de Relações Exteriores pediram à minha mãe que persuadisse seu pai a convencer alguns de nossos parentes mais ricos na Indonésia e em outros lugares a investir em Xangai. Isso deu início a uma discussão com as autoridades em Xangai sobre conseguir um visto de saída da China e visitarmos meu avô em Hong Kong. Em casa, meus pais viram a situação não como uma forma de conseguir investimentos para Xangai, mas como uma chance de sair do país. Meu pai passara a vida toda alimentando aquele ressentimento contra seu pai por não ter saído da China quando teve a chance, em 1949. Ele não cometeria o mesmo erro agora que a oportunidade aparecera de novo.

Entramos em Hong Kong com dez dólares de Hong Kong, ou um pouquinho mais de US$2, no bolso da minha mãe. Instalamonos no apartamento de 70m^2 com dois quartos de meu avô. Ele dormia no primeiro. O irmão mais velho da minha mãe, que imigrara 7 anos antes, ocupava o segundo com sua família composta por quatro pessoas. Minha mãe e eu nos apertamos na minúscula sala de estar. Eu dormia em um sofá retrátil. Sentia falta do nosso cantinho em Xangai. Por mais lotado que estivesse, ainda assim era um lar. Em Hong Kong, tudo que eu tinha era um lugar para dormir.

Minha mãe mergulhou na vida em Hong Kong. Quando era jovem, seu pai falava em cantonês com ela, então parecia ser uma residente local. Ela aproveitou sua graduação em matemática para conseguir um emprego como contadora em uma fábrica têxtil e turbinou suas habilidades fazendo um curso de escrituração contábil à noite.

Ela voltou várias vezes a Xangai para suplicar às autoridades que deixassem meu pai se juntar a nós. O custo dessas viagens levaram-na à falência. Graças a Deng Xiaoping, as autoridades em Xangai pararam de perseguir as pessoas por terem parentes vivendo no exterior. Mesmo assim, o governo chinês estava relutante em permitir que as famílias deixassem o país juntas, querendo manter a influência nos que estavam no exterior ao dificultarem a reunificação. Por fim, após 2 anos, minha mãe conseguiu reclamar tão tenazmente que as autoridades cederam. Até hoje, ela se lembra do nome do oficial que permitiu a saída do meu pai.

Eu fiquei nervoso ao saber que meu pai estava vindo para Hong Kong. Mas ele parou de me bater. Todos os meus parentes abarrotados no apartamento do meu avô me davam uma dose de proteção. Além disso, meus pais estavam tão ocupados tentando pagar as contas que, como navios viajando pela noite, não nos víamos muito. Porém, nosso relacionamento não melhorou. Meu pai sempre foi uma presença austera em minha vida; nunca foi carinhoso. Com a mudança dele para Hong Kong, permaneci no sofá retrátil, e ele e minha mãe foram para uma pequena cama atrás de uma cortina improvisada.

Para meu pai, a transição se mostrou mais difícil do que fora para minha mãe. Ele estava com 37 anos e não falava o dialeto local. Em Xangai, era um professor de ensino médio ganhador de prêmios, mas Hong Kong não reconhecia as credenciais do território chinês. Embora meu avô o tratasse gentilmente, meu tio e sua esposa o desprezavam e constantemente faziam questão de destacar que ele não conseguia encontrar nenhum trabalho além de ficar empurrando carne congelada no maior armazém frigorífico de Hong Kong.

Ainda assim, tirando tudo isso, sua obstinação lhe dava forças para continuar. Após o trabalho, ele também fazia curso à noite, posteriormente conquistando seu MBA. Trabalhava aos fins de semana, até quando estava doente, e em geral não batia o cartão até tarde da noite. Em um setor no qual as coisas caem rotineiramente do caminhão, meu pai conquistou a reputação de honesto. Ele foi subindo de cargos e, após 7 anos, tornou-se o gerente-geral da empresa. Ainda me lembro da noite em que o chefe dele nos convidou para celebrarmos a promoção de meu pai. Foi a primeira vez que andei num Rolls-Royce. Fiquei hipnotizado pelo interior de madeira translúcida.

Levei anos para reconhecer, mas testemunhar o trabalho dos meus pais em Hong Kong para nos elevar ao status novamente me afetou demais. Estávamos num aperto tremendo. Por 3 anos, moramos na sala de estar de outra pessoa. Não tínhamos nosso próprio banheiro. Mal conseguíamos pagar as contas. Porém, meus pais sabiam como era a vida do outro lado do túnel. Eles entendiam o que tinham que fazer para atravessá-lo. E foram em frente. Aprendi essa lição sentado aos seus pés.

O apartamento do meu avô ficava em Mei Foo Sun Chuen, um conjunto habitacional solidamente da classe média com dezenove torres no lado de Kowloon, em Hong Kong. Posteriormente, como meu pai não aguentava mais morar com os parentes agregados, nos mudamos para nosso próprio canto em um bairro decadente chamado Yau Mai Tei, refúgio dos gângsteres, traficantes e prostitutas, também no lado de Kowloon. O chefe do meu pai lhe ofereceu o lugar de graça. Vivíamos no segundo andar de um edifício baixo e sombrio em um estúdio de apenas um cômodo dividido por placas de madeira compensada. Um chuveiro e uma privada que vazava ocupavam um canto. Pelo menos, não precisávamos compartilhá-los com outras famílias.

À noite, os ratos dominavam o lugar, correndo sobre mim e meus pais enquanto dormíamos. Depois da escola, eu subia lentamente a escada escura e atravessava o corredor lúgubre, nunca sabendo quem ou o que estaria me esperando na outra ponta. Entrando no apartamento, quase sempre dava duas voltas na fechadura. Houve vezes em que peguei no sono e meus pais tiveram que dar murros na porta para que eu acordasse e os deixasse entrar.

A mudança para Hong Kong foi um choque. Parte disso tinha a ver com a forma com a qual meus pais lidaram com o assunto. Nunca me disseram que pretendiam imigrar. Pensei que seriam apenas férias estendidas com algumas aulas no colégio. Só depois que terminei o primeiro semestre lá que minha mãe me contou que ficaríamos.

A cultura de Hong Kong era muito diferente da chinesa. Em Xangai, meus colegas e eu sempre colocávamos os braços nos ombros uns dos outros e sabíamos o que estava acontecendo com todo mundo. O conceito de privacidade não existia no continente. Nos anos 1970 e 1980, os garotos, e até mesmo os homens, não achavam nada demais caminhar pelas ruas de mãos dadas.

Hong Kong era outro mundo. Lembro-me da primeira vez que tentei colocar meu braço ao redor de um garoto de Hong Kong que tinha a minha idade. Era um colega da escola que vivia no mesmo conjunto habitacional. Pensei que, como éramos amigos, seria totalmente natural eu colocar meu braço ao redor de suas costas. Ele pulou como se tivesse tomado um choque. "O que está fazendo?", berrou. Fique totalmente surpreso. Foi a primeira vez que me ocorreu o fato de que as pessoas se associavam umas com as outras de forma diferente por lá. Tinham uma noção mais expansiva de espaço pessoal e uma interpretação menos intrusiva da amizade. As amizades no continente eram, por falta de uma palavra melhor, pegajosas. As pessoas se metiam na sua vida. Se estava gordo, eles anunciavam. Se estivesse em problemas financeiros, exigiam detalhes. Se queria um parceiro de crime, se voluntariavam. Nos relacionamentos em Hong Kong não havia tal intromissão. As pessoas davam espaço umas às outras.

Além de precisar aprender uma nova forma de me conectar socialmente, tive que reaprender como falar. Na primeira vez que fui à escola em Hong Kong, não consegui entender nenhum dos idiomas na instrução. O ensino fundamental era em cantonês. Embora tecnicamente um dialeto chinês, era quase totalmente ininteligível para alguém como eu, que cresceu falando xangainês e mandarim. E também tinha inglês. Tive muita dificuldade para dominar o alfabeto. Meus pais pediram a uma prima minha que me ensinasse inglês. Ela vinha ao nosso apartamento e me ajudava a soletrar. "Apple", "bee", "orange"... Parecia que não conseguia me lembrar de nada. Passava muito tempo com ela tentando aprender o básico. Eu era praticamente mudo.

Tive idas e vindas no ensino fundamental I. No ano após a morte de Mao na China, todos os alunos do fundamental I em Xangai tiveram que repetir um ano porque as escolas passaram tanto tempo comemorando sua vida que ficamos todos para trás. Então, em Hong Kong, passei o primeiro trimestre fazendo o terceiro ano na escola de ensino fundamental São Clemente, um colégio episcopal. Mas no semestre seguinte, meus pais me mudaram para uma escola destinada às famílias dos policiais, pois o colégio tinha padrões mais baixos que me permitiriam pular um ano. Eles também achavam que eu seria mais bem disciplinado em uma escola para famílias dos oficiais. O oposto era verdadeiro. A escola era barra pesada. Os meninos brigavam com os meninos; tudo certo, já tinha visto isso. Mas as meninas também brigavam com os meninos. Lembro-me de um garoto dando um soco em uma menina.

Ela se desviou do pulso dele e contra-atacou — pou! — na cara. *Que porrada*, pensei. O pessoal da minha turma desaparecia porque ficavam presos na detenção juvenil por furtarem carros. Isso foi apenas alguns anos depois que Hong Kong estabeleceu a Comissão Independente Contra a Corrupção para enfrentar a conduta ilegal endêmica das forças de segurança. Policiais e bandidos, pelo menos em Hong Kong, eram farinha do mesmo saco.

Tiravam sarro de mim porque eu era um alvo grande e não me enturmava. As crianças mais velhas eram particularmente agressivas, e eu passava os recreios me escondendo. Não era durão nem sabia lutar. Apesar de ser maior que os valentões, corria deles. Ser chinês, do continente, tampouco ajudou. Logo depois que minha família se mudou para Hong Kong, um canal local de TV começou a transmitir uma comédia estrelando um imigrante chamado Ah Chan, que tinha acabado de chegar da China, um caipira grosseiro, burro e preguiçoso demais para se adaptar ao ritmo rápido do território. Na escola, eu virei o "Ah Chan". Em casa, meus primos riam de mim por não ser rápido o suficiente para me adequar ao ritmo de Hong Kong. Com o passar do tempo, me tornei mais rápido, permitindo-me ser moldado pelos outros. Isso aconteceria repetidas vezes. Algo a respeito de mim causava nos outros um desejo de mudarem quem sou. Não raro, eu era um cúmplice disposto, até certo ponto.

Em Hong Kong, também confrontava a realidade de ser pobre. Em Xangai, vivíamos como todos os demais. Porém, em Hong Kong, meus pais faziam o impossível para conseguir sobreviver, enquanto, na escola, meus colegas de sala sempre tinham dinheiro sobrando. Assim, em vez de pegar o ônibus para ir à escola, eu caminhava 3,5km todos os dias para poder ficar com o dinheiro da passagem e comprar um lanche. Logo cedo, modelando-me subconscientemente em meus pais, aprendi o que tinha que fazer para sobreviver. Prometi a mim mesmo que, quando crescesse, ninguém me desprezaria.

A mudança para Hong Kong foi a primeira de muitas para mim e, como a natação, tornou-se uma constante em minha vida. Com o passar das décadas, mudei-me da Ásia para a América, de volta à Ásia, e então para a Europa. Tal movimentação constante foi uma lição de como me adaptar, até a mudanças drásticas, e me deixou confortável entre pessoas do mundo todo. Perder minha casa em tenra idade me ensinou a encontrar a paz onde quer que estivesse. Aprendi a dançar conforme a música e a me adaptar a diferentes culturas. Tornei-me um camaleão, adepto a mudanças da pele para ficar igual ao lugar. No mínimo, minhas andanças constantes me deram a segurança de que as coisas novas não me matariam e que, fosse o que fosse, eu sobreviveria.

Com certa determinação, peguei o jeito do cantonês e do inglês. Fui transferido de volta ao colégio São Clemente. E sempre continuei lendo. Havia dois turnos no colégio e minhas aulas começavam 12h30 e iam até as 18h. Eu passava as manhãs em uma biblioteca perto da minha casa, inalando romances e não ficção.

Ao completar 12 anos, fiz um teste para entrar no Colégio da Rainha, a escola pública de ensino médio mais antiga e prestigiada de Hong Kong, só para meninos e com ilustres ex-alunos, como Sun Yat-sen, o pai da China moderna. Com 1,76m ao iniciar o primeiro grau, o equivalente lá ao sétimo ano, eu era o mais alto da minha turma.

Logo após o início das aulas, um professor de educação física perguntou quem sabia nadar. Alguns de nós levantamos a mão. Eu não nadava desde que nos mudamos para Hong Kong. Ele nos levou a uma piscina pública no Parque Vitória, em frente do colégio. "Mostrem-me o que podem fazer", ordenou. Pulei na água e dei várias voltas. E, assim, entrei na equipe.

Ganhei competições e quebrei os recordes do colégio nas modalidades 50m e 100m livres. Já com 15 anos, entrei para um clube competitivo de natação. Certo dia, estava treinando em uma piscina pública e o técnico da equipe nacional de Hong Kong apareceu por lá. "Está indo bem", disse ele, e me convidou para um teste. Ganhei uma vaga na seleção juvenil da cidade.

Assim como na China, a natação me ensinou determinação e persistência. Não tínhamos invernos muito frios em Hong Kong, então nunca precisava quebrar as camadas de gelo na piscina. Porém, com chuva ou sol, frio ou calor, sempre nadávamos, e as piscinas eram sempre externas. Houve dias em que me sentia bem, e dias em que me sentia mal. E, nestes, quando o colega atrás de mim encostava seus dedos nos meus pés, eu dava um gás para garantir que não fosse eu que travaria a raia. E, ao término do treino, saía da piscina com um sentimento de realização. A teimosia se tornou uma das minhas maiores forças, assim como fora de meu pai. *As coisas podem parecer intransponíveis*, dizia a mim mesmo, *mas você sempre sairá* da piscina.

Fazer parte da equipe expandiu meu círculo social. Treinávamos e competíamos no território inteiro. Os mais ricos da equipe chegavam em BMWs com motoristas particulares; os mais pobres cresciam em conjuntos habitacionais públicos. Nadei em competições de revezamento no Japão e no Rio das Pérolas, em Guangzhou. A viagem ao Japão marcou a primeira vez que saí da Grande China.

Durante meu primeiro ano no Colégio da Rainha, minhas notas eram péssimas; fiquei em 33º lugar, entre as 40 crianças da minha sala. Tinha estudado muito para ser aceito, mas, após entrar, peguei leve e me divertia. Em vez de fazer a tarefa, passava horas jogando futebol e basquete no Parque Vitória, ali perto. Ocupados demais trabalhando, meus pais gritavam comigo sobre minhas notas ruins, mas, fora isso, não tinham tempo sobrando. Comecei a melhorar um pouquinho, porém, ao término do terceiro ano, eu era um aluno mediano na turma.

Na época em que entrei para o Colégio da Rainha, tinha me metamorfoseado, de um nativo de Xangai para um residente local de Hong Kong. Passava mais tempo com meus colegas do que com meus pais. Fora do minúsculo apartamento da nossa família, minha insegurança desapareceu e eu transbordava autoconfiança. Nadava bem; era alto e admirado. Falava cantonês como um nativo e me sentia em casa no novo colégio.

A forma como via a mim mesmo sempre fora tingida por um certo tipo de vaidade. Desde cedo, as pessoas ficavam me encarando. Isso é natural na China e em Hong Kong, onde a altura média para os homens é de 1,73m, e meus ombros e cabeça sempre ficavam acima dos meus colegas *e* da maioria dos adultos. As pessoas sempre comentavam sobre a minha aparência de forma muito direta, típica dos chineses. Se você tem bastante acne, eles dizem: "Nossa, quantas espinhas!" No meu caso, era: "Nossa, como você é alto e bonito!" Isso me deixou muito constrangido. Também me sobrecarregou com um poderoso desejo de não apenas fazer jus à imagem que me deram de "tão alto e bonito", mas também para garantir que não me desprezassem.

Na maioria dos dias, ia do Colégio da Rainha para casa com alguns colegas de sala que, como eu, viviam no lado de Kowloon. Pegávamos um ônibus que saía da escola e ia para o luxuoso Distrito Central de Hong Kong e, depois, uma balsa para cruzarmos rumo a Kowloon. Em geral, ficávamos fazendo palhaçadas durante a viagem, mas, certo dia, algo chamou minha atenção. Vi um ocidental trabalhando com uma equipe chinesa de construção. Ele era muito diferente, com seu rosto pálido e capacete branco rodeado de trabalhadores chineses, que tinham as peles escurecidas pelo sol subtropical de Hong Kong. *Nossa*, pensei, *poderia ser comigo assim daqui a 10 anos, todo mundo passando por mim e me olhando de forma estranha.* Prometi a mim mesmo que nunca queria ser alguém assim, destacado como estranho. Até meus quarenta e poucos anos, era motivado pelo medo de passar uma má impressão. A isso, os chineses usam o termo "manter as aparências". Eu era consumido pelo desejo de evitar decepcionar as pessoas e de me encaixar no grupo. Mesmo assim, ainda sentia seus olhos treinados sobre mim.

Ganhar rios de dinheiro não era o real objetivo aqui. Minha mãe sempre disse que o dinheiro não é uma panaceia, e eu acreditava nela. Mas, para mim, manter as aparências era. A ideia de que deveria evitar envergonhar a mim mesmo e, por extensão, a minha família, estava profundamente incutida em mim.

Muito embora fosse um aluno mediano, acreditava que isso se dava por escolha, e não por falta de habilidade. Tínhamos um grupo de debates na escola. Como minhas notas eram mais ou menos, nunca fui convidado a participar. Mas frequentava-os e rebatia os argumentos de cada lado mentalmente. De modo natural, achava que minhas ideias eram melhores do que a dos oradores na frente da sala.

Durante meu quarto ano no Colégio da Rainha, quando tinha 16 anos, percebi que, se não me saísse bem no exame para o Certificado de Educação de Hong Kong marcado para o fim do meu quinto ano, seria forçado a ir para uma escola muito menos prestigiada. Sabia que meus pais não tinham como me salvar, então, decidi me aplicar aos estudos e tentar conseguir boas notas.

Levou um tempo até que os professores se acostumassem com o novo eu. Ganhara a reputação de palhaço da turma e conversava sem parar. Nas aulas de música, recusava-me a aprender a ler as partituras. Mas sempre fui um leitor assíduo. Nas aulas de chinês no quarto grau, escrevi uma redação sobre o poeta chinês Xu Zhimo. Ele era um escritor vistosamente bonito, famoso por seus relacionamentos românticos assim como por sua poesia lírica. Xu escreveu na década de 1920, quando os senhores de terras tinham enchido a China de feudos e o Japão ameaçava invadir. Xu sustentava que a arte não precisava servir à sociedade ou ao bem maior; era suficiente apreciar a beleza. Eu discordava da visão dele sobre a arte pela arte. *Como ele conseguia falar poeticamente sobre a beleza quando a China estava colapsando em caos?*, questionava eu.

Ao término de uma aula, minha professora de chinês pediu que eu aguardasse um pouco. "Foi você mesmo que escreveu esta redação?", perguntou ela. "Você chegou a estas conclusões sozinho?" Ela achava que eu tinha plagiado. Mas era meu próprio trabalho mesmo.

No fim daquele ano, eu estava entre os dez melhores alunos da turma. Terminando meu quinto ano, pertencia aos cinco melhores e passei no exame para o Certificado de Educação, o que me permitiu permanecer no Colégio da Rainha e passar ao sexto grau — o equivalente em Hong Kong para o último ano do ensino médio.

Subir no ranking da turma no Colégio da Rainha me ensinou muito sobre minhas capacidades. Não sou preguiçoso, por assim dizer, mas tenho uma tendência para procrastinar. Após ser aceito nesse colégio, diminuí o ritmo. Só fazia o necessário. Mas isso porque, em algum lugar dentro de mim, tinha uma crença inata de que, quando precisasse, meteria o pé no acelerador e faria o que fosse necessário. Tais características me acompanharam ao longo de minha vida profissional.

Após completar o sexto grau, meu técnico de natação me disse que, se eu praticasse mais, talvez conseguisse atingir o tempo para entrar na seleção de Hong Kong e disputar os 50 metros livre nas Olimpíadas de Seul em 1988. O diretor do Colégio da Rainha fez uma reunião com meu pai e todos concordaram em me dar mais tempo para treinar. Fique surpreso com o consentimento do meu pai, mas ele sempre ficava impressionado com as autoridades. Independentemente do que o diretor sugerisse, para ele estaria bom.

Aproveitei totalmente essas férias estendidas. Enquanto meus colegas de sala ficavam espiando pelas janelas da escola com olhares invejosos, eu treinava lá em baixo. Os professores não gostavam disso, mas eu tinha carta branca para treinar — concedida nada menos do que pelo diretor. No fim das contas, não consegui entrar na equipe, ficando atrás por menos de um segundo — um piscar de olhos na vida real, mas uma eternidade nos esportes. Nunca consegui recuperar aqueles anos perdidos de treino quando nos mudamos para Hong Kong. Mesmo assim, não fiquei muito abalado por não entrar na equipe. Curti o processo. *Não importa quão ruins fiquem as coisas*, dizia a mim mesmo, *você sempre sairá* da piscina.

Quando eu tinha 17 anos, ganhei dinheiro pela primeira vez, dando aulas de natação no Clube Atlético Sul da China, em Hong Kong, durante o verão. As aulas eram das 7h às 19h. Meus alunos faziam xixi na piscina tão livremente que peguei uma bela urticária. Mesmo assim, com o equivalente a US$1 mil no bolso, comecei a satisfazer um gosto recém-descoberto pela moda. Foi uma enorme mudança para mim. Desde que nos mudáramos para Hong Kong e que minha mãe trabalhava como contadora numa fábrica têxtil, ela me vestia com roupas falsificadas e refugos. Agora, sob a influência de um amigo da equipe de natação do Colégio da Rainha chamado Steven, descobri o mundo do estilo.

Steven vinha de uma família abastada e sempre tinha dinheiro para torrar. Ele me levou para comprar minha primeira roupa de marca — uma camisa polo laranja Ralph Lauren. Rapidamente aderi a Yohji Yamamoto e Issey Miyake. Steven me ensinou como fazer compras, e logo aprendi a sutil arte de espiar o preço com uma atitude indiferente. Minha mãe sempre dizia que o dinheiro não é tudo, mas que não podemos sobreviver sem ele. Agora que finalmente tinha um pouco na carteira, percebi a liberdade que ele concedia — satisfazer minhas vontades, explorar o mundo e ceder à minha curiosidade.

Outros desenvolvimentos reforçaram o valor de ter recursos. Meus pais compraram um novo apartamento. Embora tivesse apenas 50m², pela primeira vez na minha vida eu tinha meu próprio quarto. Ele se tornou meu santuário.

Meus pais eram — e ainda são — incrivelmente frugais, e puxei a eles nesse aspecto. Hoje, quando cozinho, corto os vegetais e a carne com o objetivo de não desperdiçar nem um pouquinho.

Ainda como tudo que está no prato em todas as refeições. "Cada grão de arroz é conquistado com dificuldade", diz a frase de um poema chinês que memorizamos no colégio.

Vivemos naquele apartamento cheio de ratos que pertencia ao chefe do meu pai por 2 anos. Certo dia, meu pai e seu chefe tiveram um desentendimento. A noção exagerada de honra pessoal do meu pai era suscetível à menor desfeita — uma sensibilidade que se amplificou pelo fato de estarmos morando ali de graça. Quando eles brigaram, saímos de lá, compramos o novo apartamento com uma boa parte das economias dos meus pais, e então meu pai pediu demissão.

Ele levou um ano para conseguir um trabalho estável. Tentou numa empresa de comércio exterior, mas não deu certo. Também se arriscou em outras empreitadas, que não deram em nada. Por fim, após um ano, a Tyson Foods — gigante norte-americana no setor de frango —, impressionada pela experiência em armazéns frigoríficos dele, contratou-o como seu primeiro funcionário na Grande China. A Tyson queria vender para a China e meu pai reconheceu que havia ouro em todas as partes do frango que os norte-americanos não consumiam. Pés, sambiquira, vísceras, moela, pescoço, coração — os chineses cobiçavam isso tudo. A empresa o levou aos EUA, onde ele sugeriu que a linha de produção mudasse para aproveitar tais pérolas. Os amigos e colegas do meu pai tiraram sarro de sua nova linha de trabalho. Em chinês, *mai ji*, ou vender frango, é uma gíria para "ser cafetão de prostitutas". Mas o tiro saiu pela culatra. Em poucos anos, a Tyson estava vendendo US$100 milhões de refugos de frango na Ásia, enchendo as barrigas dos consumidores chineses com os *"phoenix claws"*, ou pés de galinha, cultivados pelos ianques.

Com a experiência do meu pai na Tyson, aprendi primeiramente sobre os caprichos das relações entre EUA e China. A produção de frango do Arkansas que era enviada para a China ficava refém da política. Sempre que havia uma tensão com os EUA, o governo chinês de repente aumentava o período exigido de quarentena para os pés de galinha de dois dias para duas semanas. Enfrentando toneladas perdidas de produtos estragados, meu pai teve que se virar para contornar as regulações e levar os produtos para a China. Ele era tão esperto com essas coisas que a empresa o nomeou "vendedor do século".

A Tyson também forneceu a meu pai evidências complementares de que a vida não é justa, especialmente com ele. Quando se aposentou em 2003, a empresa não ofereceu a aposentadoria. Ele era um funcionário internacional, disse a corporação, então não tinha direito aos benefícios. Minha mãe o pressionou para que exigisse um tratamento melhor, mas ele nunca foi atrás. Ele não é esse tipo de pessoa.

No fim do sexto grau, Steven, meu colega de equipe de natação e consultor de moda, foi para a Universidade do Sul da Califórnia. Conforme eu treinava para as Olimpíadas, sentia-me abandonado. Em vez de escrever cartas, nós trocávamos fitas. Eu fechava a porta do meu quarto e abria meu coração para o gravador. Ele me explicava em detalhes sobre o processo de comprar carros nos EUA; sua mãe lhe dera a opção de um Volvo, um BMW ou um Mercedes, e ele não sabia qual escolher. "Por que você fica conversando com uma máquina e não com a gente?", perguntavam meus pais.

A vida em Hong Kong reforçou o caráter independente que eu já tinha desenvolvido em Xangai. Meus pais enfrentavam um desafio tão grande em se adaptar à nova vida que não tinham tempo nem energia para entrarem no meu mundo. Nossos círculos sociais foram ficando gradualmente separados. Eu tinha amizade com as crianças locais, enquanto os amigos dos meus pais eram recém-imigrantes chineses do continente, como eles. Me criticavam por ser diferente. "Você não se parece com a gente", reclamava minha mãe. Mas, de certa forma, ela estava errada. Meu pai foi forçado a se tornar independente também em Xangai, na década de 1950. E, como ele, eu também sabia que, quando necessário, conseguia dar duro.

A vida familiar com minha mãe e meu pai virou uma guerra fria. Eu não gostava de estar perto deles, e suspeitava que sentiam o mesmo por mim. Nos sábados, conforme o hábito honconguês da época, ambos trabalhavam meio período. Para evitá-los, eu fingia dormir até mais tarde. Depois, ia treinar natação e passava o restante do dia longe de casa.

Embora eu não apanhasse mais, meu pai continuava a gritar comigo. Ele invadia meu quarto em fúria e começava a berrar. Se eu acordava mais tarde para ir à escola de manhã, ele batia na porta. Aos domingos pela manhã, eu ouvia o programa *American Top 40* no rádio, e ele batia na porta novamente ordenando que eu diminuísse o volume. "Por que você precisa ficar ouvindo este lixo o tempo topo?", questionava ele.

Comecei a frequentar casas noturnas e a tomar cerveja. Quando comecei a beber, duas coisas me surpreenderam. Uma foi minha tolerância com o álcool. Após uma garrafa, meus amigos já estavam ficando embriagados, mas eu não sentia nada. Naquela época, isso era tanto irritante como caro; posteriormente, na minha vida profissional, a habilidade de aguentar bem o álcool me serviu bem.

O outro aspecto surpreendente estava relacionado com minha autoconsciência, ou a falta dela. Quando bebia, ficava com menos vergonha, mais receptivo. Por causa do meu tamanho, eu impunha respeito, mesmo quando adolescente. As pessoas se sentiam intimidadas perto de mim. Acrescente a isso o fato de que eu não era sociável por natureza. Porém, quando bebia, relaxava. Os outros percebiam que eu me tornava uma pessoa diferente, mais acessível e cordial. Eu me abria. Sempre curioso, fiquei interessado nas formas em que o álcool me mudava e nos relacionamentos com o mundo externo. No meu interior, ansiava ser mais extrovertido. O álcool permitiu que as coisas acontecessem.

Também comecei a tentar namorar, mas não tinha ideia do que fazer. Certa vez, uma garota do colégio feminino me ligou e me convidou para sair. Fiquei tão nervoso que chamei um colega experiente, filho de policial, para me acompanhar. Nos reunimos todos em um McDonald's. Não conseguia pensar em nada que dizer. Estudar em colégios não mistos tem suas vantagens, mas isso me deixou desconfortável perto de garotas.

Apesar da tensão constante com meus pais, mantínhamos a tradição honconguês. Quase todos os domingos, saíamos para o brunch e comíamos *dim sum*. Íamos com um grande grupo e os adultos ficavam falando sobre trabalho. Eram todos velhos amigos dos meus pais em Xangai que também tinham migrado para Hong Kong. A China estava se abrindo para investimentos estrangeiros e os amigos dos meus pais tinham empresas que estavam envolvidas com comércio exterior. Eles perceberam que eu gostava de ouvir a conversa. Os negócios na China me interessavam. Comecei a ler a edição asiática do *Wall Street Journal*. Li a autobiografia de Lee Iacocca e, também, *A Arte da Negociação*, de Donald Trump. Gostava da ideia de fazer negócios, de criar algo que não existia antes, de deixar uma marca.

Em Hong Kong, os negócios eram basicamente a única opção de carreira. Não tínhamos políticos e o serviço público não me interessava. Viver como artista não enchia barriga; a colônia era um deserto cultural, de qualquer forma. No ambiente hipercompetitivo de lá, onde as pessoas eram preparadas para progredir, os negócios eram o principal meio de provar a si mesmo.

A ida de Steven para os Estados Unidos reforçou meu desejo de sair de Hong Kong. Porém, quando a prima que me ensinava inglês se ofereceu para me hospedar na Austrália, onde tinha estudado, recusei. Para mim, a Austrália era uma rocha gigante. Estava propenso a seguir Steven à "terra dos livres", preferencialmente para a costa dourada da Califórnia. Cresci assistindo e ouvindo aos filmes e às músicas norte-americanos. Minha primeira fita cassete era da banda Bananarama; o trio podia até ser britânico, mas, para mim, seu som new wave era totalmente igual à banda America. Nunca me passou pela cabeça ir a qualquer outro lugar que não os Estados Unidos.

Ao término do sétimo grau, inscrevi-me para a Universidade da Califórnia, nas unidades em Berkeley (UC Berkeley) e em Los Angeles (UCLA), e também para a Universidade de Washington em St. Louis e a Universidade de Wisconsin. A UC Berkeley e a UCLA me rejeitaram, mas fui aceito pelas outras duas. Na época, a Universidade de Washington custava US$10 mil por ano, enquanto a mensalidade da Universidade de Wisconsin era metade disso. O *U.S. News & World Report* classificava-as como a 17ª e a 18ª melhores universidades, respectivamente. Meu pai decretou que eu iria para a 18ª. Meus pais estavam melhores, financeiramente; mesmo assim, US$5 mil a mais por ano era muito naqueles dias.

Em meados de junho de 1989, enquanto aguardava para ir aos EUA, voltei a Xangai para visitar parentes. Nas cidades ao longo do continente na China, os protestos eclodiram após a morte do ex-secretário-geral do Partido Comunista, Hu Yaobang, em abril. Ele foi removido do posto em 1987, pois se recusara a reprimir os protestos dos estudantes. Milhões de pessoas saíram nessas novas manifestações, usando a morte de Hu como uma desculpa para exigirem mais liberdade e ação do governo para conter a corrupção disseminada que permitia o enriquecimento das famílias dos líderes de alto escalão do Partido. Em Xangai, centenas de milhares de pessoas protestaram por mudanças. Eu também fui, meio que por acidente. Certo dia, no fim de maio de 1989, estava na Avenida Nanjing, o ponto mais importante de compras em Xangai. Ela estava abarrotada de manifestantes que sopravam apitos, cantavam por liberdade e carregavam cartazes exigindo uma China mais aberta. Nenhum carro passava, e a calçada estava lotada de espectadores. A única forma de passar era juntando-se ao protesto. Enfiei-me no fluxo. As pessoas ficavam me encarando, como se eu não pertencesse ao lugar. Talvez fossem minhas roupas; o povo de Hong Kong se vestia de forma diferente do que a turma do continente naqueles dias, especialmente este adolescente grandalhão estiloso.

Em Xangai, fiquei com um tio que sofrera durante a Revolução Cultural. Uma noite, enquanto assistíamos às notícias na TV, lágrimas caíram de seu rosto. "Não vai acabar bem para estes jovens", previu. "Eles não entendem", continuou. "O Partido Comunista subiu ao poder por causa dos protestos manipuladores, forjando movimentos das massas e, depois, reprimindo-os ferozmente após terem servido aos seus propósitos.

"Um bezerro recém-nascido não luta com um tigre", afirmou. "Não dá para vencer os comunistas desta forma."

Saí de Xangai para Hong Kong no dia 2 de junho de 1989. Na noite de 3 de junho, o Partido Comunista declarou guerra contra o povo chinês em todo o país. Em Pequim, as tropas do exército massacraram centenas de estudantes e outros manifestantes quando os expulsaram da Praça Tiananmen, a Praça da Paz Celestial. As manifestações em Xangai foram reprimidas pacificamente, angariando a Jiang Zemin, o chefe do Partido Comunista de Xangai, uma promoção que o colocou na chefia nacional do Partido após o massacre na Praça da Paz Celestial.

Em Hong Kong, meu pai e eu assistimos às medidas repressivas em Pequim ao vivo na TV. Nós dois caímos no choro. Para nós, era um momento tipo 11 de Setembro. Lembramo-nos vividamente de onde estávamos. Considerando a experiência anterior do meu pai com os comunistas, ele sempre acreditou que o Partido era corrupto até a alma. Num piscar de olhos, voltavam-se contra seu próprio povo. Meu pai só esperava o pior.

Conforme os eventos se desdobravam na China e com a publicação de uma lista com os líderes estudantis mais procurados pelo governo chinês — que eram apenas alguns anos mais velhos do que eu —, meus pais enfatizaram que tinham recomeçado a vida em Hong Kong para que eu pudesse ter um futuro melhor. Todos seus sacrifícios, disseram, foram feitos para que eu tivesse a chance de evitar o destino dos chineses lá no continente.

Eu era muito jovem e estava protegido demais para compreender o que realmente era o caos. Toda a questão me fez querer ir embora de Hong Kong ainda mais, para sair debaixo das asas dos meus pais, para encontrar a liberdade e a aventura, em qualquer lugar, mesmo em Wisconsin, nos EUA.

⽈ CAPÍTULO TRÊS ⽈

NO FIM DE AGOSTO DE 1989, VOEI PARA O AEROPORTO Internacional de Los Angeles na minha jornada até Madison. Steven foi me buscar em seu novo BMW Série 3 azul-claro. Visitamos a UCLA, a USC, alguns pontos turísticos em Los Angeles, e, após dois dias, ele me acompanhou até Milwaukee, onde tinha parentes.

Seus parentes nos levaram a um restaurante japonês. Eu estive no Japão com a equipe de natação de Hong Kong, mas foi no centro do meio-oeste dos EUA que experimentei sushi pela primeira vez. Eu terminei aquela refeição deliciosa quando coloquei um tantão de wassabi, a raiz-forte japonesa, em minha boca. Não sei o que mais me atormentou: a vergonha ou minhas cavidades nasais explodindo.

De Milwaukee, pegamos um avião menor até Madison. Da janela, só via verde. Vivi minha vida toda em florestas de concreto em Xangai e Hong Kong. E aqui estava eu, imaginando se teria que ir à faculdade no meio da floresta. Steven me ajudou a me instalar no dormitório. Conhecemos meu colega de quarto, um lutador de Mineápolis que não era de muita conversa. Após um dia, Steven voltou à USC.

Em Wisconsin, meu horário naquele primeiro semestre me dava muito tempo livre. Sem amigos no início, passava as tardes levantando pesos em uma academia em frente ao meu dormitório. A equipe de natação da universidade treinava em uma piscina ao lado da academia. Certo dia, dei uma olhada no treino e me aproximei do técnico. Mal sabia eu quão competitivo era nadar na Big Ten, a conferência desportiva acadêmica da região. Perguntei-lhe se podia fazer parte da equipe. Ele me disse para voltar no dia seguinte e fazer um teste. Então, retornei, mergulhei na piscina e comecei a nadar *crawl*. Após algumas voltas, ele gritou "Tá dentro!". Acho que nadar quebrando o gelo da piscina nas manhãs de inverno de Xangai valeu a pena.

A equipe de natação me deu uma sustentação emocional no primeiro ano. Eu era o único asiático na equipe de nadadores brancos, mas me senti aceito como parte do grupo. Fazíamos festas e bebíamos bastante. O técnico, um barrigudo do meio-oeste dos EUA na casa dos 50 anos chamado Jack Pettinger, veio atrás de mim e me convidou para o Dia de Ação de Graças, data que a maioria dos alunos estrangeiros eram deixados por conta. O técnico Pettinger veio até o dormitório me buscar. Eu não tinha noção de etiqueta dentro de um automóvel na América. Em Hong Kong, meus pais nunca tiveram carro. Então, quando ele se sentou no banco do motorista, eu fui para o banco de trás. "Ei, você acha que sou seu chofer?", berrou ele. "Venha aqui na frente comigo". Na China, não sentamos ao lado dos mais velhos, então achei que seria igual nos EUA. Só estava tentando demonstrar respeito. O fato é que tinha muito a aprender.

Como eu tinha completado o sétimo grau em Hong Kong, entrei em Wisconsin já no segundo ano. Na USC, Steven estava entre os melhores alunos, e eu queria o mesmo em Wisconsin. Durante meu primeiro ano, faltou muito pouco para conseguir, mas nunca cheguei perto de novo. Fui convidado para algumas festas da fraternidade, mas sempre que ia, ficava muito em destaque — ou, pelo menos, é o que sentia. Alunos chineses só começariam a ir para Wisconsin em grandes quantidades após 2000. E ainda era 1989.

Novo no país, sempre ficava boiando quando o assunto era programas de TV mais recentes, que pareciam sempre ser o centro das conversas. Tinha dificuldades para entender piadas, e mais ainda para contar. Percebi que muitos norte-americanos pareciam ter uma compreensão diferente sobre amizade do que os asiáticos. Nos EUA, havia uma superficialidade nos relacionamentos. Os conhecidos em Wisconsin me cumprimentavam com entusiasmo e agiam como se fôssemos melhores amigos. Mas caso quisesse ter alguém envolvido mais substancialmente na minha vida, eu tinha uma percepção incômoda de que não estariam ao meu lado.

Ainda assim, evitei os honcongueses durante todo meu primeiro semestre. Como morava no dormitório e treinava com a equipe, não conheci muitos. Quando isso ocorreu, em geral não fazia amizade. Certa vez fui a uma festa dançante organizada pelos alunos de Hong Kong. Comecei a falar inglês com todos, e não nosso cantonês nativo. Eles acharam que eu estava me exibindo e nunca mais me convidaram. Na verdade, só estava tentando me encaixar, já que eu ficava entre o dormitório, a sala de aula, o refeitório e a piscina.

No meu segundo ano, mudei para fora do campus e saí da equipe de natação. O técnico queria que eu ficasse, pois minha presença aumentava a média geral de notas, mas eu precisava estudar.

Escolhi fazer titulação dupla, em finanças e contabilidade, o que aumentou um ano e a quantidade de matérias. Fiz amizade com colegas de sala asiáticos. Meu colega de quarto era da Indonésia e, por meio dele, conheci muita gente do Japão, Taiwan e Coreia. Namorei asiáticas e norte-americanas. E descobri, nas viagens a Chicago, um pouco da sensação da cidade grande, de que sentia falta. Mesmo com o orçamento limitado, desenvolvi um gosto por comidas e vinhos finos. Certo dia, em meu último ano, vi uma avaliação de um restaurante em Chicago chamado Everest, que promovia um menu degustação com dezessete pratos. Minha curiosidade ficou aguçada e imediatamente reservei uma mesa para mim e minha namorada. No dia marcado, jejuamos e chegamos lá morrendo de fome. O sommelier nos mostrou pacientemente a carta de vinhos. Perto do fim da refeição, perguntei ao garçom quando chegaria o prato principal. Todas as porções tinham sido minúsculas em pratos enormes. E assim foi minha iniciação à nouvelle cuisine.

Como cheguei nos EUA imediatamente após as medidas repressivas de 4 de junho na China e, sendo aluno da Grande China, tinha direito ao *green card*, graças ao decreto assinado pelo presidente George H. W. Bush. Mas não quis. Sentia-me muito diferente na América e suspeitava que enfrentaria barreiras intangíveis caso permanecesse lá. A cultura das fraternidades permeava o mundo empresarial, e das festas que participava tive a sensação de que teria pouca popularidade com meus chefes e colegas norte-americanos. Após 4 anos em Wisconsin, me formei em maio de 1993 e peguei um avião de volta para casa.

Minha experiência nos Estados Unidos me mudou profundamente. Em Hong Kong e na China, já me destacava por minha altura e pelo jeito de me vestir. Mas aquele tempo na América me fez ainda mais individualista e me deixou mais confortável sendo eu mesmo. Meus pais não gostaram disso. Lamentaram que não fiquei em Hong Kong. "Teria se tornado uma pessoa melhor", declarou minha mãe quando voltei. "Não teria ficado tão obstinado. Teria brigado menos com a gente". Ambos me disseram que me enviar aos EUA foi a pior decisão que haviam tomado.

Mas, para mim, viver em Wisconsin foi libertador. A experiência me colocou no caminho para me tornar um cidadão global. Fiz amizade com pessoas do mundo todo, que tinham cores, religiões e crenças diferentes. Sem aquela primeira jornada aos EUA, não teria tido o êxito que tenho. Até meu inglês foi transformado. Usado tanto com o povo do meio-oeste como também com estrangeiros, meu sotaque acabou ficando mais como o de Arnold Schwarzenegger do que como o de um chinês honconguês.

Já em casa, comecei a correr atrás de um trabalho, enviando vinte currículos para bancos de investimentos. Em poucos dias, consegui entrevistas com o Morgan Stanley e o Goldman Sachs, mas pisei na bola com ambos. Quando o entrevistador do Morgan Stanley me disse para voltar para casa e esperar sua ligação, sugeri de forma ignorante que ele deixasse uma mensagem na secretária eletrônica, complementando ainda que, de qualquer forma, estava planejando tirar férias antes de começar a trabalhar. Na entrevista no Goldman, comecei a discutir sobre racismo e levantei a voz. Nenhum dos dois me ligou de volta.

Consegui uma vaga como corretor de ações na corretora Citibank Vickers. Achava que seria o emprego mais animado do mundo. Todos da minha geração assistimos ao Michael Douglas, no papel de Gordon Gekko, no sucesso *Wall Street: O Dinheiro Nunca Dorme*, declarar, memoravelmente: "A ganância é boa". Mas logo descobri que ser corretor não era aquilo tudo que se dizia. Em Hong Kong, pelo menos, a questão era quem você conhecia, e não o que sabia. Se você tinha contatos cheios da grana, se daria bem. Mas, como corretor iniciante com um círculo social limitado, sempre ficava esperando meu chefe me repassar os trades pequenos ou tediosos demais para que ele mesmo executasse. Os clientes me ligavam para fofocar, não para comprar ou vender. Percebi que não importava se fosse eu ou o cara ao meu lado que vendesse uma ação do Banco de Hong Kong, de Xangai ou de qualquer outra empresa. *Qual é a diferença*, perguntei a mim mesmo, *entre isso e* vender sapatos?

Mesmo assim, meus colegas e eu imitávamos a cultura exagerada de festas que víramos no filme. A Bolsa de Hong Kong fechava diariamente às 16h, e, após a academia, íamos para Lan Kwai Fong, uma rua curvada com uma sequência de bares perto do Distrito Central de Hong Kong. Era essa a cultura. Sendo eu um corretor recém-saído do forno, me convenci de que as festas serviam a um propósito profissional. Uma boa lista de contatos era fundamental para o sucesso. Ficava zanzando como uma mosca sem cabeça, como dizem os chineses, indo de bar em bar e buscando fazer conexões profissionais. No fim, acabei não conseguindo muitas.

Acabei tendo problemas com o cartão de crédito e tive que pedir ajuda aos meus pais. Às vezes, só chegava em casa após o amanhecer. Estava morando de novo com eles; aproveitando a boa fase do mercado imobiliário de Hong Kong, tinham se mudado novamente para outro apartamento em um bairro melhor. Após diversos episódios na madrugada, meus pais me expulsaram. Aluguei um apartamento de 45m^2 no bairro Tianhou a duas quadras do Colégio da Rainha. Conhecia a área e me sentia em casa.

Após nove meses como corretor de ações, comecei a procurar outro emprego. Queria algo em que pudesse aplicar o que tinha estudado — uma vaga que oferecesse plano de carreira. Em junho de 1994, fiz entrevista numa empresa de *private equity* chamada

ChinaVest. Ela ocupava toda a cobertura de um edifício comercial no centro. Muito exclusivo, pensei. Pediram-me que explicasse o que entendia por *private equity*. Eu havia pesquisado o termo no dia anterior e meu livro da faculdade sobre finanças só continha três linhas a respeito. Era um conceito novo. Repeti como um papagaio o que tinha memorizado e consegui a vaga.

A ChinaVest foi fundada em 1981 por Bob Theleen, ex-oficial da CIA que era cheio de lábia; sua esposa, Jenny, que cresceu em Singapura e estudou na França; e por dois outros norte-americanos. Minha contratação estava diretamente relacionada com as mudanças que ocorriam dentro da China. Os anos entre 1989 e 1992 foram terríveis para o país. Após o Massacre da Praça da Paz Celestial em 1989, uma ala reacionária do Partido Comunista Chinês, liderada pelo primeiro-ministro Li Peng, reverteu as reformas orientadas ao mercado, tomou medidas severas contra as empresas privadas e injetou dinheiro no ineficiente setor estatal. A economia da China desacelerou drasticamente. Mas em 1992, o líder supremo da China, Deng Xiaoping, impaciente com os conservadores, saiu de Pequim e viajou ao sul para a cidade de Shenzhen na fronteira com Hong Kong para instar a retomada das mudanças orientadas ao mercado. A "viagem ao sul" feita por Deng desencadeou uma nova rodada de zelo capitalista. Hong Kong foi a principal beneficiária. Em 1993, o visionário de Wall Street, Barton Biggs, veio ao território após seis dias na China e declarou-se "atento, superalimentado e otimista" com relação ao país. Após essa declaração, mais de US$2 bilhões inundaram a Bolsa de Hong Kong, atrás de empresas que tinham negócios na China.

Theleen e sua equipe capitalizaram com o boom, trocando sua expertise sobre a forma chinesa de fazer negócios por participações em empresas que buscavam estabelecer uma presença no continente. Eles investiram nas redes alimentícias TGI Fridays e

Domino's, como também nas empresas de eletrônicos de Taiwan. Adquiriram ainda uma posição de controle da Tait Asia, uma subsidiária da empresa mais antiga de comércio exterior na região e especialista em rápida movimentação de bens de consumo, incluindo cerveja e cigarro.

Trabalhei para meu primeiro chefe na ChinaVest, Alex Ngan, por alguns anos, fazendo planilhas, tomando notas nas reuniões e escrevendo memorandos sobre investimentos. Ele era um mandão, mas o trabalho era fascinante. Os principais executivos de uma vasta gama de setores vinham ao nosso escritório para vender suas ideias. Era uma aula, uma versão mais profunda das conversas que ouvia quando jovem entre meus pais e seus amigos comendo *dim sum*. Ainda melhor, eu era pago para ouvir, e era o mais novo na sala.

Tornei-me o representante da empresa para a Tait Asia, que tinha as contas da cerveja Heineken e do cigarro Marlboro. O desejo por esses produtos era extraordinário na China. Em poucos anos, as vendas da Heineken lá saíram de zero e chegaram a US$40 milhões, e a Tait Asia tinha os direitos de distribuição.

A China havia decretado impostos altíssimos para cervejas importadas — mais de 40% — para proteger as cervejarias nacionais. A Tait Asia comprava cerveja em Hong Kong e a revendia para empresas que conseguiam encontrar uma forma de levá-la para a China sem pagar impostos. Não queríamos saber como, desde que as vendas e os lucros continuassem crescendo. Não era só a ChinaVest, é claro. Qualquer um que tinha negócios na China fazia aquilo, contornando as regras em busca de lucros. Aprendi rápido que, na China, todas as regras eram dobráveis, desde que você tivesse o que os chineses denominam *guanxi*, ou um contato com alguém do sistema. E considerando que o Estado mudava as regras o tempo todo, ninguém dava muita importância a elas.

A certa altura, um oficial da marinha chinesa ofereceu à Tait Asia um navio de guerra para contrabandear cerveja. Fiquei chocado. Eu crescera numa China que glorificava o Exército de Libertação Popular e fora ensinado que ele tinha lutado contra o Japão na Segunda Guerra Mundial, libertado a China do regime corrupto de Chiang Kai-shek e lutado contra as forças norte-americanas, fazendo-as parar na Coreia. E, agora, a marinha chinesa traficava cerveja?

Tinha acabado de entrar na empresa e tudo era novo para mim. Mas achei desconcertante ver a ChinaVest totalmente despreocupada com a forma em que a Tait Asia, na qual investira, conseguia levar cerveja para a China. Tínhamos criado intencionalmente uma caixa-preta dentro da qual muito dinheiro passava de mão em mão. Considerando as regulações dos EUA, a liderança da ChinaVest precisava fingir que não sabia de nada. Muitas empresas ocidentais operando na China adotaram um modelo semelhante, do tipo "não pergunte, não conte". Péssimas condições de trabalho nas fábricas que faziam tênis de luxo? "Quem sabia?" Trabalho forçado na produção de jeans? "Deve haver um engano." Negócios com o exército ou a polícia? "Não estávamos cientes."

Eu estava começando nos negócios e aprendendo o básico. De fato, não me encontrava numa posição para ficar julgando. Se meus chefes achavam que aquilo estava certo, então para mim estava certo também. E quanto mais me aprofundava nos negócios chineses, mais percebi que todos — empresas dos EUA, de Hong Kong, da Europa e, é claro, da China — dobravam e contornavam as regras. Eu estava no início da minha carreira e essa foi minha primeira lição sobre o comércio chinês. Ela estabeleceu o ritmo para meu trabalho futuro e me mostrou o caminho rumo à China.

Theleen era mestre em impressionar os ocidentais com seu conhecimento sobre a Ásia. No último trimestre de 1994, a ChinaVest fez uma reunião com seus principais investidores dos EUA em Pequim, incluindo representantes de empresas familiares do meio-oeste e grandes investidores como a Fundação Ford e o Sistema de Aposentadoria de Funcionários Públicos da Califórnia. Bob queria dar um show e me enviou à China para ajudar na organização. No aeroporto, recebi os convidados com três limousines Bandeira Vermelha, a versão meio desengonçada da Lincoln Continental. Acomodamos nossos visitantes no Diaoyutai State Guesthouse, onde Richard Nixon e Henry Kissinger ficaram durante a famosa viagem de Nixon para a China em 1972. Sempre que pegávamos a estrada, nossos motoristas ligavam as sirenes para abrir caminho. Nossos convidados ficaram de boca aberta com a experiência. Muitos faziam sua primeira viagem ao país e não estavam acostumados a esse tipo de tratamento, em que a intenção era deslumbrar com bajulação. Um deles, herdeiro de uma rica família de Ohio, virou-se para mim e afirmou: "Isso é outro mundo." Theleen aprendera esse truque com os chineses, que são mestres na arte da hospitalidade que surpreende e impressiona. Ao fazer isso, atingiu seu objetivo de transformar a China num enigma que só a ChinaVest conseguia decifrar.

Quando o grupo foi embora, o Guesthouse me presenteou com uma conta enorme. Alguns dos nossos investidores tinham se presenteado com artigos chineses retrô, da década de 1970, como canetas, bloquinhos, taças e cinzeiros que decoravam os quartos. Foi um preço pequeno a pagar pelos negócios contínuos daquelas empresas.

Comecei a viajar à China buscando oportunidades de investimento para a empresa. Fui a Luoyang na província de Henan, local famoso pelas peônias e pelas Grutas de Longmen, mas na época em que cheguei, no terceiro trimestre de 1995, era um chiqueiro encardido pós-comunismo. Lá, visitei uma fábrica de motos; o setor estava começando a decolar na medida em que os chineses trocavam as bicicletas por scooters. Na província costeira de Fujian, passei em uma fábrica de monitores de TV que viria a se transformar na maior fabricante de telas de computador no mundo. Na área central da província de Anhui, no meio do nada, há tempo conhecida como uma das mais pobres do país, o único lugar decente que consegui encontrar para pernoitar foi um dormitório da polícia. Quando voltei à capital provinciana de Hefei, muito longe de ser um paraíso, celebrei meu retorno à civilização em um surrado hotel quatro estrelas.

A China estava tão pobre que nenhuma das empresas privadas emergentes tinha receitas altas o suficiente para atingir nossos alvos de investimento. Mesmo assim, consegui sentir a energia, reprimida durante décadas pelo comunismo, esperando para ser libertada. Tudo que aqueles empreendedores aspirantes precisavam era que o governo lhes desse uma chance.

Também senti que, por fim, estava participando de algo maior do que eu mesmo. Adquiri um amor pela China logo cedo. Assim, naturalmente, queria fazer parte dessa história da nova China. Ninguém sabia como acabaria e, ao retornar para minha terra natal, certamente não sabia se realizaria meu objetivo de ser alguém na vida. Mas parecia a coisa certa a fazer.

A primeira empresa de tecnologia na área continental da China que a ChinaVeste adquiriu uma participação foi a AsiaInfo, que estava criando a estrutura central da internet no país. Dois alunos chineses, Edward Tian, que tinha doutorado em gestão de recursos naturais pela Texas Tech, e Ding Jian, com mestrado em ciências da informação pela UCLA e um MBA pela UC Berkeley, fundaram a empresa no Texas em 1993. O diferencial da AsiaInfo era sua habilidade em juntar software e equipamentos da Dell, Cisco e outras companhias para criar um sistema que conectaria os chineses uns aos outros e a China com o restante do mundo. A internet chegou no país em 1994. No fim daquele ano, 30 mil pessoas estavam conectadas. Hoje, quase 1 bilhão de pessoas têm acesso à internet, representando 20% dos usuários mundiais.

Tian não sabia muito de tecnologia, mas era um vendedor excelente. Quando ouvi sua apresentação, fiquei tocado por seu entusiasmo em ajudar a China a abraçar a revolução das telecomunicações que varria o globo. Ele destacou seu retorno ao país como sendo parte do fluxo centenário de chineses patriotas que voltavam ao lar para construir a pátria após seus estudos no exterior.

Sua inspiração para fundar a AsiaInfo ocorreu após ver um discurso do senador — e futuro vice-presidente — dos EUA Al Gore, em 1991, durante o qual o senador descreveu a internet como "a hiper-rodovia da informação". Apenas 2 anos antes, Tian testemunhou lá dos EUA os protestos massivos dos alunos pelas cidades em toda a China em 1989 e, como eu, chorou quando o Exército de Libertação Popular matou centenas em Pequim. A reação de Tian, como a de muitos chineses, foi abraçar o capitalismo, o livre fluxo de informações e o empreendedorismo para construir a China. Ele combinou a promessa da nova tecnologia com a de uma China mais livre. "Com nossa tecnologia", prometeu Tian, "o esclarecimento pode fluir pelas torneiras como água". Quando falou sobre os alunos chineses patriotas retornando ao lar para modernizar seu país, vi a mim mesmo como parte de uma história maior. Em retrospectiva, agora percebo que foi um papo calculado de vendedor, criado para impressionar os investidores ocidentais e encantar os oficiais chineses. Tian sabia como elaborar uma história que pudesse apelar a ambos os públicos. Ainda assim, seu sucesso na China viria a ser uma referência a dezenas de milhares de regressos, como ele e eu.

Fui o analista do negócio. Tian exigiu uma quantia que meus chefes na ChinaVest consideraram um absurdo. Ele defendia que a AsiaInfo valia US$100 milhões, muito embora suas receitas mal chegassem a US$15 milhões. A empresa estava crescendo rápido, mas tinha como gestores um bando de nerds sem qualquer experiência na elaboração de planilhas. Em 3 anos, previu Tian, a AsiaInfo aumentaria suas receitas em 600%.

Além da ChinaVest, outras empresas estavam interessadas. No fim, a companhia de investimentos Warburg Pincus entrou com US$12 milhões, nós colocamos US$7 milhões e a Fidelity Ventures investiu cerca de US$1 milhão, quebrando o recorde de maior investimento de *private equity* na China, naquela época. Quando a AsiaInfo começou a negociar suas ações na NASDAQ no dia 3 de março de 2000, elas voaram de US$24 para mais de US$110, antes de se estabilizarem em US$75, um ganho de 314%. Cada uma das parceiras da ChinaVest no negócio ficou US$8 milhões mais rica. E o passeio selvagem da China tinha apenas começado.

Conhecer alguns dos participantes do negócio com a AsiaInfo me deu um gostinho da receita que a China seguiria em sua ascensão poderosa rumo ao futuro — centrada em juntar talento empreendedor com contatos políticos. Edward Tian era um ingrediente fundamental. Mesmo antes da AsiaInfo integrar a NASDAQ, uma empresa estatal chinesa fundada por Jiang Mianheng, filho de Jiang Zemin, o chefe do Partido Comunista, convencera-o a trabalhar na Netcom, uma empresa que recebera a missão de levar a

China à vanguarda da tecnologia de informação ao instalar fibra ótica em todo o país. Algumas das cidades que receberam a banda larga da Netcom nunca tinham tido um serviço telefônico. Num período de 10 meses no início dos anos 2000, os funcionários da Netcom instalaram quase 10km de cabos de fibra ótica e conectaram as dezessete maiores cidades chinesas à internet.

A habilidade de Tian em gerenciar uma companhia de telecomunicações e em articular uma visão foi essencial ao sucesso dessa tarefa surpreendente. Porém, os esforços de Tian com a Netcom não teriam dado fruto sem Jiang Mianheng. Foi a combinação do espírito de confiança e vontade de Tian com a linhagem política de Jiang que impulsionaria o crescimento da China. A junção entre expertise e apoio político tornou-se uma constante na marcha chinesa rumo ao futuro, bem como uma forma para que homens e mulheres ambiciosos fizessem algo de suas vidas.

O negócio com a AsiaInfo também demonstrou que empresas estrangeiras igualmente poderiam participar do jogo. Elas tinham o mesmo interesse em usar os filhos e filhas dos oficiais chineses de alto escalão para angariar favor dentro do sistema.

Um dos banqueiros trazidos pela AsiaInfo para ajudar na transação foi um jovem chamado Feng Bo. Seu pai, Feng Zhijun, era escritor e editor, tendo sido rotulado como "direitista" durante uma campanha política dos anos 1950 e enviado a um campo de trabalho. Em 1976, com a prisão da Gangue dos Quatro, os ultraesquerdistas que se congregavam ao redor de Mao, Feng Zhijun foi libertado e se tornou um integrante principal da Liga Democrática Chinesa, um dos oito partidos políticos que o Partido Comunista tinha mantido após a revolução de 1949 como fachada de um sistema pluralista. Zhijun serviu no Comitê Permanente do Congresso

Nacional do Povo, a legislatura aprovada pela China, durante 10 anos, e teve acesso a informações privilegiadas sobre as mudanças de políticas que impactavam as empresas estrangeiras.

Seu filho, Feng Bo, fora um aluno mediano. Em 1987, após Bo ter tido um péssimo resultado no vestibular chinês, Zhijun enviou o filho aos EUA para ficar com um amigo norte-americano, na esperança de que encontrasse um rumo na vida. Feng Bo, então com 18 anos, chegou ao condado de Marin, Califórnia, fez aulas de reforço em inglês na faculdade local e aprendeu a surfar na praia Stinson. Para pagar as contas, trabalhou como lavador de pratos, garçom, chef de sushi e cozinheiro de comida chinesa. Ele se aventurou em fotografia vanguardista e sonhava em dirigir filmes independentes.

No norte da Califórnia, Feng Bo conheceu Sandy Robertson, chefe da Robertson Stephens, uma butique de investimentos em São Francisco que aproveitou a bolha pontocom — e depois se espatifou nela. Robertson descobriu os antecedentes políticos de Feng Bo, treinou-o, tornou-o vice-presidente executivo da empresa e encorajou-o a usar seus contatos familiares para descobrir investimentos na China relacionados à internet. Em uma carta enviada em abril de 1944 a Ron Brown, que era o então secretário de comércio do governo Clinton, Robertson supostamente se gabou dos laços com a família de Feng Bo. Este se casou com uma norte-americana e tiveram dois filhos.

Para mim, o refinamento que Robertson exerceu em Feng Bo escancara o funcionamento interno de um sistema político que vocifera slogans comunistas enquanto as famílias de oficiais importantes se empanturram na gamela das reformas econômicas. Esses filhos e filhas eram como uma aristocracia; casavam-se entre si, viviam vidas desconectadas da realidade do chinês comum e faziam fortunas vendendo acesso aos seus pais, a informações privilegiadas e a aprovações regulatórias que eram fundamentais à riqueza.

Após o negócio com a AsiaInfo, a ChinaVest contratou Feng Bo como nosso primeiro representante em Pequim. No último trimestre de 1997, após apenas um ano na ChinaVest, Feng Bo pediu as contas para desenvolver seus próprios investimentos. Posteriormente, ele se divorciou de sua esposa norte-americana e se casou com Zhuo Yue, neta de Deng Xiaoping. Parecia, para mim, que Feng Bo aproveitou suas conexões com a família Deng para obter uma riqueza substancial. Ele também virou um exibido, trocando seu sonho de produzir filmes independentes pela pompa da enorme riqueza. Durante um tempo, ele andava por Pequim em um Rolls-Royce conversível vermelho e com placas militares. Até as pessoas em seu círculo achavam que isso era um exagero. A aristocracia vermelha da China era um pouco mais moderada.

Logo após Feng Bo sair da ChinaVest, a empresa fez uma reunião com a gerência. Instantes antes de começar, a esposa do fundador Bob Theleen, Jenny, me puxou de lado. "Ei, Desmond, o que acha de se mudar para Pequim?", perguntou casualmente. "Você seria nosso novo representante na China." Achei que ela estava de brincadeira, mas a expressão em seu rosto era séria. Entrei de cabeça. Aos 29 anos, minha vida — nascido na China, educado em Hong Kong e nos EUA e, agora, voltando à parte continental da China — fechara um ciclo. Alguns minutos depois, Bob anunciou ao grupo minha promoção.

⫶⫶ CAPÍTULO QUATRO ⫶⫶

TRANSFERIDO PARA PEQUIM NO FIM DE 1997, DESCOBRI uma nova China. Desde que Deng Xiaoping retomou as reformas em 1992, a economia dobrou, e dobraria novamente até 2004. No país, não faltavam pessoas que foram do lixo ao luxo — histórias de milionários feitos do dia para a noite e de sensações financeiras. A energia dinâmica do lugar era contagiante. Empresas particulares nasceram aos montes; parecia que todos queriam ser seus próprios chefes. Os chineses do continente passaram décadas vivendo sob a pobreza imposta pelo comunismo. Então, na década de 1990, as pessoas redescobriram o dinheiro, as propriedades, os carros e os itens de luxo, e não voltaram mais atrás.

O Partido encorajava o consumo e, de fato, ofereceu ao povo um contrato social tácito sintetizado na formulação de Deng: "Ficar rico é glorioso." Basicamente, disse o Partido, dê-me sua liberdade e deixaremos você ganhar dinheiro. Essa era a troca.

Mesmo assim, a maioria das empresas permaneceu pequena. Uma companhia privada com US$2 milhões em receitas era considerada substancial, exceto no sul, onde os fabricantes estavam desenvolvendo gigantes exportadoras com a venda de tênis, luzinhas de Natal, brinquedos e micro-ondas para consumidores norte-americanos. O grupo Wanxiang, que se tornaria um dos maiores fabricantes de peças de automóveis do mundo, estava apenas começando, e Jack Ma, ex-professor de inglês que viria a fundar o grupo Alibaba, a sensação da internet, estava atrás de investidores-anjos. Fiz uma reunião com ele no café do Ritz-Carlton em Hong Kong, e ele riu na minha cara quando solicitei um plano de negócio. "O Goldman Sachs está me oferecendo US$5 milhões com base em uma ideia", declarou. "Por que preciso lhe mostrar um plano de negócios quando estamos falando apenas em US$3 milhões?"

O sistema comunista de controle central e planejamento econômico teve dificuldades para se adaptar às mudanças na China. Leis antigas não tinham mais relevância. Mas quando o Partido criou novas leis, os ministros incluíram intencionalmente enormes áreas cinzas, de modo que, se as autoridades quisessem visar alguém para perseguir, sempre conseguiriam.

O desmonte do sistema estatal das unidades de trabalho nas cidades, em que as pessoas tinham que viver em apartamentos fornecidos pela fábrica, enviar seus filhos para a escola da fábrica e trabalhar juntas na linha de produção, abriu um enorme setor para novos investimentos e riquezas: o desenvolvimento do mercado imobiliário.

A corrupção corria solta pelo sistema conforme os oficiais do Partido Comunista Chinês e suas famílias faziam amplo uso de seus contatos para conseguir terrenos lucrativos para agentes imobiliários amigos. Os líderes do Partido usavam investigações de corrupção para eliminar seus inimigos políticos. Cheguei em Pequim na época em que um caso contra o prefeito da capital chegava ao tribunal. O prefeito Chen Xitong estava sendo acusado de desviar milhões de dólares em um esquema para construir casas de veraneio para a elite do Partido. Seu "crime" real era o fato de ser líder do "grupo Pequim", uma facção do Partido que se opunha ao "grupo de Xangai", supervisionado pelo chefe do Partido, Jiang Zemin. Em 1998, Chen foi sentenciado a 16 anos de prisão. Sua queda viria a ser imortalizada no livro comercial, levemente ficcionalizado, *A Ira do Céu*, que refletia a lacuna cada vez maior entre a versão oficial de um honorável líder do Partido e a visão popular dessa liderança, como uma quadrilha autosselecionada de *apparatchiki* mercenários, cujas vidas estavam muito separadas daquelas das pessoas comuns.

Como representante da ChinaVest em Pequim, conseguia ouvir o zunir do motor do país sendo atiçado por décadas de escassez material. O sistema comunista tinha fracassado em satisfazer as demandas materiais do povo. Mas isso estava mudando, e rápido. Televisores, geladeiras, ventiladores, micro-ondas e máquinas de lavar roupa sumiam das prateleiras. Mesmo assim, tive dificuldades em conseguir que alguém me explicasse os detalhes do funcionamento interno para que eu me tornasse um especialista em como a China realmente funcionava. Nossos investimentos estavam limitados principalmente a empreendimentos financiados por estrangeiros, que construíam fábricas, improvisavam canais de distribuição e transferiam conhecimento técnico na medida em que transformavam o país numa potência manufatureira. Essa atividade se intensificou ainda mais quando a China negociou os termos de sua adesão à Organização Mundial do Comércio em 2001.

Eu não estava preparado para o trabalho. Não conhecia ninguém nas empresas nem no Partido. Mal tinha completado 30 anos. Não podia nem mesmo beber Moutai, um licor bem forte produzido a partir de sorgo que tinha gosto de gasolina e que estava incrustado no mito nacional chinês como a bebida dos dignatários do Partido Comunista. Eu precisava admitir que não tinha a menor ideia de como interagir com os adultos da área continental chinesa. Eram de outra espécie. Sentia-me como um ET chegando a um novo planeta.

Para começar, não conseguia jogar conversa fora sobre política, uma habilidade necessária para os negócios na China. Eu vinha de uma situação socioeconômica muito diferente. Tinha um plano de carreira, ao passo que o foco dos meus interlocutores chineses era ganhar mais dinheiro. Meu horizonte era ilimitado. Podia viajar para Hong Kong a qualquer momento, quando para eles, uma viagem ao exterior era o ponto alto do ano. Podia comprar onde quisesse. Conhecia marcas de que eles nunca tinham ouvido falar. Mas não conseguia entregar numa boa os "envelopes vermelhos" cheios de dinheiro. Tudo isso foi se somando. Eu era um estrangeiro em minha própria terra. Tinha me esquecido de como as relações humanas na China eram singularmente pegajosas, algo que vivenciara durante minha infância em Xangai.

Após retornar para Xangai, conheci um gerente sênior do Grupo Fuxing, um conglomerado em ascensão. Tivemos um bate-papo agradável sobre os negócios dele enquanto tomávamos chá, mas ficou claro que ele não estava interessado no dinheiro da ChinaVest. Havia rumores de que o grupo Fuxing já tinha relações com a família do presidente Jiang Zemin. Não havia motivos para que eles deixassem uma empresa estrangeira espreitar os bastidores para ver como operavam. Após cinco minutos em nossa reunião, aquele cara provavelmente concluiu: *este idiota não sabe nada sobre a China*. Ele tinha razão.

Em Pequim, eu vivia na bolha de um expatriado ocidental. Tinha um apartamento bem localizado, em frente ao Ministério de Relações Exteriores. Um motorista me levava a todos os lugares em uma limusine Bandeira Vermelha. Um amigo brincou que eu era tão bem cuidado que tinha uma babá secretária cuidando do meu escritório, outra para cuidar da minha cozinha, e uma babá namorada — uma modelo xangainesa — para cuidar do meu quarto.

Minhas interações sociais ficavam em sua maioria limitadas a ocidentais, a expatriados asiáticos que falavam inglês e àqueles chineses que queriam interagir com expatriados. O escritório da ChinaVest ficava no hotel Swissôtel, que também era a sede de outras empresas ocidentais. Eu malhava na academia do hotel, cercado de expatriados, e festejava no Hard Rock Cafe, que tinha aberto sua filial em Pequim em 1994, de novo, com expatriados.

Virei cliente regular de um bar chamado Café Meia-lua, que ficava em um beco escuro perto de um restaurante decadente que servia hot pot de Sichuan. Frequentado por ocidentais e pelos moradores maltrapilhos do submundo de Pequim, o Café tinha jazz ao vivo tocado por músicos chineses que estavam redescobrindo uma forma de arte que fora popular antes dos comunistas a terem banido por ser "burguesa", após a revolução de 1949. O dono do bar era Jin Xing, um dançarino e coreógrafo chinês que tinha estudado em Nova York nos anos 1980 com as lendas da dança moderna, Martha Graham e Merce Cunningham. Em 1995, Jin Xing passou pela primeira operação de redesignação sexual pública na história chinesa, tornando-se uma mulher.

Sempre que eu chegava no bar, o bartender avisava Jin e ela se aproximava timidamente. Infelizmente, ela sempre parecia estar um tanto quanto feliz demais em me ver, então diminuí minhas visitas ao Meia-lua. Mas isso era Pequim. Todo mundo estava tentando ganhar, ansiando por algo novo, dinheiro em geral, mas também liberdade pessoal, e aquilo que os chineses imaginavam ser um estilo de vida ocidental.

Proibidos por muitos anos de sair da China, os chineses começaram a emigrar aos bandos. As chinesas jovens e atraentes não estavam imunes ao desejo de ir embora. Em uma festa de estrangeiros, conheci uma e, em busca de interesses em comum, descobrimos a natação e concordamos em dar um mergulho na piscina olímpica do Centro de Amizade China-Japão no lado leste da cidade.

Ela saiu do vestiário usando um dos menores biquínis que eu já tinha visto. Nem preciso dizer que todo mundo ficou boquiaberto, considerando que estávamos em uma escola pública na China dos anos 1990 e que ninguém estava acostumado a tal exibicionismo atrevido. Como seu acompanhante, fiquei ao mesmo tempo hipnotizado e morrendo de vergonha. Pouco tempo depois, ela se casou com um empresário alemão e partiu para Düsseldorf. Experiências como essa me deram uma noção do que estava acontecendo nos bastidores, mas também contribuíram para eu me sentir ainda mais desinformado. Embora tivesse nascido no país e falasse três dialetos como um residente local, sentia que estava vendo as coisas de fora para dentro.

No fim de 1999, conheci Lan Hai, empreendedor que era filho de um general do Partido de Libertação Popular. Lan era um visionário no setor de telecomunicações e fora um importante fornecedor de software quando o pager estava a topo vapor.

Em meados de 1990, os pagers eram um símbolo de status numa China que passava por mudanças, como tinham sido no Ocidente. Enquanto levava-se meses — e geralmente uma propina — para conseguir uma linha de telefone fixo nas vagarosas empresas estatais de telefonia, a tecnologia dos pagers, vendida por empresas privadas, permitia que as pessoas dessem saltos à frente. Inúmeras empresas de pagers abriram enormes call centers, enviando as mensagens por todo o país. No fim da década de 1990, quase 100 milhões de chineses tinham um pager. Então, outra tecnologia disruptiva — os telefones móveis — chegou com os recursos de mensagens já embutidos, e os pagers começaram a sair de cena. A empresa de Lan, PalmInfo, tentou dar aos call centers uma chance de sobrevida, oferecendo serviços de secretariado e de bancos. A ChinaVest estava interessada na PalmInfo e, no fim, ajudou Lan a levantar US$4 milhões. No fim de 1999, Lan me ofereceu um emprego, promovendo outra grande mudança na minha vida.

A proposta de Lan veio quando eu já estava tendo dúvidas sobre uma carreira em *private equity*. Sentia como se estivesse parado na margem de um rio assistindo ao fluxo de um país em modernização passando. Ao começar na ChinaVest e, depois, ao me tornar seu principal representante em Pequim, vi como minha vida se desdobraria. Imaginei que seria promovido a sócio quando fizesse 40 e, alguns anos depois, estaria alugando mansões em Hong Kong, como meus chefes o faziam. Tal cenário deixava pouco espaço para a imaginação. No setor de *private equity*, sempre dizíamos que voávamos a 10km acima das trincheiras. Mas eu desejava estar lá embaixo lutando, não apenas como investidor, mas como o criador de uma empresa. Queria fazer parte da história da China, e não apenas ser alguém que buscava lucrar com ela. Além disso, sempre gostei de explorar o desconhecido — dos becos em Xangai às terras do meio-oeste dos EUA. Queria um novo desafio. Almejava fazer algo grande. E estava vivendo em um período na China quando o grande era possível. Também sentia que, para ser um bom investidor, precisava de experiência como empreendedor.

No setor de capital de risco naquela época, qualquer um conseguia fazer contas, mas poucos conseguiam administrar uma empresa. Eu queria ser esse cara.

Comecei na PalmInfo como CEO no início de 2000 e Lan passou a ser nosso presidente. Cheios de dinheiro que veio da ChinaVest, alugamos um andar inteiro em um ostentoso prédio comercial no Hotel Kempinsky, no lado leste e luxuoso de Pequim. "Roubamos" para nós a diretoria da operação da Motorola na China e contratamos outras cem pessoas. Abrimos até um escritório-satélite em Irvine, Califórnia. Queríamos mostrar que éramos uma empresa bem-sucedida e ambiciosa. Nossos cartões de visita listavam uma dúzia de subsidiárias. "Hum", torceu o nariz a alta executiva de uma empresa estatal de telefonia conforme pegou meu cartão, "então agora vocês são um conglomerado internacional."

Na PalmInfo, nossos resultados não cheiravam nada bem. Nosso *burn rate* era extraordinário e, nossas receitas, miseráveis. Não conseguíamos convencer os bancos chineses a comprarem nosso serviço. E mesmo quando as empresas se interessavam pela tecnologia, tínhamos concorrentes. Usávamos um software patenteado, mas após a saída de um dos nossos funcionários, uma nova empresa começou a vender o mesmo serviço por um preço mais baixo. Em quem poderíamos confiar para nos proteger? Em ninguém. A China era a capital mundial da fraude em propriedade intelectual, produzindo rapidamente softwares e DVDs piratas despreocupadamente; em 2000, nenhum órgão público de garantia da lei estava interessado em pegar nosso caso.

No fim do segundo trimestre de 2001, já há 18 meses na iniciativa, ficou óbvio que precisávamos mudar. Mudamos para um escritório menor. Demitimos os recém-contratados. Também ficou claro que eu estava sobrando. Então, pedi demissão. Com nada me prendendo em Pequim, fui para Xangai, onde meus pais agora viviam, vindos de Hong Kong.

A carreira do meu pai ia em direção oposta à minha. Ele fez o negócio da Tyson na China sair do nada e chegar a mais de US$100 milhões por ano. Ele teve tanto sucesso que a Tyson decidiu abrir um escritório na área continental chinesa e enviar meu pai de volta a Xangai como seu chefe. Para ele, seu retorno foi um triunfo. Ele saíra da China como professor de colégio sob uma nuvem de má reputação de classe. Por meio de seu trabalho, passou de operário de armazenagem a representante de uma empresa multibilionária. Agora voltava à China sendo, como seus amigos o denominavam, um *meiguo maiban*, agente intermediário dos EUA, o termo usado antes da era comunista para os chineses que eram representantes de uma empresa norte-americana. Era uma denominação ambígua pois, na brincadeira, sugeria que meu pai era um pau-mandado do imperialismo ianque enquanto, ao mesmo tempo, também reconhecia seu sucesso. Meu pai entendeu a alcunha como um reconhecimento de seu êxito. Um enorme escritório com a melhor vista em um arranha-céu com fachadas espelhadas e um ostentoso apartamento no centro da cidade inflaram ainda mais seu ego.

O boom em Xangai foi muito além das vendas de partes de frango. A Escola de Ensino Médio Xiangming, onde meu pai lecionara, foi demolida para a construção de um luxuoso bar de karaokê. Mudei-me para um segundo apartamento que meus pais compraram para passarem os fins de semana num subúrbio de Sheshan. Lá, empreiteiras estavam construindo o clube particular de golfe mais chique de Xangai.

Tudo estava indo bem, com exceção de mim. Estava acostumado com o progresso, mas tive que admitir minha derrota. Pela primeira vez na vida, li livros de autoajuda, devorando tudo desde *Como Fazer Amigos e Influenciar Pessoas*, de Dale Carnegie, aos filósofos chineses Confúcio e Mêncio, ao mestre espiritual budista Nan Huai-Chin. Empreendi uma jornada de autocrítica e autodescoberta. Foi então que finalmente entendi o significado do provérbio chinês, "se quiser pular, é preciso primeiro aprender a se curvar".

Nan Huai-Chin foi campeão de kung fu e abandonou uma promissora carreira militar em plena Segunda Guerra Mundial para juntar-se a um monastério budista. Em 1949, Nan fugiu da revolução comunista indo para Taiwan, onde se tornou um dos escritores — em chinês — mais populares sobre religião e filosofia chinesa. Percebi que sempre estivera tão ocupado buscando o próximo objetivo em minha vida que nunca tinha parado para refletir. Ao ler Nan, fiquei muito mais interessado em por que eu tinha fracassado do que em por que a PalmInfo fracassara. O que estava faltando em mim?

Concluí que estava indo rápido demais, passando pelas coisas sem foco. Os detalhes me entediavam, porém quanto mais estudava, mais entendia que eles importam. O imbróglio na PalmInfo me deixou com uma insônia terrível. Comecei a meditar e aprendi como limpar a mente, então voltei a dormir. Também exercitava a moderação da respiração, uma habilidade que seria de grande ajuda conforme a vida se tornava mais atormentada. A exortação de Nan para vermos além de nós mesmos estabeleceu as bases de meu interesse posterior pelas organizações de caridade. Larguei as armadilhas exteriores da minha vida de expatriado em Pequim. Terminei com minha namorada. Enquanto isso, meus pais me emprestaram dinheiro para me sustentar.

Em Xangai, ainda trabalhava ocasionalmente para a PalmInfo. Estávamos discutindo a fusão com outra empresa chamada Great Ocean, que vendia hardware para o setor de telecomunicações. Nosso software complementava os produtos deles e tínhamos muitos clientes em comum. A Great Ocean queria novos investidores pois sempre estava com pouco dinheiro. Os clientes das empresas de telefonia estatais eram sempre lentos para pagar após comprarem o hardware da Great Ocean. Durante uma viagem a Pequim no terceiro trimestre de 2001, visitamos os escritórios da Great Ocean no Oriental Plaza, vizinho do icônico Hotel Pequim. Lá, conheci alguém que se apresentou para mim como Duan Zong, ou "a Presidente do Conselho Administrativo, Whitney Duan."

Eu estava rodando por toda a China havia quase 6 anos, mas nunca tinha encontrado uma empreendedora com ideias tão independentes. A primeira vez que vi Duan Zong foi em uma mesa de conferências com uma dúzia de pessoas na sala. Ela estava em uma ponta da mesa e eu, na outra. Duan falava rápido e não permitia discordâncias. Era impossível conseguirmos dizer alguma coisa. A China é uma sociedade muito patriarcal, então era impressionante ver uma mulher poderosa dominar o ambiente. Além disso, na minha experiência, os chineses acima do peso, especialmente as mulheres, eram subestimados. Nunca tinha visto alguém no meio empresarial tão contundente quanto a Presidente do Conselho Administrativo, Whitney Duan.

Conforme nos reunimos mais vezes para discutirmos a fusão, Whitney começou a me criticar casualmente sobre como me portava, usando seu modo franco e direto como o de muitos chineses que, caso você tenha ganhado alguns quilinhos, não pensam duas vezes antes de dizer que você está gordo. "Seus pés estão acima da mesa", observou ela certo dia enquanto eu estava sentado com as pernas cruzadas, balançando um pé no ar. Na China, declarou, quando se reúne com oficiais, não deve ser tão informal, tão ocidentalizado. "Seja como uma criança na sala de aula", instruiu-me. "Posicione-se na beira de seu assento." E não abra a boca até que alguém fale com você.

Eu nunca tinha conhecido ninguém que lançasse observações e instruções com tanta autoconfiança. Usando um terninho Chanel e portando uma bolsa Hermès, ela transmitia uma imagem de afluência e sucesso. Em busca de um novo caminho e atormentado pela insegurança, encontrei propósito nas regras de Whitney. Queria ser como ela.

Com 1,73m, Whitney era alta para os padrões chineses. Ela tinha uma voz meiga e, durante a faculdade, foi a solista do coral universitário. Começamos a ir a karaokês com nossos colegas e, quando ela pegava o microfone, todo mundo ficava de queixo caído ouvindo-a cantar sussurrando.

Eu não a descreveria como uma beldade. Claramente ela era bonita quando jovem. Quando nos conhecemos, ela estava na casa dos 30 anos e tinha engordado um pouco. Mesmo assim, era uma força da natureza. Seus olhos brilhavam com insight e energia. Comparada com minhas ex-namoradas, intelectual e espiritualmente falando, Whitney estava em um plano completamente diferente. Ela lia os livros que eu estava lendo. Possuía uma compreensão filosófica sobre como a China funcionava e conseguia me explicar por que o povo chinês reagia diferentemente do que aqueles além de suas fronteiras. Ela construiu uma ponte que me reconectou com minha amada pátria. Considerando que esse foi um período transformador da minha vida, eu fiquei escancarado aos seus charmes.

Whitney passava a impressão de ter conseguido acesso ao motor do crescimento da China. Para mim, ela foi a primeira a abrir a sala de máquinas. Ela conhecia os oficiais sobre os quais eu tinha apenas lido nos jornais. Também conhecia outros sobre quem eu nunca ouvira falar. Era um mundo novo. Eu queria aprender, e Whitney parecia disposta a ser minha guia.

Comecei a visitar Pequim novamente. Quanto mais via Whitney, mais ficava impressionado. Ela recitava parágrafos inteiros de obras dos filósofos chineses Confúcio e Mêncio, e do pensador iluminista francês Montesquieu. Ela consentiu que eu ajudasse sua empresa a levantar fundos. Comecei a aconselhá-la em questões financeiras.

Começamos a namorar e nos divertíamos juntos fazendo trilhas ou assistindo a filmes. Mas o que diferenciou nosso relacionamento foi a troca de ideias. Alinhar nossos objetivos constituía o ideal romântico dela. Eu nunca tinha experienciado essa abordagem em um relacionamento, tampouco encontrara alguém que estivesse tão segura de que sua maneira era a correta. No início de 2002, nos encontramos na cafeteria envolta em mármore do Hotel Grand Hyatt de Pequim e ficamos três horas conversando. Whitney me interrogou sobre casamento. Ela me conduzia, para analisar clinicamente minha vida pessoal, de um jeito que ninguém tinha feito antes. Nunca fui mulherengo, mas era mais ocidental em como lidava com os relacionamentos. Se rolasse, eu seguia o fluxo. Como dizem os romances hollywoodianos, siga seu coração. Ela se recusava a tal abordagem. "Você", declarou, "precisa de uma abordagem melhor". De fato, nós dois fizemos uma análise SWOT (ou FOFA), que é uma checklist usada para avaliar uma empresa. Separadamente, selecionamos as Forças, as Oportunidades, as Fraquezas e as Ameaças aos nossos laços emocionais. Depois, comparamos.

O argumento dela apelou ao meu lado analítico. Whitney parecia ter uma fórmula mágica para o sucesso, o que era especialmente intrigante, visto que a minha fórmula claramente tinha perdido seu poder. Sua visão sobre paixão, amor e sexo era que poderíamos crescer a partir disso, mas não seria a cola que nos uniria. O que cimentaria nosso relacionamento seria a lógica subjacente: nossas personalidades combinavam? Tínhamos os mesmos valores? Desejávamos os mesmos fins, concordando sobre os meios? Se sim, todas as outras coisas acompanhariam. Logo cedo, nós dois concordamos sobre os fins. Queríamos abrir mão de algo, para deixarmos uma marca na China e no mundo. Esse era meu objetivo há anos, e Whitney também pensava o mesmo. Quanto aos meios, ela exalava a confiança de quem tinha encontrado o bilhete para o sucesso. Coloquei-me em suas mãos.

Nossa conexão era mais espiritual e cerebral do que passional. Parecia um casamento arranjado, sendo que éramos nós, e não um casamenteiro, que fazíamos os arranjos. A lógica era persuasiva. Complementávamos um ao outro. Eu sabia ler planilhas e transitava facilmente em círculos ocidentais. Whitney tinha acesso a uma China oculta. Ela me fez ver quão pouco eu sabia sobre aquele mundo, muito embora fosse nativo de lá e tivesse feito negócios em Pequim por anos. Ela abriu para mim as portas de outra dimensão, totalmente desconhecida. Eu estava extasiado, maravilhado, literalmente apaixonado.

Ao buscar o próximo passo em minha vida, segui a fórmula de Whitney para o sucesso. Assim como tinha permitido que minhas primas me influenciassem em Hong Kong, permiti que ela me moldasse. Tornei-me seu projeto, tal qual Eliza Doolittle para Henry Higgins. Para parecer mais maduro, descartei minhas lentes de contato e escolhi óculos. Minhas roupas casuais deram lugar a ternos. Ela me disse que eu precisava de peso, de influência, então fiz meu melhor para me conformar com o aforismo chinês "uma cabeça velha sobre ombros jovens".

Certo dia, estávamos andando de carro e eu estava olhando pela janela, como costumava fazer, com a mente vazia.

— Está pensando em quê? — perguntou.

— Em nada — respondi.

Ela se ajeitou no banco, virou-se para mim e afirmou:

— Isso não está certo. Sua mente deve estar sempre trabalhando.

Whitney planejava constantemente o próximo passo, a quem ligar, o que dizer, como proceder. Ela não estava um movimento à frente, mas dez. Eu também abracei esse tipo de pensamento. Depois de um tempo, tornou-se natural para mim. No entanto, tal abordagem à vida tinha sua desvantagem. No início, aproveitávamos completamente a companhia um do outro. Mas quanto mais nos concentrávamos no futuro, mais nossas mentes perdiam a capacidade de estarem no agora. Prestávamos menos atenção em nós mesmos, e mais no mundo exterior.

Whitney me deu um curso intensivo sobre o sistema político chinês. No Ocidente, os partidos políticos só detinham o poder quando venciam as eleições e assumiam o controle do governo. Na China, o Partido Comunista Chinês não tinha concorrentes. O secretário do Partido em um condado, cidade ou província era mais importante do que o prefeito ou o governador. Até mesmo os militares da China, o Exército de Libertação Popular, não eram legalmente o exército do Estado chinês. Eram o exército do Partido.

Fiz meu melhor para expandir os horizontes de Whitney também. Ensinei a ela sobre vinhos e comida ocidental. Levava-a à academia e usei meus anos de treinamento para ajudá-la a perder alguns quilos. Malhávamos juntos no clube do Grand Hyatt e nadávamos da piscina de lá, ornamentada como se fosse uma floresta tropical com palmeiras e luzes cintilantes. Mas Whitney tinha horror aos nossos treinos. Após alguns meses, ela desistiu.

Compartilhávamos nossos lados espirituais, também. Ela era cristã devota e encontrou conforto em sua religião. Por muito tempo, tentou me converter. Ela me levava à igreja e me fazia ler a Bíblia, dizendo que aquilo fortaleceria nosso relacionamento. Eu também lia o Corão e os textos sagrados da Fé bahá'í. Eu buscava um caminho espiritual mas, no fim, o cristianismo dela exerceu pouca influência em minha alma.

Sob a orientação de Whitney, deixei de lado meu desejo por uma paixão ardente e abracei seu argumento de que a intimidade se aprofundaria com o passar do tempo, em parte porque eu estava "enfeitiçado" pela vida gloriosa à qual uma parceria com ela poderia levar. É claro, tínhamos nossos momentos de carinho. Em uma sociedade que ainda desaprovava as expressões públicas de afeto entre homens e mulheres, em geral andávamos de mãos dadas. Em seus momentos privativos, Whitney tinha um lado "menininha" e descontraído que me cativava. Ao longo do nosso relacionamento, ela me chamava pelo meu nome inglês, Desmond. Eu a chamava Xiao Duan, ou Pequena Duan. Após um ano de namoro, começamos a morar juntos.

Olhando para trás, algumas coisas explicam o pragmatismo dela sobre o amor e seu desejo de se envolver comigo. Para começar, ela já não era tão jovem assim para os padrões chineses. Quando nos conhecemos, ela me disse que tinha 34 anos, cerca de um mês mais nova do que eu. Numa sociedade em que as mulheres se casavam em média aos 25 anos, ela estava atrasada. Além disso, transitava em círculos onde as solteiras eram assediadas.

Os homens no poder caçavam mulheres constantemente. Presumiam que as solteiras chinesas que tinham um pouco de dinheiro transavam com todo mundo. Whitney já tinha rejeitado uma proposta de casamento feita por um alto oficial do Partido Comunista Chinês que tinha 23 anos a mais que ela. Caso permanecesse solteira, haveria outras propostas. Estar se relacionando com alguém era um escudo. Mas mesmo após começarmos a sair, as cantadas não pararam. A China comunista passara décadas reprimindo os desejos — materiais e sexuais — de seu povo. Agora, ambos entravam em erupção simultaneamente. "Tem hormônios até no ar de Pequim", dizia uma expressão da época.

O fato de eu ser alto e de ter uma aparência não desagradável provavelmente pesou na decisão de Whitney de ficar comigo. Minha educação ocidental e experiência em finanças trouxeram vantagens, também. Meu status como um forasteiro no próprio país — chinês, mas com estudos ocidentais — era valioso. Mas a coisa mais importante para ela era a confiança. Ela não precisava só de um parceiro comercial; sua necessidade era de alguém em quem pudesse confiar totalmente. Whitney estava prestes a começar uma partida de xadrez com apostas altíssimas no ápice do poder na China. Era um jogo de vida ou morte, e ela precisava ter 110% de fé em seu parceiro. É por isso que uma parceria comercial normal não teria sido suficiente. Ela precisava de um compromisso total com sua causa.

⚜ CAPÍTULO CINCO ⚜

WHITNEY PARECIA SE SENTIR À VONTADE NA CAPITAL, mas logo descobri que ela era nova em Pequim. Ela nasceu na província de Shandong, uma região costeira conhecida por seus soldados durões e como o local de nascimento do filósofo Confúcio. Sua mãe era dona de casa e tinha se entrosado com uma ramificação do cristianismo evangélico que favorecia falar em línguas. O cristianismo evangélico encontrou um solo fértil no interior chinês por gerações. A rebelião mais sangrenta dos camponeses chineses aconteceu na década de 1850 e foi liderada por um cristão convertido que, alucinando, dizia ser o irmão mais novo de Jesus Cristo. Nos anos 1990, pregadores camponeses na China alegavam ser de linhagens semelhantes, incluindo uma engolidora de fogo que insistia ser irmã de Jesus e liderava uma seita chamada Relâmpago Oriental. Seguindo os passos da mãe, Whitney também tornou-se cristã.

A mãe de Whitney tinha fugido de um relacionamento abusivo quando estava grávida dela e se casou novamente com um oficial de uma cidadezinha. Whitney idolatrava sua mãe por tal ato desafiador, raro em uma sociedade que forçava as mulheres a aceitarem seu destino. Sendo sua única parente de sangue, Whitney apegou-se à mãe e sempre falava com entusiasmo dela, em parte porque estava preocupada que eu, tendo sido criado na cidade grande de Xangai, a desprezaria. Acostumei-me com as constantes citações da Bíblia feitas pela Sra. Duan.

O padrasto de Whitney era um oficial subalterno no departamento local de água. Sempre que viajava, ele levava nas malas um frasco de pimenta explosivamente picante que colocava em tudo o que comia. Ele trouxe um filho ao relacionamento, e o casal teve outro menino posteriormente, o meio-irmão de Whitney. Futuramente, ela o prepararia para trabalhar no ramo imobiliário. Mas ele nunca trabalhou e vivia à custa dela, até que ela desapareceu.

Whitney cresceu no dormitório de apenas um cômodo em um grande pátio com outras famílias no departamento de água perto de Weishan, um município à beira de um lago perto da fronteira sul de Shandong com Jiangsu. Seus pais eram bem de vida, comparados com os agricultores que viviam ali perto, pelo único motivo que eram pagos em dinheiro, e não havia muitas cédulas no interior. Ao passo que minha família contava com frango uma vez por ano, a família da Whitney jantava patos, peixes de água doce, ovos e vegetais frescos em abundância.

A primeira vez que fez o vestibular chinês, aos 17 anos, ela não passou. Seus pais a matricularam em uma escola vocacional para estudar mecânica de automóveis e ela passou um ano aprendendo a consertar carros. Imersa diariamente em anticongelantes e lubrificantes, suas mãos desprotegidas ficavam com bolhas e a pele descascava. Elas permaneceriam inchadas por toda sua vida. Apesar das súplicas de seus pais para que aceitasse seu destino, Whitney estudou muito para refazer o vestibular, pegando nos livros bem cedinho e depois, tarde da noite. Ela estudava em um banco sob uma lâmpada solitária no arejado hall de seu dormitório e fez isso durante o inverno todo, ganhando uma dor nas costas permanente.

Ela não odiava suas raízes humildes, mas queria sair do complexo encardido que chamava de lar, composto também pelos campos ao seu redor desnudados de árvores, destituídos de vida selvagem e marcados pelos fétidos fossos de irrigação. Como eu, ela ansiava deixar sua marca na China e para a China.

Em 1986, ela foi aprovada no Instituto Politécnico de Nanjing, uma importante universidade militar que ficava ali perto, em Jiangsu. Graduou-se em ciência da computação como a melhor da turma e recebeu uma oferta para trabalhar no próprio Instituto, uma atividade tranquila naquela época. Afiliou-se ao Partido Comunista Chinês e tornou-se assistente do reitor do Instituto.

O fato de trabalhar para o presidente de uma universidade chinesa lhe deu uma instrução inestimável sobre como lidar com os oficiais chineses, habilidade que ela aprimoraria à perfeição. Whitney aprendeu a mudar sua atitude, seu tom de voz e sua linguagem, dependendo do interlocutor. O Politécnico de Nanhjing estava associado de perto com o Exército de Libertação Popular, então ela também acabou fazendo um curso de imersão sobre como se comportar com os oficiais militares.

Melhorou suas habilidades de escrita, que já eram fluentes, passando a escrever os discursos do presidente e aprendendo a canalizar a voz dele. Ela enchia esses discursos com referências aos clássicos chineses. Às vezes, a escrita chinesa pode ficar truncada pelas alusões literárias, mas Whitney exibia um conhecimento profundo da literatura chinesa, sem deixá-la densa demais.

Após um ano na universidade, o reitor conseguiu que ela passasse a trabalhar como vice-chefe do condado de Shandong, responsável por trazer investimentos de fora. O Partido cultivava dessa forma homens e mulheres jovens e talentosos, dando-lhes exposição aos degraus mais baixos do governo. Whitney passava muito tempo em Pequim, buscando os muitos nativos de Shandong que trabalhavam na burocracia do Partido, tentando cultivar as antigas amizades para facilitar os investimentos no condado.

Shandong ensinou a ela uma lição valiosa, semelhante àquela que aprendi em Hong Kong. Ela descobriu que os únicos que realmente se davam bem na China eram aqueles com *guanxi*, contatos no sistema. Mesmo assim, ela não gostou da vida de vice-chefe de condado. Ela foi forçada a beber tanto que ficou cheia de urticária. Foi sexualmente assediada. E quando o chefe do condado foi condenado e preso por corrupção, as traições e os boatos tornaram-se intoleráveis.

Tal experiência acabou com qualquer desejo seu de trabalhar para o governo. Implantou-se nela um medo visceral do sistema chinês e um compromisso, em suas palavras, para garantir que "mesmo se tirasse meu corpo do caixão e o chicoteasse, não encontraria sujeira". Decidiu então que uma carreira empresarial era o caminho a seguir.

Whitney escreveu ao reitor da universidade em Nanjing solicitando uma transferência. Ela queria tentar em uma empresa estatal. Os negócios, pensou, ofereciam a melhor forma de sucesso. No entanto, prometeu a si mesma que, em sua carreira empresarial, ficaria isenta de repreensões. Em um sistema sujo, acreditava que conseguiria manter-se limpa, até mesmo seu cadáver.

O reitor conseguiu para ela uma vaga como assistente do CEO de uma empreiteira administrada pelos militares chineses. Na época, o Exército de Libertação Popular (ELP) estava em todos os tipos de negócios, incluindo a produção de alimentos, remédios, vinhos e armas, que constituíam um império comercial que valia bilhões de dólares. Cortesia do ELP, Whitney experimentou pela primeira vez a vida luxuosa. Ela comprava roupas de marca no Hotel Wangfu em Pequim, uma fusão entre o Grupo Península de Hong Kong e o exército chinês. Frequentava jantares extravagantes. Tijolo por tijolo, ela construiu a fachada de uma poderosíssima fábrica de acordos com guanxi.

A corrupção gerada pelos negócios do ELP era famosa e estava destruindo a habilidade chinesa de lutar. Também testemunhei a corrupção militar, quando um oficial da marinha se aproximou da Tait Asia, empresa com que fiz contato em nome da China Vest, oferecendo os navios de combate da nação para contrabandear cerveja. Em 1996, Whitney passou a caminhar por conta própria e fundou uma empresa, cujo nome traduzido significa Grande Oceano. Um ano depois, o chefe do Partido da China, Jiang Zemin, ordenou que os militares se desfizessem de todas as participações comerciais.

A Grande Oceano começou com projetos imobiliários em Tianjin. A unidade da COSCO (estatal chinesa de transporte e logística) em Tianjin trouxe o primeiro US$1 milhão de Whitney em investimentos, criando um contato que se mostraria impressionante posteriormente. Mas após ela desenvolver três projetos e multiplicar seus milhões, Tianjin começou a parecer pequena.

Whitney queria horizontes mais amplos e, 150km ao noroeste, Pequim acenava. Como eu, ela desejava fazer algo extraordinário em um país tão cheio de oportunidades. A ambição indomável, o desejo selvagem de fazer algo de nossas vidas, foi o que nos atraiu e ofereceu a lógica subjacente para nossa parceria. Whitney escreveu sua ambição no nome em chinês de sua empresa: Tai Hong. Essas duas palavras são de uma frase escrita pelo antigo historiador chinês Sima Qian, que observou que a vida humana poderia ser tão significativa quanto o Monte Tai ou tão trivial quanto uma pena. Era assim que ela via a si mesma e, posteriormente, a mim. Nós saímos do nada e não tínhamos nada a perder. Então, por que não ir com tudo? Esse era seu mote de vida, e sem esse tipo de atitude ela nunca teria conseguido sair da base da pirâmide e chegar ao topo. Sua cidade natal não tinha nem 150 mil habitantes. Sua família não tinha dinheiro. Para mim, seus meios-irmãos não prestavam para nada. Mas, por Deus, ela não seria trivial como uma pena; nós dois seríamos significativos como o Monte Tai.

Em 1999, Whitney mudou-se para Pequim. Ela alugou um escritório no Plaza Oriental, o endereço comercial mais chamativo da capital, com o objetivo de projetar poder, sucesso e credibilidade. Ela aproveitou os contatos que tinha feito ao trabalhar para o exército e começou vendendo servidores e outros equipamentos da IBM para as estatais de telecomunicação que estavam ávidas para expandir seus serviços. E aumentava sua rede de contatos como uma doida, mendigando convites para funções exclusivas com altos oficiais do Partido Comunista Chinês.

Assim como Edward Tian na AsiaInfo, Whitney descobriu que eram necessárias duas chaves para abrir as portas do sucesso na China. Uma era o peso político. Lá, os empreendedores só se davam bem caso cedessem aos interesses do Partido Comunista. Não importava se fosse o dono de uma lojinha de esquina ou um gênio da tecnologia no Vale do Silício chinês, todo mundo precisava de um padrinho dentro do sistema. O segundo requisito era a habilidade de fazer acontecer, assim que uma oportunidade aparecesse. Apenas com essas duas chaves o sucesso seria possível. Whitney começou a ir atrás disso, e foi assim que entrei em cena.

Nós nos combinávamos de muitas formas. Quando ela me contou sobre suas origens humildes, vi a mim mesmo em sua história. Nós dois já tínhamos passado da idade para o casamento, então isso também nos alinhava. E ambos estávamos sedentos pelo sucesso.

Nossa união personificava em um profundo nível pessoal a história da modernização chinesa. No século XIX, os oficiais acadêmicos do país defendiam a teoria de que o ensino chinês deveria permanecer sendo o núcleo da marcha ao futuro, enquanto o ensino ocidental deveria ser empregado para o uso prático. Os acadêmicos denominavam isso *zhongxue wei ti, xixue wei yong*. Whitney simbolizava o ensino chinês, ou *zhongxue*, e eu representava *xixue*, ou a educação ocidental. Eu tinha saído da periferia chinesa, tanto literal como metaforicamente, e estava me juntando a Whitney no centro da China.

Ela me convidou a uma jornada para o coração do país. Cada curva nos levava para mais perto do centro. Com cada volta, nos tornávamos mais e mais criaturas do "sistema" da China, uma palavra usada como código que significa a amálgama singular entre os poderes político e econômico que emanam dos mais altos níveis do Partido Comunista Chinês. Enquanto a maioria da população chinesa de 1,4 bilhões passa a vida toda sob o feitiço do sistema, nós nos juntamos a ele e prosperamos dentro dele.

No início do terceiro trimestre de 2002, Whitney e eu fizemos uma viagem de 10 dias para a estância turística canadense de Banff. Ela acreditava que viajar junto era a melhor forma de aprender sobre um parceiro em potencial. Para mim, era uma maneira de exibir meus talentos de circulação pelo mundo ocidental e de esbanjar minha educação ocidental do "uso prático". Complementávamos um ao outro de outra forma. Eu era naturalmente curioso; Whitney era mais fechada. Ela precisava que alguém a arrancasse de sua zona de conforto, que a empurrasse por becos convidativos e, como ocorreu, encontrasse um caminho diferente até a piscina. Ela confiava em mim como seu guia. Organizei tudo. Reservei a viagem no trem Rocky Mountaineer, que tinha teto de vidro e saía de Vancouver, bem como nosso quarto no Fairmont Chateau Lake Louise, que ficava de frente ao lago epônimo. Comemos nos melhores restaurantes e apreciamos a beleza rústica do local. Exploramos juntos, vimos mais profundamente um ao outro e, numa bolha só nossa, desfrutamos o momento.

Voltando a Pequim, Whitney veio até mim e disse que, agora que estávamos prontos para dar o próximo passo em nosso relacionamento, ela precisava que nossa união fosse aprovada por uma amiga especial. Com isso, outra porta se abriu e nossas vidas mudariam novamente.

CAPÍTULO SEIS

FIQUEI CURIOSO SOBRE POR QUE PRECISAVA OBTER OUTRO selo de aprovação. Já havia conhecido os pais de Whitney, e ela já havia testado nosso relacionamento quando viajamos a Banff; será que eu realmente precisava da bênção de outra pessoa? Assim, foi com um sentimento de apreensão que me preparei para um jantar tarde da noite no terceiro trimestre de 2002.

Whitney escolheu o badalado restaurante cantonês Yue Ting, no subsolo do Hotel Grand Hyatt de Pequim. O hotel era um testemunho à ideia que a China fazia de si mesma na década de 2000 — um tanto espalhafatosa e um pouco exagerada. Cadeiras felpudas feitas sob medida e mesas lustrosas de ébano complementavam o piso de mármore italiano e as luminárias de ouro. Dentre os frequentadores, havia representantes das duas Chinas que coexistiam em Pequim. Uma era nova-rica e comicamente ostensiva: os homens deixavam, de propósito, as etiquetas nas mangas dos paletós para exibirem as marcas. A outra China, a oficial, evitava o exibicionismo para escapar da atenção indeseja- da e da potencial inveja.

Whitney e eu chegamos cedo para decidirmos o cardápio e inspecionar a sala privativa que ela reservara. Ela me disse que a pessoa convidada era mais velha, a quem respeitava enormemente. Disse-me ainda que só revelaria sua identidade após a refeição. Eu não fazia ideia de quem receberíamos. Sabia apenas que impactaria nosso futuro.

Logo antes das 18h30, subimos as escadas circulares de mármore para o lobby do Hyatt e nos dirigimos à porta central para aguardarmos nossa convidada. Estávamos vestidos de forma elegante; Whitney usava Chanel e eu, um paletó. Um BMW conduzido por um motorista apareceu e dele saiu uma senhora de meia-idade de aparência bem simples usando um conjunto azul da Max Mara contrabalanceado por uma echarpe floral. Whitney a apresentou para mim como Zhang Ayi, ou "Tia" Zhang, usando a denominação carinhosa chinesa para as mulheres mais velhas.

Tia Zhang trazia um sorriso acolhedor que me deixou imediatamente à vontade. Whitney colocou sua mão no cotovelo dela e caminhou ao seu lado para o subsolo, até nossa sala privativa. Tia Zhang caminhou diretamente ao assento de honra, sinalizado pelo guardanapo dentro de uma taça de vinho, arranjado como um abanador de penas de pavão.

Conforme jantávamos garoupa cozida no vapor e brócolis chinês salteado, Tia Zhang me fez um monte de perguntas sobre meu passado e minha formação, sobre Xangai, os EUA e Hong Kong, sobre *private equity* e a PalmInfo. Ela fez o papel da anciã inquisidora. Whitney não havia me dito nada sobre ela, além de que era uma amiga próxima e muito importante para ela. A refeição estava terminando e ainda não conseguia adivinhar quem era ela.

Logo no início do banquete, desconsiderei a possibilidade de que ela era oficial de alto escalão ou casada com um. Para mim, esses tipos pertenciam a uma espécie separada. Moviam-se de forma diferente de nós, os plebeus, e falavam uma versão peculiarmente pomposa de mandarim, salpicada por modismos, como "a organização" (referindo-se ao Partido Comunista). As conversas com eles eram a versão chinesa daquelas ouvidas em Washington, D.C, sobre quem está em alta ou em baixa, quais novas políticas estão aparecendo. São personagens que nunca viajam sozinhos, eternamente acompanhados por assistentes obsequiosos que eram ordenados a ficar nas mesas externas às salas privadas, enquanto eles jantavam lá dentro. Tia Zhang viera ao Hyatt sozinha, e não demonstrou nenhuma das idiossincrasias da elite política chinesa.

Na verdade, Tia Zhang parecia ser uma de nós. Bem de vida, é claro, e autoconfiante, mas dentro do nosso paradigma genético. Era aberta e confortável sendo quem era. Mesmo assim, havia algo a respeito de seu estilo despretensioso, assim como da deferência óbvia que Whitney demonstrava com relação a ela, que a tornou especial aos meus olhos.

Com o término da refeição, Whitney e eu executamos a dança com múltiplos passos para dizer tchau a uma convidada respeitada. Subimos com ela ao lobby e a acompanhamos até o carro, que a esperava. Abri a porta do passageiro, coloquei minha mão sobre a abertura para garantir que ela não batesse a cabeça ao entrar e, depois, fui correndo do outro lado dar uma gorjeta ao motorista. Eles são importantes na China. Os que falam bastante já foram responsáveis pela queda de muitos oficiais, então, é essencial mantê-los felizes. Voltei ao lado de Whitney na entrada do Hyatt, onde ficamos atentos e acenamos. Tia Zhang abriu a janela e sorriu, enquanto o carro se juntava lentamente ao tráfego noturno de Pequim, desaparecendo em seguida.

Voltei-me a Whitney e, só então, descobri que a Tia Zhang era Zhang Beili, a esposa de um dos vice-primeiro-ministros chineses da época, Wen Jiabao.[1] Era um segredo revelado que Wen sucederia Zhu Rongji como o próximo primeiro-ministro da China, em 2003. Wen se tornaria em breve o chefe do governo chinês e o segundo homem mais importante no Partido Comunista do país. E Whitney era amiga de sua esposa. Fiquei pasmo.

Whitney havia conhecido Tia Zhang em 2001, cerca de 2 anos após chegar a Pequim. Tia Zhang tinha acabado de fazer 60 anos e seu marido era o vice-primeiro-ministro, responsável por administrar a entrada da China na Organização Mundial do Comércio. Whitney fora convidada a uma saída só de mulheres da qual Tia Zhang também participou. Naquela noite, a personalidade magnética de Whitney ficou totalmente à mostra; ela citou os clássicos e encantou completamente Tia Zhang. As duas trocaram seus contatos e Tia Zhang disse a Whitney para chamá-la de "Tia", sinal de que estava disposta a considerar um relacionamento mais próximo. Depois, Whitney fez algo que pouquíssimos chineses teriam feito. Ela não entrou em contato com Tia Zhang.

Whitney sabia que, ao cultivar o contato com alguém poderoso na China, você nunca deve aparentar estar ávido demais. Outros importunariam o contato pretendido e se recusariam a entender as indiretas. Mas Whitney conhecia a psicologia da elite chinesa. Com tanta gente visando lucrar a partir de um contato com Tia Zhang, Whitney precisava se separar da multidão. Ela era uma juíza fenomenal de caráter. Jogou a isca na água ao mostrar um desempenho fantástico durante o primeiro encontro. Agora, com a linha na água, ela esperou.

---

1 Na China, geralmente as mulheres não adotam o sobrenome do marido.

Após uma semana, tia Zhang mordeu a isca. Ela ligou para Whitney e a repreendeu por não ter entrado em contato. "Nossa conversa foi tão agradável", disse Zhang. "Por que você não entrou em contato comigo? Estive pensando em você." Ela sugeriu que se encontrassem novamente. Desta vez, o ambiente era mais íntimo: um jantar discreto só para as duas.

Whitney era mestre em obter detalhes das vidas dos outros, uma competência fundamental num mundo onde formar relacionamentos era crucial para o sucesso. Quando decidiu que Tia Zhang era um alvo que valia a pena cultivar, começou a aprender tudo que podia sobre ela.

Descobriu que Tia Zhang não esbanjava a hipocrisia tão comum entre as esposas de outros oficiais chineses. Para começar, ela não era filha da aristocracia vermelha. Seus pais eram plebeus, então ela não cresceu na atmosfera rarefeita de Pequim cheia de babás, consumindo alimentos de uma cadeia exclusiva de suprimentos e frequentando as escolas de elite, como a prole dos dignatários do Partido. Além disso, Tia Zhang teve sua própria carreira antes que a ascensão do marido a forçasse a ir para o banco do passageiro. E, durante sua carreira, aprendeu a ficar confortável com todos os tipos de pessoas.

Tia Zhang nasceu em 1941 em plena Segunda Guerra Mundial, na província de Gansu, uma região pobre no noroeste da China. Após a revolução comunista de 1949, sua família, originalmente da província de Zhejiang, permaneceu no oeste chinês. Ela frequentou a Universidade de Lanzhou na capital de Gansu e se formou em geologia. Conheceu Wen Jiabao em 1968, enquanto fazia pós-graduação e ele, após sua pós-graduação em Pequim, fora enviado à capital para liderar uma pesquisa geológica em Gansu.

Reza a lenda que Tia Zhang, um ano mais velha que Wen, foi atrás dele. Ela era extrovertida e gostava de cantar e dançar, tendo conquistado o coração dele ao aparecer com frequência à porta de seu dormitório, oferecendo-se para lavar suas roupas. Rato de biblioteca com mentalidade séria, Wen ficou atraído por sua personalidade enérgica e seu amor pela aventura. Ela nos mostrou uma foto dos dois no meio das montanhas afastadas do oeste chinês, em um projeto geológico. Tia Zhang sorria toda animada; o rosto de Wen não expressava emoção.

Pouco tempo depois de chegar a Gansu, Wen mudou seu foco do trabalho geológico para a política, servindo em funções do partido Comunista conforme subia de posições no escritório geológico da província. Tia Zhang se tornou a principal torcedora e conselheira de seu marido. Sua disposição e vontade vivazes para assumir riscos complementavam a natureza introvertida e cautelosa dele.

Eles se casaram e, em 1982, Wen foi tirado de Gansu e levado a Pequim, onde serviu ao comitê do Partido no Ministério de Geologia e Recursos Minerais. Após um período como vice-ministro de geologia, ele ganhou uma enorme promoção em 1985, tornando-se o vice-diretor do Escritório Geral do Comitê Central do Partido Comunista Chinês. O Escritório Geral é o principal coordenador de todas as funções do Partido, algo como o Ministério da Casa Civil no Brasil. Ele cuida da logística de grandes encontros do Partido, organiza documentos normativos sobre tópicos fundamentais e transmite as decisões do Partido para as partes interessadas, como serviços de segurança, ministros governamentais e empreendimentos estatais.

O diretor do Escritório Geral do Partido é conhecido informalmente como o "eunuco-chefe", uma referência ao passado imperial chinês, quando homens castrados constituíam a base central da mão de obra dentro da Cidade Proibida. Em 1986, Wen se tornou o "eunuco-chefe". Ele dirigiu o Escritório Geral pelos 7 anos seguintes, servindo não apenas a um, mas a três "imperadores": os secretários-gerais do Partido Comunista Hu Yaobang, Zhao Ziyang e, por fim, Jiang Zemin.

Durante épocas normais, teria sido um feito enorme trabalhar para os três presidentes do partido, mas, durante aquele período de turbulência política, foi algo nada menos que hercúleo. Os mais velhos do partido mandaram embora os dois primeiros chefes de Wen, Hu Yaobang e Zhao Ziyang, por não terem conseguido fechar o cerco para os alunos manifestantes. Após o ataque do exército na Praça da Paz Celestial em 1989, os mais linhas-duras escolheram seu terceiro chefe, Jiang Zemin. Ainda assim, Wen permaneceu onde estava.

O maior teste de Wen aconteceu no dia 19 de maio de 1959, às 5h da manhã, no ápice dos protestos gigantescos ao redor da Praça da Paz Celestial. Ele acompanhou o secretário-geral do Partido, Zhao Ziyang, até a praça para uma reunião de última hora com alunos manifestantes que haviam se ajuntado aos milhares por lá. Em uma declaração desconexa que foi ao ar na Televisão Central da China, Zhao prometeu aos manifestantes que o Partido negociaria com eles de boa fé. Ele não estava dizendo a verdade. O que Zhao deixou de dizer era que os mais velhos do Partido já haviam decidido se livrar dele e mobilizado o exército nacional para esvaziar a praça. Um dia depois da visita de Zhao à praça, o primeiro-ministro linha-dura Li Peng declarou a Lei Marcial. Duas semanas depois, na noite de 3 de junho de 1989, o Exército de Libertação Popular abriu fogo contra os manifestantes e, pela manhã do dia 4 de junho, centenas estavam mortos. Na praça, tanques destruíram a Deusa da Democracia, monumento semelhante à Estátua da Liberdade que os alunos de arte haviam levantado bem em frente ao retrato gigante do líder Mao. Zhao passou os 15 anos seguintes em prisão domiciliar até falecer no dia 17 de janeiro de 2005.

Após a ofensiva, os investigadores do Partido removeram milhares de oficiais que tinham tomado o lado de Zhao, assumindo a visão de um futuro mais liberal para a China. Porém, seguindo o conselho de Tia Zhang, Wen conseguiu escapar. Aparentemente, porém, havia uma penitência envolvida. Por quase uma década após 1989, enquanto labutava no coração da burocracia do Partido, ele só era fotografado em uniformes de Mao, levando literalmente na pele sua lealdade ao Partido. A primeira vez que apareceu usando roupas ocidentais foi em 1998, após o então primeiro-ministro chinês Zhu Rongji tirá-lo de sua função no Partido e colocá-lo numa alta posição governamental, como vice-primeiro-ministro.

A personalidade de Wen o salvou. Talvez seja exagerado dizer que, no fundo, ele *era* um eunuco político. No entanto, tinha um cuidado extremo: nunca insultava ou ameaçava ninguém. Ele controlava e evitava qualquer associação com facções políticas. Mais que a maioria dos oficiais, ele permaneceu em sua linha. Para conseguir sua posição, obviamente precisou ter ambição, mas contida, que não ameaçava seus camaradas nos altos escalões do Partido. Quando Zhu Rongji foi designado primeiro-ministro em março de 2003, Wen se tornou um candidato natural no acordo para substituí-lo.

Como primeiro-ministro, Wen cultivou a imagem de homem do povo. Quando um terremoto enorme abalou a província de Sichuan em 2008, ele foi imediatamente ao local, vestindo uma jaqueta informal e botas de trilha. O povo chinês começou a chamá-lo de Vovô Wen.

As qualidades de Wen se tornaram uma fraqueza. Ele parecia possuir a visão para uma China mais livre e aberta. Após seu antigo chefe ter sido silenciado por meio de uma prisão domiciliar, Wen foi o único líder político do país que continuou falando publicamente sobre valores universais, como liberdade e democracia. Mesmo assim, ele ficava muito preso às regras da estrutura do poder na China, que limitavam estritamente a jurisdição do primeiro-ministro. Seu trabalho era tocar o governo. Apenas Hu Jintao, o secretário-geral do Partido e superior de Wen, poderia pressionar por uma reforma política. E nunca fez isso.

Minha impressão, ao observar Wen e ao conversar com Whitney, Tia Zhang e seus filhos, foi a de que as visões dele sobre a democracia eram ambiciosas. Ele falava sobre elas, mas não queria incomodar o *status quo* e realmente fazer o necessário para tornar a China um lugar mais livre. Tal compreensão — que às vezes ele até falava, mas que continuaria a jogar dentro das regras do sistema — foi um dos motivos fundamentais pelo qual Wen conseguiu o trabalho e permaneceu nele.

Wen confiava muito em sua família, especialmente na Tia Zhang. Ele delegava coisas demais a ela e permitia que seus filhos lucrassem com seu nome. Seu interesse era exclusivamente no trabalho. Diferentemente de Zhu Rongji, que tocava *erhu*, instrumento de cordas chinês, ou de Deng Xiaoping, que gostava de bridge, ele não tinha hobbies. Era um *workaholic*. Deixava todo o restante com Tia Zhang.

Tia Zhang adorava estar rodeada de gente. Ela colecionava pessoas. Quando as levava para ver o marido, tiravam foto com ele e a exibiam depois para provar que tinham conexões em Pequim. Ela nunca aprendeu a levantar a guarda. A maioria dos oficiais e familiares tinha protetores que examinavam as pessoas e suprimiam notícias desagradáveis. Tia Zhang não tinha essa infraestrutura. Faltava-lhe um botão de "desligar" e um filtro. Isso explicava por que suas compras de joias se tornaram o assunto de exposições sensacionalistas nas páginas das revistas de fofocas de Hong Kong. Ela estava disposta a participar — de tudo.

❖ CAPÍTULO SETE ❖

O QUE REALMENTE INTRIGAVA WHITNEY ERA QUE O apoio de Tia Zhang à carreira de seu marido não a impedia de ir atrás de sua própria carreira. Na província de Gansu, ela se especializou em pedras preciosas e se tornou pioneira da indústria de joias chinesas. Quando o casal se mudou para Pequim em 1982, Tia Zhang abriu a primeira sala de exposições de pedras preciosas no Museu Geológico da China, fundou o Gabinete de Pesquisas de Minerais Preciosos, começou uma revista chamada *Pedras Preciosas da China* e ajudou a estabelecer o primeiro serviço de avaliação desses itens no país. Em 1992, tornou-se a diretora da estatal chinesa Corporação de Minérios e Pedras Preciosas, que minerava e vendia pedras preciosas em toda a China. Nessa posição, ela começou a investir dinheiro estatal em startups de joias, bem no momento em que a economia chinesa estava decolando e as mulheres começavam a usar joias novamente. Entre as novas corporações havia uma chamada Empresa de Joias e Diamantes de Pequim, uma rede de lojas que tinha acesso às melhores pedras. Em 1997, como presidente e CEO da empresa, Tia Zhang levou a

Diamantes de Pequim a abrir seu capital e ser listada na Bolsa de Valores de Xangai, tendo ganhado com isso um belo pagamento em ações da empresa e o apelido de Rainha do Diamante.

Seria difícil dizer que Tia Zhang fazia isso puramente pelo dinheiro. A Diamantes de Pequim estava entre as primeiras empresas do Estado a serem listadas na bolsa de Xangai. Ela via a si mesma como a criadora de um novo setor no país, e, além disso, estava tomada por um desejo de fazer algo extraordinário.

Em 1998, quando Wen deixou sua posição no Partido ao ser promovido para vice-primeiro-ministro, Tia Zhang parou de ser jogadora e se tornou a árbitra no negócio de joias, assumindo o comando do Centro Nacional de Testes de Pedras Preciosas, um dos principais avaliadores de joias da China. Ela nos contou que o motivo para aceitar a posição era que queria afastar qualquer percepção de que estava de alguma forma monetizando seu relacionamento com o marido. Além disso, como executiva de uma empresa da Bolsa, ela teria que revelar detalhes sobre sua riqueza pessoal, e queria evitar isso, também. Foi um período crucial para seu marido, visto que ele estava sendo preparado para o gabinete mais importante. Qualquer questão real ou imaginária que pudesse atrapalhar sua ascendência tinha que desaparecer. Ainda assim, a experiência de Tia Zhang em fundar exitosamente um setor e levar uma empresa para a Bolsa aguçou seu apetite por negócios. Whitney estava convencida de que Tia Zhang poderia se tornar sua parceira perfeita em empreendimentos futuros.

Whitney precisava conhecer todas as pessoas que tinham importância na vida de Tia Zhang. Assim, conheceu os dois filhos do casal — Wen Yunsong, conhecido como Winston Wen, e Wen Ruchun, conhecida como Lily Chang. Como muitos dos filhos da elite do Partido, ambos fizeram pós-graduação nos Estados

Unidos. Winston Wen fez um MBA na Kellogg School of Management da Universidade Northwestern, enquanto Lily obteve um diploma semelhante na Universidade de Delaware.

Lily tinha uma propensão comum às criancinhas ricas que misturava birras com a recusa de falar com as pessoas. Ela gritava rotineiramente com os pais e agia como uma pirralha mimada. Após se formar em 1988, ela supostamente teria trabalhado no Lehman Brothers, a malfadada instituição financeira de Wall Street que faliu na crise de 2008. Ela também teria vivido na Trump Tower, o luxuoso complexo de apartamentos de frente para o Rio Hudson em Manhattan. Posteriormente, trabalhou no Credit Suisse First Boston e, então, de volta à Pequim, abriu uma empresa de consultoria, a Fullmark Consultants. O *New York Times* publicou que, em 2013, o banco de investimentos J.P. Morgan pagou à Fullmark US$1,8 milhão entre 2006 e 2008, para ajudar a conseguir clientes chineses. O jornal também afirmou que, em relação a esse negócio, a Comissão de Valores Mobiliários dos EUA investigou o J.P. Morgan por violação da Lei de Práticas Corruptas Estrangeiras, que impede as empresas norte-americanas de dar qualquer coisa de valor a oficiais estrangeiros ou aos seus familiares a fim de obter vantagens impróprias nos negócios.

Winston não era tão desagradável quanto sua irmã, mas tampouco era menos ambicioso. Ele trabalhava com *private equity*. Em 2005, fundou a New Horizon Capital com um investimento da SBI Holdings, uma divisão do grupo japonês SoftBank, e da Temasek, fundo de investimentos do governo de Singapura.

Os fundos de investimentos estatais de Singapura eram mestres em se aproximar de um grupo conhecido como "os principelhos" — os filhos (e filhas) dos mandachuvas do Partido Comunista. Diversas empresas associadas com o governo singapurense investiam dinheiro na empresa de Winston, bem como em fundos associados ao neto do secretário-geral do Partido, Jiang Zemin, e outros. De todos os povos do mundo, os singapurenses sabiam como as coisas aconteciam na China e lucravam consideravelmente com tal conhecimento. Posteriormente, muitos outros filhos e filhas dos líderes chineses seguiram os passos de Winston em *private equity* e obtiveram capital de Singapura. Ele foi um inovador.

Whitney e eu achávamos que Winston estava jogando de forma agressiva demais. Estávamos preocupados pelo fato de estar cortando seus contemporâneos de negócios e criando inimigos. A empresa dele adquiria posições em companhias logo antes de planejarem abrir o capital e serem listadas em bolsas de valores do mundo todo. A maioria dos negócios era uma aposta certa, visto que as empresas já estavam bem maturadas; neste caso, não se tratava de um investidor-anjo. Havia muito dinheiro atrás dessas oportunidades, mas, em vez de compartilhá-las, ele parecia estar tentando dominar o campo. Ele organizava para seu pai visitar essas empresas, basicamente dizendo o seguinte: "Se me deixarem entrar antes que todo mundo, veja o que posso lhe conceder." Para nós, isso não era o ideal, e o tornava um alvo de concorrentes invejosos.

Conforme Whitney se aproximava mais de Tia Zhang, ela se sentia mais à vontade para dar conselhos aos filhos da Tia. Lembro-me de quando Whitney disse a Winston: "Dá para ganhar muito dinheiro sem atrair toda essa atenção. Por que você não enche o bolso nos bastidores?" Mas ele, assim como meu velho amigo Feng Bo com seu Rolls-Royce vermelho, ficou enfeitiçado pela luz dos holofotes. Ele gostava de ser o centro das atenções. Nós não aprovávamos isso.

Posteriormente, as pessoas e a mídia, em geral de propósito, não diferenciavam mais o dinheiro das receitas da empresa de Winston e sua riqueza pessoal. Se o fundo dele ganhasse meio bilhão em um investimento, elas diziam que *ele* tinha ganhado meio bilhão, quando, na verdade, sua parte era uma fração disso. Dissemos à Tia Zhang que ele poderia se sair ainda melhor se não ficasse no centro das atenções. Mas ele não dava ouvidos.

O sucesso financeiro da esposa e dos filhos de Wen Jiabao pode ser resumido no provérbio chinês: "Quando um homem conquista o conhecimento [ou, neste caso, o cargo de primeiro-ministro], até seus animais de estimação ascendem ao Céu." Tendo dito isso, Whitney e eu acreditávamos que o primeiro-ministro Wen só muito tempo depois ficou sabendo que membros de sua família tinham se tornado bilionários. Para mim, a filha de Wen cobrava altas taxas das empresas estrangeiras por seus contatos. Winston estava tocando a New Horizon e Tia Zhang se encontrava com dezenas de pessoas caçando oportunidades. Enquanto isso, cada membro da família colecionava carros de luxo. Mas o primeiro-ministro parecia não fazer ideia do que isso significava.

Quando Tia Zhang chegava em casa com uma pedra preciosa enorme em seu dedo ou com um bracelete caríssimo de jade, Wen os admirava com os olhos de um geólogo, e não com os de um joalheiro experiente. Ele nunca havia passado um só dia em um empreendimento comercial. Quando era oficial de baixo escalão, ia à cantina estatal e engolia qualquer comida que lhe colocavam em frente. Em casa, comia o que lhe preparassem e não fazia ideia do custo. Nunca tinha comprado nada em uma loja Hermès. Na única vez em que foi a um shopping, levou consigo uma comitiva. Ele não imaginava que uma bolsa poderia custar US$10 mil ou mais. Havia algo nele que fazia lembrar a visita de George H. W.

Bush a um mercado em 1992 e sua reação de espanto ao ver um scanner de código de barras. As vidas cotidianas das pessoas comuns parecia um mistério para o primeiro-ministro Wen.

Outros tinham uma visão mais preconceituosa: rejeitavam a noção de que Wen fora ludibriado por sua família e concluíam que ele tinha escolhido não agir. Em setembro de 2007, de acordo com documentos publicados pelo Wikileaks, o diretor das operações chinesas do Carlyle Group, uma grande empresa norte-americana de investimentos, disse a diplomatas dos EUA que Wen estava "enojado pelas atividades da família, mas que não conseguia restringi-las, ou que não estava disposto para tanto". O executivo levantou um rumor de que Wen tinha considerado o divórcio, mas que estava "limitado pela prominência de sua posição."

Whitney e eu não compramos essa história. Observávamos uma afeição genuína entre a Tia e seu marido, e nossos instintos nos disseram que Wen simplesmente não se metia muito nos negócios da esposa e dos filhos. Ele tinha preocupações maiores e, lá no fundo, parecia querer uma China mais aberta e democrática.

Logo depois de Wen ter sido nomeado primeiro-ministro em março de 2003, a família se mudou para uma casa com um pátio interno no centro de Pequim. Na China, não há algo como um Palácio da Alvorada ou do Jaburu para o presidente ou vice-presidente. O Partido possui centenas de propriedades que são distribuídas para seus oficiais seniores, que passam a viver nessas casas até morrerem. Elas normalmente são herdadas pelos filhos. Isso cria uma dor de cabeça para o gabinete do prefeito de Pequim, que precisa adquirir mais casas com pátios internos — cada vez mais raras — para a elite política. Durante a época imperial, quando um oficial sênior se aposentava, ele e sua família saíam da capital e levavam consigo seu conhecimento e suas conexões. Agora, ninguém mais volta para casa. Winston e Lily certamente não voltariam a Gansu.

Enquanto os Wen se mudavam para sua nova casa, Tia Zhang abria um escritório particular com Whitney que ocupava metade de um andar no Oriental Plaza, a uma curta distância de carro desde sua residência. Whitney se tornou a amiga mais próxima de Tia Zhang, administrando suas funções de conselheira e confidente. Fiquei impressionado pela capacidade de Whitney em se introduzir no mundo de Tia Zhang. Parecia uma daquelas óperas chinesas sobre a vida na corte imperial, onde as aias disputavam a atenção da imperatriz. Centenas de pessoas queriam se aproximar de Tia Zhang, mas Whitney derrotou todas. Foi um processo árduo de cultivo e antecipação de suas necessidades, tudo baseado no conhecimento íntimo que Whitney tinha da vida e da família de Tia Zhang. Antes que a Tia pudesse até mesmo perceber que precisava de algo, Whitney já lhe atendia. Após ter feito isso algumas vezes, ela deixou Tia Zhang "viciada".

Whitney compartilhou comigo seu plano de fascinar Tia Zhang e outros na hierarquia do Partido. Lidar com as relações humanas na China era uma questão tão intrincada que Whintey precisava de alguém de sua total confiança com quem pudesse desenvolver suas estratégias. Cada relacionamento tinha suas próprias dimensões e precisava de análises específicas. Nós estudamos isso juntos, avaliando o que nossas contrapartes queriam, o que as motivava e como fazer para que ajudassem nossa causa. "Devo abordá-la assim ou assado?", perguntava-me ela. "Como acha que ela vai reagir?" Eu me tornei a única pessoa no mundo com quem ela podia explorar tais questões. Isso nos aproximou e aumentou nossa intimidade; éramos nós contra o mundo.

Servir Tia Zhang no centro do poder na China se tornou a vida de Whitney. Sempre que a Tia precisava dela, Whitney estava lá. Ela submergiu no mundo de Tia Zhang e todo o restante desapareceu. Nós dois nos tornamos assim, atendendo aos caprichos dos outros. Éramos como os peixes que limpam os dentes dos crocodilos.

Na época, Tia Zhang era a peça mais importante no xadrez da vida profissional de Whitney, que queria ser uma mestre do jogo em Pequim. Havia a chance de ganhar enormes recompensas financeiras e uma turbinada gigantesca em prestígio. Porém, também havia o desafio mental de descobrir como manipular o sistema, decifrando a charada apresentada pela China Comunista da melhor forma que podia. Ela estava motivada a abraçar o desafio, algo que fez com uma ferocidade que só poderia ser equiparada por poucos em Pequim.

Para que Tia Zhang lhe fosse útil, Whitney precisava aprofundar seu relacionamento. Ao trabalhar com um designer de interiores, Whitney liderou o projeto para redecorar a nova residência dos Wen. A casa na travessa Dongjiaomin se localizava ao leste da Cidade Proibida, no bairro das Legações, uma área que foi desenvolvida na década de 1860 após a Dinastia Qing ter perdido a Guerra do Ópio para os britânicos, forçando a China a permitir as missões diplomáticas ocidentais em Pequim. Para mim, havia sempre uma pitada de ironia no fato de o primeiro-ministro da China Comunista dormir no mesmo quarto que fora lar dos "imperialistas estrangeiros", como os denominava o Partido.

A residência dos Wen era uma das três residências da travessa, todas ocupadas por oficiais do Partido. As casas se localizavam atrás de um portão cinza-ardósia alto. Os soldados que faziam a guarda interna se comunicavam com o lado de fora por meio de um olho mágico que parecia ter vindo diretamente do filme *O*

Mágico de Oz. A estrutura na qual os Wen residiam — uma mansão labiríntica de dois andares feita de tijolos — era a última casa da travessa. Um jardim generoso rodeava a residência. Passando pela porta da frente, havia um grande saguão, uma ampla sala de estar à esquerda e uma sala de jantar à direita. Uma escada larga de madeira cascateava do piso de cima, onde ficavam os quartos.

Whitney recomendou que Tia Zhang revestisse o piso de baixo com mármore italiano. Era a moda em Pequim. Ela escolheu os acessórios — optando pelos dourados em vez daqueles em níquel escovado que tinham um matiz mais suave. Whitney ofereceu até mesmo achar quem fizesse a mão de obra. Mas isso era impossível. Um departamento especial do governo era o responsável pelas reformas, devido a preocupações com segurança. Tia Zhang sempre reclamava da baixa qualidade do trabalho e do altíssimo preço.

Visitei a residência diversas vezes, uma delas para celebrar o 100º dia de nascimento do filho de Winston, uma tradição chinesa. Embora a casa fosse grande o suficiente para três famílias, ficava claro para mim que alguns de seus membros ficavam irritados por terem que viver com múltiplas gerações sob o mesmo teto. A esposa de Winston, a quem ele conheceu quando estudava nos EUA, há muito tempo parecia querer viver separadamente da família dele, onde poderia estar longe das garras de sua sogra, a Tia Zhang, e de sua cunhada tempestuosa, Lily.

Achávamos que os casos amorosos de Lily eram uma dor de cabeça para Tia Zhang, e Whitney logo se envolveu. Inicialmente, havia um empresário chinês com rosto bolachudo chamado Xu Ming que ficava no pé de Lily. Ele era um magnata da cidade litorânea de Dalian que ganhava seu dinheiro com imóveis e plástico e era dono de um time profissional de futebol no país. Em 2005, a revista *Forbes* estimou que sua riqueza era superior a US\$1 bilhão.

Os dois saíram de férias juntos, durante as quais Xu Ming tirou uma selfie com Lily. Ele passou a mostrar a foto para todo mundo, dizendo que estava prestes a se tornar genro do primeiro-ministro Wen. Esse tipo de comportamento deselegante dizia muito sobre o tipo de homem de que Lily gostava.

Whitney argumentou que alguém como Xu Ming, embora fosse fabulosamente rico, traria problemas demais consigo. Ele pertencia a uma facção do Partido liderada pelo ex-prefeito de Dalian, Bo Xilai, que era filho de um "imortal" do Partido Comunista chamado Bo Yibo. Havia rumores de que grande parte da riqueza de Xu fora obtida ilegalmente, e anos depois, de fato, ele viria a ser condenado e preso por corrupção. (Ele morreu inesperadamente aos 44 anos em 2015, um ano antes de ser solto.) Então, surgiu outro admirador chamado Liu Chunhang.

Liu era muito parecido comigo. Tinha estudado no exterior, obteve seu doutorado na Universidade de Oxford e um MBA em Harvard, tendo ainda trabalhado na empresa de consultoria McKinsey & Company e no banco de investimentos Morgan Stanley. Seus pais eram funcionários públicos de baixo escalão em Xangai e, como os meus, não pertenciam à aristocracia vermelha. Ele também era um plebeu.

Lily seguiu o conselho da mãe para dar uma chance a ele. O histórico acadêmico e o currículo de Liu conferiam-lhe o direito de se gabar. Whitney e eu também ficamos impressionados pelo interesse de Liu em Lily. Ela era petulante demais; não entendíamos como eles seriam felizes. Pareceu-me que, depois que se casarem, Lily passou a desprezar os pais dele que, consequentemente, visitavam pouquíssimas vezes o filho em Pequim. Na China, é tradicional que a esposa "se case" também com a família do marido, muito embora não adote o sobrenome dele; Lily, porém, não fez nada disso.

Liu estava disposto a permitir que seus pais sofressem esses pequenos desprezos por causa das oportunidades apresentadas pelo casamento com a filha do primeiro-ministro. Anos depois, Whitney e Tia Zhang tentaram conseguir que Liu fosse promovido para uma posição de vice-ministério, o que significava que ele se tornaria um "oficial de alto escalão", ou *gaogan*. Tal salto é o mais importante na carreira de qualquer oficial. Isso promete não apenas uma aposentadoria mais generosa e um acesso aos melhores hospitais, planos de saúde e comidas, mas também pressagia a entrada aos pavilhões do poder político. No entanto, a promoção dele não se materializou. Mesmo assim, graças ao seu casamento com Lily, ele testemunhou uma China que nunca havia visto antes.

A relação próxima de Whitney com Tia Zhang deixava os filhos dela de cabelo em pé, especialmente Lily, que reclamava aos brados que sua mãe favorecia Whitney em vez dela. Whitney tentava evitar um confronto ao acompanhar Lily para shows de moda e outros eventos. Ela me orientou a fazer amizade com o marido de Lily. Mas a animosidade permaneceu.

O amigo mais próximo de Tia Zhang era um ex-gerente de fábrica corpulento chamado Huang Xuhuai, oriundo de uma cidadezinha numa curva do Rio Yangtze. Os dois se conheceram em 1992, quando Huang tinha 26 anos e passava por problemas financeiros, e Tia Zhang tinha 51 anos e acabara de começar sua carreira como magnata das joias. Huang foi com Tia Zhang para Pequim, tentou se integrar ao entorno dela e, por pura determinação, conseguiu. Tia Zhang conseguiu um emprego para ele em uma das empresas de diamantes que administrava. E, depois, quando ela se mudou para o Plaza Oriental com Whitney, ele se acomodou em um pequeno escritório adjacente ao dela. Em seu cartão de visitas, havia a frase: "Gerente de Escritório para a Madame Wen Jiabao".

Naturalmente, aonde quer que Tia Zhang fosse, Huang ia junto. Embora Whitney não tivesse qualquer evidência direta, ela suspeitava que Huang, apesar de seu barrigão e de sua maneira rústica, era amante de Tia Zhang. Nós nos referíamos a ele como o *mianshou* da Tia, uma palavra do chinês clássico que significa "o homem sustentado por uma mulher nobre". Resumindo, um gigolô. Esse não era um arranjo comum entre a elite do Partido. Os oficiais homens tinham amantes, às vezes às dúzias. Mas era raro ouvir de mulheres que tinham outros homens. Muitas vezes, Whitney ficava imaginando o que Tia Zhang via em Huang. Mas a Tia, como já aprendêramos, era especial.

Assim como as amantes que abundavam ao redor da liderança sênior da China, parecia, para nós, que Huang havia se servido integralmente em uma bandeja para Tia Zhang. As pessoas da elevada posição dela não tinham tais oportunidades com tanta frequência assim. Sempre havia guarda-costas, assistentes e motoristas por perto, então, não era fácil se entregar a desejos particulares. Quando alguém como Huang surgia, aparentemente oferecendo sua alma, era difícil de resistir. Além disso, Tia Zhang sempre tinha tarefas desagradáveis que precisavam ser feitas. Whitney estava lá para facilitar os negócios e oferecer conselhos. Mas Tia Zhang também precisava de alguém para lavar suas roupas sujas, tirar pessoas da cadeia ou fazer outros desaparecerem. Essas, em nossa opinião, eram as forças de Huang.

Tia Zhang desempenhava muitos papéis no palco da China. Ela era, em parte, uma mestre de marionetes. Ela exibia seu controle quase total sobre pessoas como Huang. Com Whitney, a relação também era hierárquica, porém, mais toma lá, dá cá. Todos os laços de Tia Zhang eram temperados com uma dose saudável de cálculo insensível e manipulação com um toque de emoção genuína. Whitney e eu achávamos que sabíamos como o jogo era jogado. Não tínhamos medo dela.

Mas Whitney tinha medo do Estado chinês. Desde seus primeiros dias em Shandong, ela testemunhara como uma investigação de corrupção poderia complicar violentamente as vidas das pessoas ao seu redor. Ela estava resoluta a manter uma aura de incorruptibilidade conforme fazia seu jogo de altas apostas de contatos entre a elite chinesa. Como eu disse, seu mantra era: "Mesmo se tirasse meu corpo do caixão e o chicoteasse, não encontraria sujeira." Por um lado, ela dizia isso para garantir às pessoas que fazer negócios com ela era uma aposta segura. Por outro, revelava uma preocupação subconsciente de que em algum momento, ela também seria fritada no fogo de uma investigação liderada pelo Partido.

Desde nossos primeiros dias juntos, amigos e contatos no sistema ofereceram a Whitney uma sinecura rápida no governo. Ela sempre recusava. "Você poderia ser uma das líderes da China", afirmou um figurão do Partido. Whitney não estava interessada. "Nunca voltarei à vida de Shandong", confessou-me ela, após outro oficial sênior lhe dizer que, se jogasse bem suas cartas, poderia se tornar a primeira premiê chinesa.

Whitney estava preocupada que parasitas como Huang trariam calamidade aos Wen. Ele era impertinente demais; exibia suas conexões com o clã dos Wen como se fosse uma arma. Certo dia, ele se envolveu em um acidente de trânsito na avenida Chang'an, a principal alameda que cruza o coração de Pequim no sentido leste-oeste. Um policial atendeu à ocorrência e Huang o acossou, causando muito constrangimento aos Wen. Whitney e eu tínhamos orgulho de sermos discretos. Não tentávamos vender nosso acesso por dinheiro fácil, e tampouco chamávamos a atenção; estávamos na jornada pelo longo prazo. Mas Huang, não. Gente como ele era perigosa, pois atraía muita impetuosidade.

Aparentemente, Huang aproveitou o nome Wen para enriquecer. De acordo com reportagens do *New York Times*, em 2004, o Deutsche Bank contratou-o como parte de um plano para conseguir a aprovação do governo da China para investir em um banco chinês de tamanho médio chamado Huaxia. Muito embora Huang não tivesse experiência no setor financeiro, ele recebeu US$2 milhões, informou o jornal, citando documentos bancários. A proposta do Deutsche Bank para comprar o Huaxia foi aprovada. Em 2006, de acordo com o *Times*, Huang embolsou outros US$3 milhões do Deutsche Bank, embora não estivesse claro qual exatamente tinha sido sua participação no negócio, e o Deutsche Bank não respondeu às perguntas específicas quando questionado. Whitney e eu não aprovávamos esse tipo de atividade. Ela alertou Tia Zhang, que não parecia disposta a conter Huang.

Eu não percebi na época, mas meu jantar com Tia Zhang naquela noite de verão de 2002 foi uma mistura de entrevista de trabalho com validação pessoal. Whitney determinara que podia confiar em mim, mas a opinião da Tia era igualmente importante. Eu não estava apenas sendo considerado um possível marido de Whitney. Aquelas duas mulheres determinadas estavam julgando um possível sócio. Elas não sabiam ao certo como trabalharíamos juntos, mas precisavam estar convencidas de que eu era uma boa escolha. Será que eu tinha o necessário para ser marido de Whitney? Com relação ao objetivo de conquistar coisas incríveis, será que eu possuía a sagacidade empresarial necessária para complementar o peso político de Tia Zhang e o talento de Whitney com os contatos? Por fim e mais importante, será que podiam confiar em mim totalmente?

Eu estava pronto para entrar no pequeno círculo de pessoas no coração do poder da República Popular Chinesa. Além da minha expertise em questões financeiras, a qualidade que as atraiu foi o fato de eu ser uma folha em branco. Era suficientemente chinês, mas também tinha estudado no exterior. Eu não tinha bagagem. Não conhecia outras pessoas no oficialismo e nenhum dos meus familiares eram oficiais. Eu não tinha uma agenda política escondida.

Ainda assim, Whitney estava sempre jogando seu xadrez tridimensional. E, até então, Tia Zhang era a peça mais importante no tabuleiro. Levar-me a uma audiência com a Tia não era apenas uma forma de decidir se eu era uma boa escolha como um sócio. Isso também sinalizava à Tia Zhang o quanto Whitney valorizava seu relacionamento. Assim como a Tia tratava Whitney como uma filha adotiva, Whitney também a via como uma figura materna. Ao me apresentar antes do nosso noivado, Whitney estava dando à Tia o poder de veto com relação à decisão mais íntima de sua vida. Caso eu viesse a ser seu marido, precisava da bênção da Tia Zhang. E, se a Tia sentisse que não poderia confiar em mim, meu relacionamento com Whitney teria terminado naquele local e naquele instante.

Subconscientemente, Whitney parecia estar modelando nosso relacionamento no dos Wen. Tia Zhang havia ido atrás de Wen Jiabao porque ele era sério e competente, alguém em cuja carruagem ela poderia andar rumo à glória. Então, Whitney também me via como um homem, numa sociedade muito patriarcal, que poderia ajudar uma mulher capaz e ambiciosa, como ela, a realizar seus sonhos. Ela ficava impressionada em como Tia Zhang e Wen conseguiam manter uma parceria tão próxima por tantos anos, e como a Tia preparara e cultivara seu marido até que seu relacionamento transcendesse um casamento normal para atingir as esferas políticas e empresariais. As raízes humildes dos Wen ressoavam em Whitney, também. Assim como a personalidade loquaz da Tia. Como Whitney, Tia Zhang era extremamente faladora e conseguia dominar o ambiente. Na Tia Zhang e em Wen Jibao, Whitney viu um reflexo da vida que queria comigo.

Whitney e Tia Zhang estavam em um estágio inicial de colaboração. Whitney já tinha levado pessoas com ideias para se encontrarem com Tia Zhang. Mas elas ainda precisavam estabelecer um caminho adiante. Com nosso jantar, Whitney estava apresentando à Tia um sócio em potencial que ajudaria a transformar esses sonhos incipientes em uma realidade lucrativa. Alguns dias após o banquete no Grand Hyatt, Whitney me informou sobre o resultado. "Tia Zhang acha que você não está mal", compartilhou ela. Eu passara no teste.

⊪ CAPÍTULO OITO ⊪

WHITNEY E EU FICAMOS ESTUPEFATOS PELA ENERGIA E pelo desejo de Tia Zhang em permanecer ativamente engajada com a sociedade em geral. Ela realmente não fazia isso por dinheiro, já tendo conquistado uma fatia decente no negócio de diamantes e, considerando a posição de seu marido como oficial de alto escalão no Partido, o restante de sua vida seria confortavelmente subsidiada pelo Estado.[1] Ela trocava de carros com frequência. O BMW preto que vimos no Hyatt deu lugar a um Lexus equipado com assentos massageadores que, posteriormente, foi trocado por um Audi preto. Mas isso era ninharia. Também gostava de joias, porém, seu entusiasmo real vinha mais de um bom negócio feito com um bracelete de jade do que em se enfeitar com bugigangas brilhantes.

Chegamos à conclusão de que Tia Zhang gostava da emoção da caça. Tendo preparado Wen Jiabao para se tornar o primeiro-ministro da China, ela queria construir sua própria esfera de influência e não enfraquecer ao ficar de lado como um anexo irrelevante da carreira do marido. Desde o início de seu casamento,

---

1   Em 2005, o Partido pagou US$12 milhões para a família de cada ex-Líder Nacional.

os dois estavam em pé de igualdade, e ela não permitiria que isso mudasse. Tinha seus próprios compromissos, e quase nunca o acompanhava nas viagens pela China ou ao exterior. Ela nos disse que teria mais liberdade para fazer suas próprias coisas se as massas não a vissem com ele. Suas viagens discretas eram frequentes, embora não tentasse esconder sua identidade, como a filha fazia com um pseudônimo. O esforço de Tia Zhang em criar seu próprio caminho trazia à mente a situação difícil de Hillary Clinton quando seu marido, Bill, venceu as eleições. Tia Zhang queria seu próprio espaço para viver a vida, sem desaparecer no cenário, como muitas outras esposas de líderes do Partido. E para ela, o ambiente ideal eram os negócios. Era um jogo fascinante, especialmente numa época em que a China estava mudando e as oportunidades eram fartas. Ela apreciava ser uma *player* do mercado, encontrando-se com pessoas, absorvendo ideias, julgando prospectos e agindo. O fato é que, com seus contatos, sua taxa de fracasso era baixa.

Ainda assim, as coisas nas quais estava envolvida não eram uma simples caça ao tesouro fraudulenta, como para muitos outros oficiais do Partido. Nem Wen e tampouco Tia Zhang eram descendentes dos fundadores da China Comunista. Aquelas pessoas tinham acesso a concessões de compras sem impostos e, com frequência, a contratos exclusivos que eram licenças para imprimir dinheiro. Ela e o marido conquistaram sua ascensão na hierarquia do Partido. Mas teriam que se apressar, pois as esposas de outros líderes chineses também estavam interessadas em se aventurar em jogos de poder e serem *players* no mercado. Nós as chamávamos de Taitai Bang, ou a Gangue das Esposas. Porém, poucas se comparavam à Tia. Ela era espoleta, despreocupada e, com sua experiência nos negócios, extremamente capaz e determinada.

Acreditávamos que Tia Zhang se destacava ainda mais de seus pares porque mantinha suas atividades empresariais em segredo do marido. Outros líderes chineses assumiam um papel ativo nas questões financeiras de seu clã. Oficiais como Jia Qinglin — que serviu no Comitê Permanente de Politburo, o órgão mais poderoso da China, durante uma década, de 2002 a 2012 — não pensava duas vezes antes de participar de reuniões com seu genro, a quem eu conhecia bem. O velho Man Jia estava sempre disposto para intimidar oficiais locais de modo a garantir ao seu genro um acesso exclusivo a oportunidades de negócios. O maioral do Partido, Jiang Zemin, enviava emissários para exercerem influência em prol de seus filhos e netos. No entanto, Tia Zhang conduzia seus negócios basicamente sem o conhecimento de Wen ou de seu apoio explícito. Isso às vezes dificultava as coisas, pois, muito embora ela — e nós, por extensão — operasse sob o halo do primeiro-ministro da nação, sabíamos que nunca poderíamos contar que Wen se envolvesse de fato.

Whitney e Tia Zhang tinham um contrato verbal de que a Tia receberia 30% de qualquer lucro de nossos empreendimentos em conjunto e que nós e quaisquer outros sócios dividiríamos os 70% restantes. Em teoria, os Wen eram responsáveis por colocar 30% do capital também, mas eles raramente o faziam. Nos poucos casos em que forneceram capital, era sempre após o projeto ser uma aposta certa. Tia Zhang nunca assumia qualquer risco, então, abatíamos sua participação no investimento quando distribuíamos os lucros.

Não havia nada no papel, tudo acontecia na base da confiança. Os acordos geralmente seguiam o "padrão da indústria". Outras famílias de membros do alto escalão do Partido extraíam uma porcentagem semelhante por sua influência política. O modelo era sempre substituível, e podia ser alterado para acomodar oportunidades de investimento conforme surgissem.

Oficiais chineses, executivos em empresas estatais e empresários particulares que eram próximos ao Partido apresentavam oportunidades o tempo todo aos detentores de informações privilegiadas, como Tia Zhang, mas os negócios não eram tão bons quanto aqueles disponíveis aos aristocratas vermelhos da China. Estes tinham acesso a monopólios. Um exemplo eram os contratos para fornecimento de um tipo de água mineral, chamado Tibete 5100, na rede de ferrovias de alta velocidade do país. Supostamente, os beneficiados foram os parentes de Deng Xiaoping, que não pagaram quase nada pelos direitos de engarrafarem água no Tibete. De 2008 a 2010, o Ministério de Ferrovias comprou 200 milhões de garrafas. Quando a empresa abriu seu capital e foi listada na Bolsa de Valores de Hong Kong em 2011, seu valor de mercado era de US$1,5 bilhão. A família Deng nunca comentou sobre as reportagens indicando sua conexão com a empresa. De qualquer modo, Tia Zhang não conseguiria reunir tal tipo de influência.

Nossos negócios exigiam mais trabalho. Nenhum deles era uma aposta certa. Precisávamos ter discernimento em dois níveis. O primeiro era basicamente *due diligence*. Era aí que eu entrava em cena. Eu fazia o trabalho de campo, visitando o local e mergulhando nos detalhes. O segundo era a habilidade de avaliar o custo político de uma proposta.

As pessoas envolvidas nos prospectos sempre queriam algo. Para conseguir um negócio, será que valeria a pena nos alinharmos com a facção política ou com a rede pessoal de alguém? Valeria a pena ficar devendo um favor que, mais cedo ou mais tarde, seria cobrado pela pessoa? Essa era a expertise de Whitney, e Tia Zhang confiava em seu conselho conforme conduziam estimativas minuciosas do que os sócios em potencial esperariam em troca para nos dar acesso a uma oportunidade.

À medida que nosso relacionamento se aprofundava, Whitney e eu nos tornamos muito mais do que "mordomos", escudando a atividade empresarial de Tia Zhang das publicidades indesejadas. Agora éramos sócios. Fornecíamos as finanças, a direção, o discernimento e, crucialmente, a execução. Tia Zhang nos dava a cobertura política. Gostávamos de dizer que ela era nossa "força aérea" e que nós éramos a "infantaria", lutando nas trincheiras. Ainda assim, havia uma grande diferença entre os Wen e outros clãs influentes comunistas. A força aérea de Tia Zhang podia até ter o poder de impressionar no papel — graças à sua conexão com o gabinete do primeiro-ministro da nação. Mas ela não podia depender de seu marido para lançar quaisquer bombas.

Transformamos o restaurante Yue Ting do Grand Hyatt em nossa cantina particular. Como alternativa, íamos ao Lei Garden, um restaurante com estrela Michelin localizado na glamourosa rua Jinbao, perto da filial em Pequim do Jockey Club de Hong Kong. Robalos a US$500 por porção era um dos nossos pratos favoritos, assim como a sopa de US$1.000 feita com a bexiga natatória — ou as tripas — de grandes peixes.

Ministros, vice-ministros, presidentes de empreendimentos estatais e empreendedores tentavam descolar um convite para nossa mesa. Juntos, vasculhávamos o cenário em busca de oportunidades, julgando o caráter daqueles que queriam entrar no círculo de Tia Zhang, escrutinando sócios e candidatos em potencial para vagas em altos cargos governamentais que seu marido poderia preencher.

Whitney e eu não nos sentíamos muito desconfortáveis em pagar mais de mil dólares pelo almoço. Para mim, era apenas o custo de fazer negócios na China da década de 2000. As coisas eram feitas assim. Um grande elemento era o conceito chinês de "fachada".

Todo mundo sabia que estávamos pagando ridiculamente caro pela sopa, pelo peixe e até pelos vegetais. E era exatamente esse fato que dava a fachada ao nosso convidado. Caso eu estivesse pagando para meu consumo pessoal, veria isso como uma oferta de valor. Mas não estava lá para me divertir; meu objetivo era fechar negócios. E, caso quisesse fazer acordos em Pequim, esse era o preço do almoço.

No segundo trimestre de 2002, poucos meses depois de eu ter passado no teste com Tia Zhang, Whitney obteve uma informação privilegiada de um contato na China Ocean Shipping Company. Ela era amiga do pessoal de lá; a empresa já tinha dado um empréstimo à Great Ocean. O contato de Whitney disse que a COSCO queria vender uma porcentagem de sua participação na Empresa de Seguros Ping An, uma das poucas companhias na China licenciada para oferecer um pacote completo de serviços financeiros e de seguros. A COSCO foi uma das três acionistas fundadoras da Ping An em 1988, juntamente com o Banco Mercantil da China e o governo de Shenzhen.

O ano de 2002 foi complicado para os negócios de transporte da COSCO. A empresa enfrentava um problema de liquidez, então o CEO, Wei Jiafu, quis vender uma pequena participação que a companhia tinha na Ping An para melhorar o balanço. Whitney se aproximou de Wei e expressou interesse em comprar essas ações.

Wei não era contra a venda de uma parcela da participação da COSCO para Whitney e, por extensão, à família Wen. Ele não tinha nenhuma demanda específica na época, mas para um executivo de uma empresa estatal, ganhar a confiança da família do primeiro-ministro poderia servir aos seus propósitos no futuro. O halo de Wen nos colocou em vantagem para comprarmos uma parte da participação da COSCO. Wei queria vender 3% da

Ping An; chegamos à conclusão que poderíamos comprar 1% da empresa e achamos que Tia Zhang se interessaria nos outros 2%. Como essa seria nossa primeira transação com ela, e um único investimento para começar, não seguimos o modelo dos 70%. Além disso, não tínhamos o capital para assumirmos mais de um terço da distribuição.

Não era um ótimo negócio. Ofereceram-nos as ações a 10% acima de seu valor patrimonial líquido, que fora determinado por uma empresa de contabilidade. Vendas semelhantes seguindo uma mesma *valuation* estavam sendo negociadas na época e nem todas deram certo. O banco norte-americano de investimentos Goldman Sachs, que tinha comprado 10% da Ping An por US$35 milhões em 1993, tentou vender sua participação na mesma época, mas não encontrou compradores. (Então, Goldman vendeu a preço de mercado mesmo e comprou as ações de uma empresa pouco conhecida chamada Alibaba, que acabou se tornando um dos maiores sites de compras online do mundo. Se o banco tivesse segurado as ações, teria ganhado, literalmente, dezenas de bilhões de dólares.)

Whitney viajou até a sede da Ping An em Shenzhen e se reuniu com Ma Mingzhe, CEO e fundador da Ping An, para avaliar o negócio. Se Tia Zhang concordasse em fazer a transação conosco, estaríamos prestes a nos tornar os principais acionistas da empresa. Ma revelou voluntariamente que o Hongkong and Shanghai Banking Corporation (HSBC) estava planejando comprar uma parcela significativa das ações da Ping An. O HSBC era um grande *player* no mundo financeiro e conhecido por não fazer investimentos arriscados. Dissemos à Tia Zhang que acreditávamos que o negócio com a Ping An tinha baixo risco e um retorno estável.

Tia Zhang não estava muito a fim e Lily era contra. Ela não acreditava que a Ping An seria especialmente lucrativa, embora, para nós, parecia que sua previsão se baseava mais em sua inveja do relacionamento de Whitney com sua mãe do que em qualquer conhecimento da empresa. Mesmo assim, Tia Zhang estava apreensiva.

Whitney tentou convencer Tia Zhang. Ela explicou nossa linha de raciocínio. As licenças de seguros estavam muito em alta na época na China e seguradoras de todos os tipos emergiam. Destacamos o fato de que um nome de peso como o HSBC não colocaria dinheiro na empresa se achasse que o investimento era duvidoso. Além disso, como a Ping An não estava listada em nenhuma bolsa de valores, nós estávamos protegidos das variações do mercado que ocorriam sem qualquer relação com o desempenho da empresa. Na época, era comum no país pegar dinheiro emprestado para comprar ativos, e nós teríamos que fazer isso para comprar a participação da COSCO na Ping An. Após dias de debate, Whitney disse à Tia Zhang que se a família Wen não estava interessada, nós aceitaríamos o negócio de qualquer jeito. Nesse momento, Tia deu uma batidinha na mesa e pegou o talão de cheques da família. "Estamos dentro", informou ela.

Em dezembro de 2002, Whitney concordou em comprar teoricamente 3% da Ping An da COSCO por US$36 milhões. Sob os termos do nosso negócio, a família Wen ficaria com dois terços dessas ações e a Great Ocean levaria o restante. Ainda assim, tínhamos um grande desafio à nossa frente: Whitney e eu não tínhamos o dinheiro para comprar as ações.

É difícil exagerar o quanto precisávamos de capital naqueles dias. Isso era um problema comum a todos os empreendedores na China. Considerando a infinitude de oportunidades de investimento durante os dias de glória do crescimento econômico chinês, estávamos todos alavancados até o pescoço. Era um sinal de como o mercado chinês era doido e quanto entusiasmo sobre o futuro do país rondava pela sociedade e pelo mundo financeiro. Todo mundo estava fazendo apostas máximas e, por causa disso, ninguém tinha dinheiro na mão. É claro, muitas apostas não deram certo. Das cem pessoas listadas como as mais ricas da China, dois terços eram substituídos todos os anos devido a más decisões de negócios, à criminalidade e/ou a perseguições políticas e porque se alinharam erroneamente com uma facção do Partido que tinha perdido sua força.

Qualquer um que administrasse uma empresa de porte considerável estava fadado a violar algum tipo de lei, fosse ambiental, tributária ou trabalhista. Assim, embora os retornos pudessem ser elevados, você sempre estava vulnerável. Quando o governo chinês aprova uma lei, ele invariavelmente a torna retroativa, então os eventos que ocorreram anos antes, quando não havia regulação, poderiam se tornar crimes hoje.

Ainda assim, tais desafios não abalavam o consenso de que tudo estava indo bem no país. A década de 2000 mostrou um crescimento ininterrupto de dois dígitos, uma ambição gigantesca, sucesso estrondoso e uma das maiores acumulações de riqueza da história. Se não estivesse totalmente alavancado, já estava ficando para trás. Se não estivesse totalmente alavancado, era um idiota.

Whitney continuava obtendo um ótimo lucro de cerca de US$2 milhões por ano vendendo mainframes da IBM para as empresas chinesas de telecomunicação, mas ainda nos faltava dinheiro. Na verdade, faltava tanto que, após Whitney e eu começarmos a viver juntos em um apartamento de luxo no Oriental Plaza em 2003, continuamos a nos aproveitar dos meus pais: US$100 mil aqui,

US$200 mil ali, só para segurar as pontas. Eles haviam feito uma pequena fortuna no mercado imobiliário de Xangai, mas estavam perplexos. Quando conheci Whitney, ela tinha motorista particular que a conduzia em um Mercedes S600, o top de linha. Depois, a Audi lançou um modelo com motor de 12 cilindros e ela precisava ter um. Vivíamos juntos em um apartamento absurdamente caro e dirigíamos um carro que custava cinco vezes a mais na China do que em outros países. Comprávamos as coisas mais caras. E, contudo, recorríamos aos meus pais em busca de uns trocados. "Talvez vocês devessem ter um estilo de vida mais modesto", sugeriu minha mãe. Ela e meu pai cresceram em um país pobre. Meu pai era filho de pessoas que não tinham a confiança do Estado. Eles economizaram cada centavo e permaneceram discretos. A frugalidade e o trabalho árduo permitiram que passassem à classe média. Não conseguiam entender o novo mundo no qual eu entrara, onde a lógica do sistema nos impelia a gastarmos como se fôssemos marinheiros prestes a embarcar.

De acordo com minha lógica e com a de Whitney, os acessórios de um estilo de vida luxuoso serviam aos nossos interesses comerciais. Se quisesse obter os melhores negócios na China, não poderia mostrar fraqueza. A quem recorreria, então? A ninguém. Agir com superioridade era parte do jogo.

Os gastos evidentes de Whitney também tinham uma profunda dimensão psicológica. Ela carregava um ressentimento por causa de seu passado humilde. Em algum nível, ela sempre ficava preocupada achando que poderia ser desprezada. Sua jornada agora era para "mostrar que era a melhor". Seus carros, suas joias e, posteriormente, suas obras de arte não se relacionavam apenas com o consumo. Isso tudo a fortificava contra o mundo, interpondo-se como uma muralha contra o desprezo dos outros.

Quando descobriu que uma placa com o número "Pequim A 8027" estava à venda, ela a comprou por US$200 mil para que pudesse colocar no Audi. Whitney precisou convencer o chefe da polícia de Pequim para obter a permissão de usá-la no carro.

As placas de carro eram um símbolo enorme de status na China. Havia muitas nas ruas de Pequim: as militares para os diferentes serviços, as do quartel-general do Partido em Zhongnanhai e as pretas para os estrangeiros. Elas constituíam uma linguagem por si só. E com as ruas da cidade constantemente travadas pelo trânsito, ter placas de alto status era uma necessidade. Com as placas certas, era possível dirigir na faixa de ônibus, sobre as calçadas, fazer um retorno proibido, avançar no sinal vermelho e estacionar em lugares proibidos perto de um restaurante favorito.

Numa nação finamente sintonizada com o status, um veículo com placa "A 8027" era o centro das atenções. A letra "A" significava que vínhamos do centro urbano de Pequim. O 80 significava que o carro pertencia a alguém do nível ministerial ou superior. E o 027 era um número baixo, o que indicava que tínhamos algum tipo de contato no Conselho Estadual, o gabinete chinês. É por isso que Whitney precisava da autorização do chefe da polícia. Pareceria que nosso Audi pertencia a um oficial de alto escalão. No Ocidente, se você tem dinheiro, pode comprar placas personalizadas. Na China, não. É preciso ter guanxi.

Buscávamos status de outras formas. A certa altura, fizemos um tour mundial para encontrarmos um bracelete que coubesse no pulso de Whitney, mais grosso que a média. Por fim, ela encontrou um por meio milhão de dólares. Obras de arte também se tornaram um sinal de sucesso para os empreendedores chineses, então, ela me orientou a começar a participar de leilões. Em 2004, fizemos os lances vencedores de dois quadros antigos, incluindo um retrato feito pela Dinastia Sung de pássaros canoros, por qua-se US$1 milhão. E, como quase tudo na China daqueles dias, o valor dessas coisas aumentou. As joias tiveram um aumento de dez vezes e alguém nos ofereceu dez vezes o que pagamos pelos quadros. Mas, na verdade, não os adquiríamos para obter lucros. Guardamos tudo em um cofre de antiguidades do tamanho de um guarda-roupas que comprei da Áustria. Havia gavetas para cerca de trinta relógios, prateleiras para relíquias e uma parte com vidros para os quadros.

Para nós, possuir tudo aquilo era um tema de conversa para provar às pessoas do nosso círculo interno que nós também pertencíamos ao ápice da sociedade chinesa e que estávamos além do desprezo daqueles de berço mais nobre. Certamente, em nossas vidas, tudo tinha que ser o top de linha. O carro dela, suas joias, o escritório onde trabalhava, tudo se tornou parte de nossa persona, um reflexo de quem éramos.

Concordamos com os Wen que as duas partes buscariam seus próprios financiamentos para comprar as ações da Ping An. Whitney conseguiu um empréstimo ponte de cerca de US$12 milhões de uma empresa farmacêutica. Com as ações em mãos, usamo-nas como garantia para obtermos um empréstimo bancário para pagarmos a farmacêutica. As ações dos Wen foram compradas com a ajuda de um empresário chinês que adiantou o dinheiro à Tia Zhang.

Após ajudar Tia Zhang a comprar as ações, o empresário devolveu apenas parte delas. Ele garantiu a ela que devolveria o restante mais tarde, mas isso nunca aconteceu. O fato de que Tia Zhang era incapaz de recuperar as ações, que no fim inflaram em valor para dezenas de milhões de dólares, dizia muito sobre a relativa fraqueza do clã Wen.

Wen Jiabao era, em teoria, o número dois na hierarquia do Partido, mas a falta de uma linhagem comunista e sua disposição um tanto quanto passiva o tornavam menos influente do que outros no mesmo nível. Seus camaradas nos altos escalões do Partido manobravam rotineiramente todo o sistema jurídico da nação em benefício próprio, empregando a corrupção e outras investigações criminosas para se livrarem de oponentes políticos. Wen não conseguia ou não queria se envolver nesse tipo de chicanaria. Ninguém na família pensava em contar ao seu membro mais poderoso, Wen Jiabao, o que estava acontecendo com a Ping An ou sobre quaisquer outros negócios. Quando as coisas davam errado ou quando pessoas como o financista de Hong Kong roubavam milhões de sua esposa, não podiam contar que Wen interferisse.

Whitney, Tia Zhang e eu decidimos que todas nossas ações juntas ficariam sob a posse da Great Ocean para evitarmos um escrutínio público da família Wen. E eu tomei assento no conselho supervisor da Ping An, algo que usei para aprender como uma grande empresa chinesa era administrada.

Quando penso sobre o negócio da Ping An, não consigo dizer de fato que foi corrupto. Embora o *New York Times* tenha publicado em 2012 que o preço que pagamos foi mais baixo do que outros, na verdade pagamos o mesmo que outros dois acionistas que compraram na mesma época. Pagamos o preço corrente de menos de US$0,50 por ação. Além disso, a venda que a COSCO nos fez não foi tão diferente dos negócios como esse feitos no exterior. As vendas privadas de ações em empresas não listadas na bolsa não são realizadas publicamente. Uma grande estatal chinesa não vai anunciar que quer vender um de seus investimentos para melhorar seu balanço e então oferecer as ações em um leilão público. Apenas as pessoas dentro de uma rede limitada ficarão sabendo — não importa se o negócio é realizado em Pequim, Londres ou Nova York.

Quando a Ping An foi listada na Bolsa de Valores de Hong Kong em janeiro de 2004, o preço por ação saltou para oito vezes o que tínhamos pagado. Investimos US$12 milhões e, de repente, tínhamos quase US$100 milhões. Eu queria vender pelo menos uma parte das ações para pagarmos o empréstimo no banco. Mas fomos legalmente banidos de vendê-las no mercado de Hong Kong porque os controles chineses sobre o movimento de capitais proibiam a venda de ações chinesas no exterior. E, na lei chinesa, Hong Kong era considerado exterior. Ainda assim, o preço da ação na bolsa de lá nos deu uma noção de que, com um pouco de paciência, colheríamos um ganho ainda maior.

⚜ CAPÍTULO NOVE ⚜

EMBORA WHITNEY E EU ESTIVÉSSEMOS VIVENDO juntos desde o fim do terceiro trimestre de 2002, não havíamos nos casado. Isso mudou quando, no dia 17 de janeiro de 2004, fizemos nosso registro formal como casados em Hong Kong. Whitney adiou a cerimônia, querendo estar certa da longevidade do nosso casamento antes de torná-lo público. Mas, após um ano, ela entrou no modo organizadora de eventos.

De minha parte, não havia pressão para haver cerimônia *nem* para o casamento. Naquela época, Whitney tinha mais voz em nosso relacionamento, e me permiti ser levado por seu entusiasmo.

Ela sabia que a rede Four Seasons estava construindo um hotel em Hong Kong que deveria ser inaugurado no último trimestre de 2005. Então, agendou nossa festa para outubro daquele ano, 21 meses após estarmos legalmente casados, sem poupar despesas. Ela entrevistou dezenas de organizadores de casamento, floristas e chefs, bem como mergulhou nos portfólios de fotógrafos conforme montava sua equipe. Ela nos matriculou em aulas de dança e, para a música, contratou o que parecia ser uma orquestra completa. Para seu vestido, pegou um avião até Nova York e visitou a designer Vera Wang, para tirar suas medidas. Eu usei um smoking preto, de Tom Ford. Whitney também passou dias providenciando as roupas mais finas para seus pais, encobrindo seu provincialismo.

Numa noite de sábado em outubro de 2005, um mês após a inauguração do hotel, oferecemos nosso banquete de casamento. Tia Zhang viajou de Pequim, assumindo seu papel de mãe adotiva. Isso causou certo rebuliço com sua mãe de sangue que, a certa altura, brigou com Whitney por dar mais atenção à Tia Zhang. "Eu sou sua mãe de verdade!", exclamou ela.

Meus pais estavam lá juntamente com meus colegas do Colégio da Rainha e de um MBA que eu estava fazendo em Hong Kong. No total, havia cerca de duzentas pessoas.

Whitney e eu decidimos não realizar o evento em Pequim, pois queríamos evitar questões sobre quem convidar, quem sentaria perto de quem, sobre quem seria a madrinha e o padrinho e qual mesa estaria mais próxima de nós. Éramos contra revelar nossas conexões com outros convidados e não queríamos que eles se sentissem desconfortáveis em expor seu relacionamento conosco. No Ocidente, um casamento como no nosso teria sido um grande evento, uma chance para as pessoas verem e serem vistas. Mas, na China, onde as informações são resguardadas e o medo permeia o sistema, precisávamos ter cuidado. Lá, as conexões formam a base da vida; não queríamos revelar as nossas a potenciais concorrentes ou ao público em geral.

A cerimônia em Hong Kong ocorreu em uma das épocas mais felizes do nosso casamento. Whitney se esforçou muito para me ajudar a me transformar em alguém que pudesse prosperar no sistema Chinês. E havíamos entrado num ritmo produtivo.

A recepção foi chamativa e meticulosamente coreografada para nos retratar como um casal perfeito, superior de todas as formas. Porém, após a extravagância, preferimos não ter lua de mel. Havia muito o que fazer em Pequim.

O trabalho que fazíamos juntos era fascinante. Whitney e eu estávamos no meio de um projeto que se tornaria uma das pedras angulares de nossas carreiras. Sua gênese mescla acaso, sorte, conexões e trabalho árduo que definiam nossas vidas na China daquela época.

Escrevi anteriormente que pretendíamos usar nossos *guanxi* para fazermos algo extraordinário na China. E o segredo para isso era o interior. As pessoas descobriram que Whitney tinha intimidade com Tia Zhang, então, era frequente recebermos propostas de negócios. Passamos semanas correndo atrás do vento em busca de projetos na província natal de Whitney, Shandong. Em Rizhao, uma cidade imunda na costa do Mar Amarelo, fomos recebidos pelo prefeito, que nos ofereceu uma parte de um porto de contêineres que tinha só metade concluída. Em uma central elétrica parcialmente terminada, os oficiais do governo beberam tanto conosco que um deles caiu de cara em uma vala.

Whitney estava interessada em investir, achando que suas raízes em Shangong garantiriam o sucesso. Mas percebi que diversos lugares estavam desenvolvendo portos de contêineres e centrais elétricas. A concorrência era feroz e as margens, minúsculas; cheguei à conclusão de que seria um nivelamento por baixo, então a convenci a esperar um pouco.

De volta a Pequim, vínhamos tentando conseguir um terreno para construirmos casas de luxo. Em 2002, Whitney começara a desenvolver um contato com Sun Zhengcai, então secretário do Partido no distrito de Shunyi, no canto nordeste da capital. Assim como Whitney, Sun vinha do interior de Shandong. Era um líder natural; tinha o dom da palavra. Com sobrancelhas arqueadas e um olhar fixo, Sun não era particularmente bonito, mas exalava uma autoconfiança afável proveniente de ter conseguido tudo sozinho. Seus pais eram agricultores, não membros da aristocracia vermelha. Ele subiu a hierarquia do Partido devido ao seu trabalho árduo e à sua inteligência.

Após a faculdade em Shandong, Sun fez pós-graduação em Pequim. Diferentemente de muitos oficiais chineses, que delegavam suas tarefas acadêmicas aos subordinados, ele de fato escreveu sua própria dissertação de mestrado. Após sua formatura em 1997, o Partido lhe conferiu a posição de secretário em um instituto de pesquisas pertencente ao Ministério de Agricultura. De lá, subiu ao topo das funções governamentais no distrito de Shunyi, em Pequim. Em fevereiro de 2002, se tornou o chefe do Partido em Shunyi, um cargo mais poderoso.

Sun chegou a Shunyi bem quando a China estava abrindo o setor imobiliário para investimentos privados e o distrito fazia a transição de um local com plantações de vegetais e frutas para uma comunidade-dormitório da capital. Ao lado do Aeroporto Internacional de Pequim — Capital, Shunyi se tornou um local favorito para comunidades fechadas, inicialmente acomodando empresários e diplomatas expatriados que recebiam enormes auxílios-moradia, seguidos logo pelos novos-ricos chineses.

Como chefe do governo e, depois, secretário do Partido Comunista em Shunyi, Sun distribuía projetos imobiliários àqueles que precisava ter como aliados. Para Whitney e eu, ele deu um terreno por nossa conexão com os Wen. Ele também aprovou vendas de terras para os parentes de Zeng Qinghong, ex-vice-presidente da China e aliado próximo do secretário do Partido e presidente da

China, Jiang Zemin. Posteriormente, quando foi removido em um notório caso de corrupção, o Partido o acusou de receber propinas. Não acredito que seja o caso. Era mais como uma permuta. Ele concedia lotes de terra como favores a pessoas que, em troca, facilitaram sua subida. Em maio de 2002, Sun foi promovido para secretário-geral do comitê municipal do Partido em Pequim — um cargo de vice-ministério. Ele entrara nas hostes do gaogan.

Whitney e eu ficamos impressionados pela engenhosidade e habilidade de Sun em abrir seus caminhos. Whitney acreditava que ele tinha um potencial ilimitado e tentou manter a proximidade. Além do lote de terra, Sun a ajudou na aprovação das placas personalizadas para seu Audi.

Ser o secretário-geral do comitê do Partido na capital é desafiador. Seus clientes são instituições de nível nacional, como os ministros da defesa, do comércio e das relações exteriores. Eles têm demandas e você deve mantê-los felizes. O lado bom é que há um acesso irrestrito aos mecanismos do poder. Embora haja muita pressão no trabalho, também há muitas recompensas.

Para Sun não faltavam ambição ou autoconsideração. Durante um período relativamente curto, ele saiu do que era praticamente uma posição acadêmica sem perspectivas no Ministério da Agricultura para administrar um distrito com mais de 1 milhão de pessoas e, depois, exercendo um papel central na capital da China.

No início de 2003, ainda não tínhamos construído no terreno em Shunyi, então, tivemos que abrir mão dos direitos de propriedade devido a uma nova lei que dizia que as construções deveriam ser rapidamente iniciadas. Quem estava de fora achava que o negócio imobiliário na China era uma licença para imprimir dinheiro.

Mas tais pessoas não faziam ideia dos desafios que tornavam a atividade tão arriscada. Era altamente regulada e as mudanças nas normas chegavam em ondas imprevisíveis.

Muito embora Sun já tivesse se mudado de Shunyi, nós tínhamos as portas abertas no distrito e sempre nos incluíam nas listas de convidados aos eventos realizados pelo governo local. No Festival da Primavera de Shunyi em 2003, aconteceu algo que nos fez pensar. Normalmente, eram cerimônias inócuas: o chefe do distrito ou o secretário do Partido diziam algumas palavras, as pessoas faziam brindes, esbaldavam-se nos inúmeros pratos e iam para casa no friozinho do fim do inverno. Mas, desta vez, o chefe do distrito, um rabugento local chamado Li Ping, saiu do script. Dirigindo seus comentários aos representantes do aeroporto de Pequim, limítrofe de seu distrito, Li avisou de forma sombria que se o aeroporto "ultrapassar nossa linha vermelha", ele bloquearia seu plano de expansão. "Vocês precisam falar comigo primeiro", disse Li, com o rosto vermelho de tanto beber.

Aquela era uma época selvagem na China, na qual os gabinetes governamentais disputavam terras, recursos e licenças entre si — coisas que, no crescimento vertiginoso da China, significavam dinheiro. Empresas telefônicas estatais concorrentes arrancavam os cabos uma das outras, muito embora, tecnicamente, eram todas pertencentes ao Estado. Burocratas enviavam capangas para lutar contra outros capangas pelo direito de construírem. Fabricantes rivais de ônibus enviavam gangues nas linhas provinciais para raptarem suas presas. Não era segredo que o governo distrital de Shunyi odiava o aeroporto vizinho e estava comprometido a impedir seus planos de expansão. Whitney e eu ficamos pensando se não poderíamos ajudar na busca por uma trégua.

Whitney juntou as peças da história. Dois anos antes, em julho de 2001, o Comitê Olímpico Internacional escolheu a China para sediar as Olimpíadas de 2008, provocando um redespertar de projetos em toda a capital. Planos há muito tempo dormentes de repente se tornaram viáveis conforme Pequim disputava com Nova York, Paris e Londres para construir seus próprios ícone arquitetônicos, entre eles a central monumental da Televisão Central da China, de US$700 milhões, a maior e mais cara central de mídia do mundo.

A reforma do aeroporto de Pequim era algo natural, visto que seria a porta de entrada para os jogos. O renomado arquiteto britânico Norman Foster foi contratado para projetar um terminal recoberto de aço e vidro, com um telhado que relembrava as escamas de um dragão. Além de construir um novo terminal de passageiros, o governo também aprovou planos para expandir as atividades de transporte de carga. Os aeroportos não movimentam apenas pessoas, mas coisas também, e a capacidade de manejo de carga do aeroporto de Pequim estavam numa situação desesperadora e precisava ser melhorada.

O Ministro da Terra e Recursos aprovou um plano que levava o hub logístico do aeroporto para a linha vermelha de Shunyi. O distrito reagiu ao dar início à construção de uma rodovia expressa passando pela fronteira que cercava o aeroporto. Whitney descobriu que o governo de Shunyi também estava planejando colocar galpões do outro lado da rodovia, criando uma zona logística concorrente. Então, ela teve uma ideia: por que não deixar a rodovia de lado e combinar as zonas de carga do aeroporto e de Shunyi para criar um centro gigantesco e muito mais eficiente para movimentação de produtos para dentro e fora da China? Seria um centro de cargas com empilhadeiras em todos os lugares, galpões conectados, centros de processamento de importação e exportação e capacidades de quarentena, além de uma segurança rígida. Obvia-mente, para transformar isso em realidade, teríamos que convencer o aeroporto e Shunyi para que encerrassem sua guerra.

Iniciamos nossa empreitada para conhecermos os principais envolvidos: o chefe de Shunyi, Li Ping, e o gerente-geral do aero-porto, Li Peiying, que, apesar de terem o mesmo sobrenome, não eram parentes.[1] Precisávamos descobrir o que viria a motivá-los a trabalharem juntos, e conosco.

Li Peiying era uma lenda do aeroporto. Ele havia começado como guarda de ronda e se tornou o chefe da polícia do aeropor-tuária, antes de passar ao nível executivo. Usando diariamente um terno azul-escuro duas vezes maior que seu tamanho e uma ca-misa branca, Peiring caminhava visivelmente mancando devido a uma queda. Porém, tal debilidade não o deteve. Ele era do tipo "eu consigo" e acabou administrando não apenas o aeroporto de Pequim, mas também uma corporação que possuía outros 36 ae-roportos em toda a China.

Peiying voava por todo o país em um avião particular, entrando na frente na fila das empresas aéreas internacionais para decolar de Pequim. "Chefe Li está pronto para voar", era a chamada da tor-re de controle, conforme seu jatinho manobrava entre os enormes aviões até chegar à cabeceira da pista.

Sua opinião sobre si mesmo era muito positiva, e intensificou sua fama de lendário ao recusar um convite para jantar com o chefe de polícia de Pequim — decisão não necessariamente muito sábia. Mesmo assim, como o líder de cerca de 40 mil empregados, Peiying mantinha uma ar de "homem do povo". Ele era adorado no aeroporto por ter aumentado os salários e administrá-lo como uma empresa de verdade.

1   Há 91 milhões de pessoas com o sobrenome Li na China.

Peiying arranjou para que todos os chefões do Partido da China voassem para Pequim. Sempre que um político de peso pousava, Peiying estaria na recepção. Ele aproveitava muito esses encontros presenciais. Sendo o líder de tantos aeroportos, ele controlava o acesso às empresas de monopólio, dividindo-as como se fossem um bolo e as entregando aos parentes dos principais oficiais do governo. Ele ajudou a família do presidente chinês Jiang Zemin a conseguir uma licença para vender produtos no duty free de Pequim por meio de uma empresa chamada Sunrise. Esse era um modelo para o tipo de empresas que a aristocracia vermelha gostava. A Sunrise dividia o negócio do duty free no aeroporto de Pequim com uma empresa estatal, o Grupo Duty Free da China. Tais duopólios eram um emblema da economia chinesa, com uma família vermelha controlando uma empresa, e uma entidade estatal controlando a outra.

Peiying supervisionou mudanças gigantescas no aeroporto — a construção do novo terminal e novas pistas, juntamente com um sistema expresso de metrôs conectando o aeroporto ao centro de Pequim. Ele era a peça que faltava na época: um líder forte com uma visão. Mas, como geralmente acontecia na China, uma vez monopolizado o poder durante o dia, não havia fiscalizações durante a noite. Peiying tinha o hábito de apostar. Em quatorze viagens para a antiga colônia portuguesa de Macau, uma pequena península no sul do país, há relatos de que perdeu US$6 milhões do dinheiro público jogando bacará. Ele voou ao território norte--americano de Saipan no oeste do Pacífico e ficou jogando por três dias consecutivos, sem dormir. Posteriormente, entraria em conflito com o governo, provando que aqueles que caem na China são, em geral, os mais capazes. Porém, quando o conheci, ele estava em sua melhor forma.

Nós tínhamos algo que Peiying queria: acesso aos Wen. Por anos, ele estava empacado no nível de diretoria na hierarquia do governo. Sua vontade era subir um degrau, chegando ao vice-ministério. Prestígio era um fator. Caso chegasse a vice-ministro, Peiying estaria acima de todos os outros chefes de aeroportos da China. A promoção ao vice-ministério também significaria que ele entraria às hostes dos *gaogan*. Assim, Peiying se motivou a trabalhar conosco, a conhecer Tia Zhang e a fazer negócios com Shunyi.

Diferentemente de Peiying, o chefe de Shunyi, Li Ping, não desejava uma promoção. Mal alcançando 1,70m de altura e com uma barriga conhecida como *laobandu*, ou panela do chefe, dia sim, dia não, Li usava seu uniforme do funcionalismo comunista: calças azuis e camisa branca, com mangas longas no inverno e curtas no verão. Enquanto Peiying adorava ir ao centro para jantar com Tia Zhang ou comer sushi ruidosamente no Hotel Kunlun, que tinha um formato quadrado, no Distrito luxuoso de Chaoyang, conseguir que Li Ping até mesmo saísse de Shunyi era um desafio. Para ele, o centro de Pequim era um território estrangeiro. Consigo contar nos dedos de uma mão as vezes em que ele se aventurou até a cidade para comer conosco. As únicas ocasiões em que fez isso voluntariamente foram pela convocação direta de Tia Zhang.

Em seu âmago, Li Ping era um camponês dos velhos dias quando Shunyi era um fim de mundo. Em seu distrito natal, sentia-se seguro. Com apenas uma ligação, a polícia de Shunyi liberaria as estradas para ele ou para seus convidados. Todos o respeitavam; ele era o cara.

Em Shunyi, Li era famoso por sua hospitalidade. Ele tinha um orgulho especial de sua capacidade de beber. Todos nós sabíamos precisamente nossa capacidade de suportar álcool, e a de Li ficava em torno de 800ml, e isso da bebida Moutai, com 53% de teor alcoólico. Ele era profissional em conseguir que seus adversários bebessem mais do que ele — uma habilidade importante na burocracia chinesa, na qual os jantares sociais ocupavam o palco central.

Os interesses de Li Ping eram diferentes dos de Peying. Ele era produto de Shunyi, passara sua carreira inteira lá e se aposentaria no mesmo local. Seus parentes estavam espalhados pela burocracia do distrito. Ele queria consolidar um legado que lhe concederia respeito em seus anos dourados como um "dignitário local", um *tuhuangdi* ou "imperador da terra", no linguajar atual. Ele queria um triunfo do qual poderia se gabar. Quando posteriormente disputamos a aprovação para o primeiro porto aberto baseado em aeroporto da China, por exemplo, Li Ping ficou com uma grande sensação de conquista. "Somos os primeiros", trovejou ele no banquete oferecido para celebrar o evento. Li estava sempre pronto a fazer as coisas acontecerem em seu distrito; quanto maiores, melhor.

Whitney propôs a ideia de formar uma *joint venture*, chamada Parque Logístico do Aeroporto da Cidade, que incluiria participações para o aeroporto, o distrito de Shunyi e a empresa dela, a Great Ocean. Oferecemos ficar com 40%, o aeroporto ficaria com 45% e os 15% restantes iriam para Shunyi. Acreditando que o negócio estabeleceria um relacionamento com a família do primeiro-ministro, Li Peiying concordou com o fato do aeroporto ficar com menos da metade do empreendimento conjunto. Nesse arranjo, ele seria nomeado diretor, e eu, CEO.

Whitney nunca precisou mencionar que os Wen tinham interesse no investimento. Ela permitia que a linguagem corporal e a atitude da Tia Zhang em relação a nós fizesse isso. Nas refeições com ambos os Li, Tia Zhang elogiava Whitney e eu e fazia

comentários genéricos enfatizando que deveríamos "todos cooperar e desenvolver confiança mútua". Qualquer um dentro do
sistema chinês entenderia intrinsecamente a mensagem e sabe-
ria por que ela estava jantando com eles e por qual motivo nos
levava junto.

Nossa proposta de direito de propriedade garantia que nenhum dos acionistas individuais controlasse mais da metade do
projeto. Isso foi decisivo. Se uma empresa estatal dominasse o
empreendimento, ele nunca teria saído do papel. Nossa ideia era
tão inovadora e precisava da aprovação de tantos ministros que
nenhuma estatal teria querido levá-la adiante. Os ministérios e
gabinetes relacionados com alfândega, quarentena, transporte,
aviação, infraestrutura, planejamento e ativos estatais tinham poder de decisão. Precisávamos fazer lobby com todos eles. Manter
nossos dois sócios estatais abaixo dos 50% significava que, nas
grandes decisões, Whitney e eu teríamos uma flexibilidade subs-
tanciosa e daríamos o voto decisivo.

Durante uma refeição para celebrarmos a assinatura do empreendimento conjunto, Li Ping se levantou para fazer outro
brinde. Desta vez, suas ameaças foram substituídas por elogios. "O
aeroporto e o governo distrital nunca teriam assinado um acordo
se não fosse por vocês", disse ele, apontando para Whitney e eu.
"Vocês foram a cola que nos uniu."

Conseguimos desempenhar esse papel por causa de Tia Zhang,
mas também porque tínhamos uma visão. Ninguém mais teria conseguido isso, disse Li Ping. Entramos com o dinheiro, a expertise
e o apoio político. Levamos coisas que nenhum empreendimento

estatal, nenhum empreendedor puramente privado e nenhuma empresa estrangeira poderiam entregar. Com o cessar-fogo em vigor, o trabalho árduo começou.

Ao juntarmos os terrenos do aeroporto e do distrito de Shunyi, tínhamos uma área com mais de 5 km². Fizemos planos de construir 1 milhão de m² de galpões e mais de 11 km de rodovias e tubulações. Havia fábricas e três vilas no terreno. Inicialmente, precisávamos fazer as desapropriações antes de qualquer outra coisa.

Eu não tinha ideia do que estava fazendo. Nunca construíra nada antes, muito menos um hub logístico em um enorme aeroporto urbano que precisava de uma demarcação entre as importações livres de impostos e aquelas que eram taxadas. Também havia preocupações com a segurança. Entrei em contato com aeroportos da Ásia e de todo o mundo. Viajei para Frankfurt, Seul, Amsterdã, Hong Kong e outras unidades em busca de diretrizes. Considerei a possibilidade de trazer um sócio estrangeiro com experiência no setor. Desisti dela quando vários ofereceram muito pouco capital em troca de uma grande participação.

Tive que aprender tudo do zero. Qual deveria ser a altura dos galpões? Qual é a distância ideal entre as colunas para permitir a movimentação de empilhadeiras? Qual é a altura de uma doca de carregamento? E a largura das estradas? Perante mim, tinha um sonho enorme, mas no primeiro trimestre de 2004, um ano inteiro após elaborarmos o esquema, ainda não havíamos começado. E a construção nem seria a parte mais difícil. Muito mais torturante seria obter as aprovações.

Para construirmos o Aeroporto da Cidade de Pequim, precisávamos da assinatura de sete ministros para quase tudo que planejávamos. E, dentro desses ministérios, havia camadas e mais camadas de autorizações. Ao todo, precisávamos de 150 credenciais diferentes, os selos chineses usados no lugar das assinaturas, e cada uma era uma história diferente. Levamos 3 anos para começarmos a construção e, mesmo depois disso, houve empecilhos em abundância. Eu colocava pessoas esperando na porta dos gabinetes dos oficiais cujos selos precisávamos. Enviava gente aos hospitais para obterem as aprovações de burocratas acamados. Meus funcionários esperavam por meses tentando obter favor dos oficiais, levando-lhes chás finos, resolvendo coisas para eles, levando-os a saunas, cuidando de suas esposas e filhos. Um dos meus funcionários acompanhou tantas pessoas a tantas casas de banho que sua pele começou a descascar.

Amigos no governo de Shunyi riam de mim. Não havia como um representante de uma estatal passar por toda essa lenga-lenga, observaram eles, apenas para dar continuidade a um projeto. Nos gabinetes estatais, todos apenas batem o ponto, disseram. Ninguém realmente se importa se o projeto está andando ou não. Porém, nós não éramos assim; para Whitney e eu, esta era uma iniciativa de empreendimento. Era nossa grande chance.

Para obter o máximo possível, tive que me curvar e ajoelhar perante essa gente, não importavam suas posições. Certamente, foi desumano. E, além de um halo fraco, os Wen não ajudaram com quase mais nada. Tia Zhang, Whitney e eu fazíamos lobby de vez em quando com um ministro ou vice-ministro em busca de ajuda, mas a Tia nunca dava ordens. Ela agia mais como uma testemunha de caráter, comprovando nossa competência. Isso era diferente da família do então presidente chinês, Jiang Zemin. Seus representantes exigiam obediência. Mas como o marido dela não sabia nada sobre os negócios da família, Tia Zhang não podia ser tão ousada. Ela deixava que outros lessem nas entrelinhas.

Ao longo do projeto do aeroporto, eu, como todos os empresários chineses, prestava uma atenção extrema às políticas macroeconômicas e aos caprichos dos políticos do governo central. Sempre que solicitávamos uma aprovação, nosso pedido precisava demonstrar como o projeto se alinhava com as prioridades políticas e econômicas mutantes do Partido Comunista da China.

Em geral, essas coisas eram subjetivas. Porém, ilustravam como todos os principais aspectos econômicos eram controlados pelo Estado, apesar de toda a conversa sobre o capitalismo no país. Qualquer projeto significativo na China precisava da aprovação de uma organização chamada Comissão de Reforma e Desenvolvimento Nacional, que tinha escritórios em todos os níveis do governo: nas principais cidades, em todas as 32 províncias e em Pequim. Não importava se a empresa era estatal ou privada, caso quisesse fazer algo grande, precisava do apoio da comissão. Para construir nosso hub logístico, solicitamos aprovações dessas comissões em todos os níveis. E precisávamos do endosso do Conselho Estadual, o órgão governamental mais alto.

A Comissão de Reforma e Desenvolvimento Nacional era responsável pelo Planejamento Chinês de Cinco Anos, uma reminiscência aos dias em que a economia chinesa era planejada e os preços de tudo eram determinados pelo Estado. Muito embora a China tivesse realizado reformas econômicas significativas, os Planejamentos de Cinco Anos continuavam sendo importantes. E cada nível do governo chinês — incluindo o gabinete, as províncias, as cidades e os condados — elaborava seus próprios Planejamentos de Cinco Anos, alinhando-os com o modelo nacional. Como CEO de uma *joint venture* envolvida em um grande projeto de infraestrutura, eu precisava demonstrar, em minhas solicitações àquelas muitas camadas, como meu projeto aderia ao espírito do último planejamento. Havia uma fórmula para escrever tais solicitações.

Deveríamos sempre começar com o que os solicitantes denominam "tirar o chapéu", que é uma concordância com todos os Planejamentos de Cinco Anos das várias organizações que tinham poder de decisão no projeto, e uma dissertação sobre como ele se encaixaria com os objetivos delas.

Outro desafio para nós foi obtermos permissão da Administração Geral de Alfândega da China, que gerenciava as importações e exportações. Há muitos anos, os impostos alfandegários constituíam a principal parte das receitas chinesas, então, o ministro tinha uma influência enorme dentro do Partido e do governo. A alfândega era responsável por erguer barreiras regulatórias projetadas para proteger as empresas chinesas da concorrência estrangeira. E nós estávamos pedindo a aprovação para construirmos uma zona franca considerável, distinção essa que, na época, fora concedida apenas a dois portos marítimos e a nenhum aeroporto.

Obter a aprovação para essa zona franca era muitíssimo importante à lucratividade do nosso esquema. Se nosso aeroporto pudesse ser o primeiro a obter o status de tarifa zero, receberíamos uma enorme demanda reprimida. Muitas empresas estariam interessadas em se estabelecer em nossa zona. Pense na manutenção de aeronaves. Com uma zona franca, todas as peças, os motores e até os aviões poderiam ser transportados à zona sem pagar tarifas. O trabalho seria completado lá e o avião partiria sem precisar pagar impostos. Pense nos galpões, também. As empresas não querem pagar tarifas sobre todo o estoque importado de uma vez só. Elas poderiam usar nossos galpões conectados para armazenarem suas coisas e pagarem as tarifas apenas quando precisassem levar seus bens à China.

No passado da China, diferentes zonas alfandegárias eram estabelecidas para propósitos únicos, por exemplo, uma para soja e outra para computadores. Mas na zona franca extensa que planejávamos, todos os tipos de produtos poderiam ter fluxo em qualquer direção. E, como a China subsidiava a maioria de suas exportações, uma vez que os fabricantes despachassem os bens para nosso hub, poderiam solicitar imediatamente o dinheiro do Estado, muito antes dos produtos chegarem ao cliente no exterior. Precisávamos criar uma narrativa para justificar tal inovação.

Preparamos um relatório conectando nosso projeto com as reformas da autoridade alfandegária chinesa implementadas após a acensão do país à Organização Mundial do Comércio, em 2001. Nosso relacionamento com a família Wen também exerceu um papel, visto que precisávamos da aprovação de outros ministros no governo central. Todas essas solicitações exigiam uma criatividade considerável de nossa parte.

Inicialmente, contratei o CEO de uma empresa na qual a ChinaVest investira, para gerenciar o projeto. Sua empresa havia desenvolvido galpões na parte sul da capital, então pensei que ele conhecia o ramo e tivesse contatos com a Alfândega e outros ministros. Aloquei um motorista, uma recepcionista e um contador para ele. Sempre que visitava seu escritório, estava sorridente. Levantava-se de sua mesa e se curvava em respeito. Mas, como ele não conseguia realizar nada, demiti-o.

De algumas formas, a China era um pouco diferente do restante do mundo. Dinheiro, sexo e poder motivavam as pessoas. Whitney e eu conseguíamos fornecer acesso ao poder, então precisávamos oferecer menos dinheiro e tínhamos menos preocupações em providenciar a parte do sexo. Raramente dávamos dinheiro. Em vez disso, distribuíamos presentes: um conjunto de tacos de golfe de

US$10 mil aqui, um relógio de US$15 mil ali. Em uma viagem a Hong Kong, trouxemos doze relógios idênticos da loja Carlson Watch, no distrito central de compras da região. Isso era dinheiro de troco para aqueles que aceitavam tais presentes. Não era tanto uma propina; era mais um sinal do nosso afeto.

Como Tia Zhang fazia com seu clã, Whitney controlava as finanças em nossa família, e isso não mudou após nos casarmos. Embora eu fosse o responsável por preencher a maioria dos cargos em nossa empresa, o único executivo que ela insistiu em contratar diretamente foi nosso diretor financeiro. Ele tinha que ser o braço direito dela.

Quando começamos nossa parceria, Whitney tinha muito mais capital do que eu, então era meio que natural que o dinheiro ficasse no nome dela. Mas, com o passar do tempo e com o crescimento da nossa empresa, a questão financeira se tornou delicada. Sempre que eu comprava algo, tinha que falar com ela a respeito e enviar o recibo ao escritório do CFO. Ela usava o dinheiro como uma forma de controlar nosso relacionamento. De minha parte, fiquei tão consternado com a questão que achava difícil abordá-la diretamente. Não acreditava que deveria pedir a ela que tivéssemos um controle igualitário de nossas finanças. Queria que ela cedesse a autoridade voluntariamente. Não queria implorar. Brigávamos sobre o assunto de vez em quando, mas nunca o resolvíamos.

Levávamos nossos contatos para jantares em hotéis de toda Pequim. Para evitarmos sermos notados, escolhíamos locais como o desleixado Hotel de Pequim, pertinho da Praça da Paz Celestial. Lá, tínhamos a privacidade necessária e o pessoal do restaurante sabia como agir. A cobertura do hotel era dividida em salas privadas de jantar. Em qualquer noite, três ou quatro ministros e alguns vice-ministros eram homenageados nesse andar. O hotel empregava dois coordenadores em tempo integral para escalonar os convidados, os pratos e as contas, evitando assim que houvesse quaisquer encontros indesejados. Quem recebia quem era um segredo cuidadosamente guardado num sistema em que as informações eram valiosíssimas. O empreendimento inteiro funcionava como um relógio.

Porém, mesmo quando achávamos que as coisas estavam ajeitadas com os chefões, ainda enfrentávamos problemas nos níveis inferiores. Chefes de seções, de gabinetes e divisões administravam seus departamentos como feudos. Conseguiam dar mil motivos pelos quais uma aprovação não fora concedida. Nunca diziam não imediatamente; apenas pediam para esperarmos. Eles exerciam tanto poder que eram conhecidos no sistema chinês como a Gangue do Escritório Central, ou Grupo Chuzhang. Um desses chefes de escritório era Kuang Xin. As pessoas o chamavam de Vô Kuang.

CAPÍTULO DEZ

BUROCRATA ALTO, ESQUELÉTICO E ORGULHOSO DE SUA cabeleira preta, vô Kuang serviu como diretor do gabinete de construção de aeroportos na Administração da Aviação Civil, tendo, posteriormente, assumido uma função semelhante na Comissão de Reforma e Desenvolvimento Nacional, o departamento que criava o Plano de Cinco Anos. Sua posição era bem baixa na hierarquia burocrática chinesa. Na Administração da Aviação Civil, nem tinha seu próprio escritório; ele compartilhava um com dois subordinados. Ainda assim, o homem era uma potência.

A China passava por uma explosão nas construções de aeroportos. Quando Whitney e eu começamos o hub logístico, o país tinha 120 aeroportos. Quando o vendemos, havia 180. O gabinete de Kuang era responsável por aprovar cada projeto. Não era incomum que vice-governadores das províncias, que se qualificavam como *gaogan* e tinham uma posição muito mais alta que o vô Kuang na hierarquia do Partido, viajassem a Pequim para implorar pessoalmente a ele que aprovasse seus planos. Kuang fazia com que esses suplicantes ficassem numa fila do lado de fora de seu escritório, onde se ocupavam jogando videogames em seus telefones. Kuang havia disposto a mobília de modo que ele ficava de frente para a parede à direita da porta. Quando finalmente concedia uma audiência àqueles oficiais, ele nem se preocupava em virar o rosto em sua direção. Apenas balançava sua cadeira sobre as duas pernas e lhes oferecia um aperto de mão mole por cima de seu ombro direito. Nem dizia olá.

Os oficiais começaram a chamar Kuang, que tinha apenas quarenta e poucos anos, de vô, devido à sua influência. No Ocidente, talvez o chamariam de paizão. Mas, na China, os avôs têm uma hierarquia social mais alta do que os pais, então era assim que o chamavam.

Kuang se considerava um intelectual. Levei-o para jantar algumas vezes e, invariavelmente, ele soltava algumas frases da poesia clássica chinesa, às quais eu respondia com um sorriso enorme, dizendo: "O nível de cultura do Diretor Kuang é muito alto!" Sabia que eu o estava bajulando, mas ouvira outros dizerem a mesma coisa tantas vezes que, de fato, estava começando a acreditar naquilo.

Precisávamos da aprovação de Kuang, pois queríamos aumentar o tamanho do projeto de expansão do aeroporto. Como mencionei, o distrito de Shunyi tinha planejado originalmente construir uma rodovia expressa ao longo da fronteira com o aeroporto. Precisávamos excluí-la para combinarmos as áreas de Shunyi e do aeroporto em uma só. Queríamos arranjar as coisas de modo que, quando as cargas saíssem dos aviões, um caminhão pudesse levá-las aos galpões interligados sem ter que sair da área do aeroporto.

Whitney e eu nos desdobrávamos ao máximo atendendo aos caprichos de Kuang. Nas refeições, eu o enchia com pratos caros. Oferecia garrafas de Moutai de 10 anos. Whitney discutia sobre as figuras literárias e, como eu, elogiava seu conhecimento da poesia chinesa. Íamos a teatros juntos e, depois, Whitney e eu fingíamos estar interessados em sua opinião sobre a apresentação. Ambos encorajávamos a autoestima de Kuang. Aproveitei sua nova apreciação por vinhos tintos. Os vinhos estavam começando a ganhar popularidade na China, então, ele estava ansioso para aparentar estar por dentro do assunto. Seus comentários eram rudes, mas eu o elogiava assim mesmo. Após meses o levando no papo, vô Kuang aprovou nossos planos. No fim, todavia, ele alienou gente demais acima de sua capacidade de pagamento. Em dezembro de 2009, a mídia estatal anunciou que ele estava sendo acusado de corrupção. Foi sentenciado a 10 anos de prisão.

Fizemos um jogo parecido com uma vasta gama de burocratas. Cada aprovação era obtida por meio de conexões. Cada conexão significava um investimento em um relacionamento pessoal, o que representava uma quantidade enorme de esforço e ainda mais Moutai. Forjar laços pessoais e estabelecer *guanxi* era o mais difícil. *Guanxi* não era um relacionamento contratual em si: era uma conexão entre humanos, desenvolvida cuidadosamente ao longo do tempo. Era preciso demonstrar uma preocupação genuína pela pessoa. A parte difícil era que eu tinha muitos relacionamentos para administrar, mas também tinha um projeto nas minhas costas e com um prazo. Precisava espremer todas essas interações dentro de um cano, cujo diâmetro era o tempo. Obviamente, precisava delegar, mas, quanto mais eu me relacionava, mais aprovações recebíamos.

Além do aval de Kuang, também precisávamos das aprovações do gabinete alfandegário chinês e da Administração Geral de Supervisão de Qualidade, Inspeção e Quarentena. Entretanto, mesmo quando as obtínhamos a nível nacional, ainda precisávamos da cooperação de oficiais em níveis mais baixos. De fato, em geral não importava se o ministro estava do nosso lado. Seus subalternos sempre poderiam atrapalhar o negócio. Eles levantavam um monte de questões legítimas a nível de execução, que pareciam razoáveis. Como o ministro não se preocupava com os detalhes, apenas dizia: "Acerte isso o mais rápido possível". Assim, o controle do projeto saía do topo da burocracia para a base.

Um osso especialmente duro de roer foi o chefe da Alfândega Chinesa do aeroporto. Gordo, com cinquenta e poucos anos e tão careca que sua cabeça parecia uma bola de bilhar na cor cáqui, Du Pingfa via o projeto como uma oportunidade de deixar um legado. Previamente, a expansão do aeroporto era desenvolvida aleatoriamente, e a Alfândega Chinesa sempre ficava espalhada pelo local com seus vários dormitórios, galpões e escritórios separados por quase 2 km. Nosso projeto prometeu um local centralizado para eles.

Em troca de sua cooperação, o chefe Du tinha algumas necessidades. Ele exigiu que construíssemos um novo prédio para o escritório da Alfândega, oferecendo 37 mil m² para as operações de seus trezentos homens. Ele também nos pressionou por uma academia interna com quadras de basquete e badminton com o tamanho original, quadras de tênis externas com uma superfície de alta qualidade, um teatro para duzentas pessoas, um dormitório com quartos equivalentes aos de um hotel 4 estrelas, um hall generoso de banquetes com salas privativas para oficiais seniores, um bar com karaokê e um grande saguão com um átrio tendo o pé-direito duplo. O chefe Du soltou isso para mim no jantar, certa noite. "Se não nos der isso", disse ele com um sorrisão, "não vamos deixá-lo construir." Todos nossos contatos políticos não conseguiram fazê-lo mudar de ideia. No fim das contas, suas exigências acrescentaram US$50 milhões ao custo do projeto, isso sem contar o custo do terreno.

Obviamente, quando uma parte da burocracia tem sucesso na caça, outras partes cheiram o sangue. O departamento de quarentena exigiu 18,5 mil m² para seus escritórios. Não conseguiram o teatro ou a academia interna, mas filaram as quadras de tênis, um enorme restaurante e quartos no padrão de um hotel 4 estrelas. Os caras da quarentena nunca me deixavam esquecer. "Você nos deve", dizia-me um dos oficiais seniores sempre que me via. "Nunca fomos tão ambiciosos quanto o pessoal da Alfândega."

Começamos o projeto do aeroporto com um investimento inicial de US$30 milhões. Whitney e eu colocamos US$12 milhões. Tia Zhang prometeu pagar US$4 milhões, mas acabou não colocando nada de capital. Também contraímos empréstimos. E foi aqui que nossa associação com *players* estatais se tornou útil.

Ter o chefe do aeroporto, Li Peiying, como o diretor do nosso empreendimento conjunto nos dava acesso a uma oferta enorme de capital. O Grupo do Aeroporto Internacional de Pequim — Capital, abriu uma linha de crédito para nosso projeto. Os bancos aprovavam empréstimos para nós com uma taxa de juros estabelecida para os empreendimentos estatais, que era dois pontos percentuais mais baixa do que aquela para os investimentos privados. O sistema econômico chinês sempre estava bem preparado para beneficiar as empresas estatais em detrimento das privadas. Mesmo no ápice do curto experimento capitalista no início dos anos 2000, as regras eram voltadas às empresas estatais. Não conseguiríamos dar vida ao projeto sem elas.

Li Peiying entrou de cabeça. Ele usava seus músculos e carisma para garantir que seus subordinados apoiassem nosso trabalho. Com Li como nosso maior aliado e com nossa coragem obstinada, por fim iniciamos as construções no dia 29 de junho de 2006, mais de 3 anos após Whitney tramar o plano. Naquela altura, expandimos o capital do empreendimento com outros US$30 milhões.

Então, após poucos meses de construção, tivemos nossa primeira crise.

A maioria dos funcionários do aeroporto adorava Li Peiying, mas ele começou a causar atritos à medida que intimidava sua equipe à força para que fizesse as coisas. Como o diretor de quase quarenta aeroportos, ele era um alvo. Derrotara muitos oficiais para chegar a essa posição de topo. Muitos concorrentes ansiavam tomar seu posto.

A burocracia estatal tinha uma regra cardinal. Sob as regulações estabelecidas pela Comissão de Administração e Supervisão de Ativos, responsável por todas as empresas estatais chinesas, cada empresa deveria gerar um retorno de 6% sobre seu valor anualmente. Os chefes espertos das estatais atingiam o alvo, pois entendiam que, se ficassem muito abaixo, seriam demitidos, mas se o retorno fosse alto demais, seus inimigos ficariam cobiçando suas posições. Li Peiying violou tal regra cardinal. Sua função atraíra a inveja por ter feito um bom trabalho.

Acrescente a isso seu hábito de apostas, que o deixou vulnerável a todas as alegações de corrupção. Os inimigos constantemente escreviam relatórios ao Comitê de Inspeção de Disciplina do Partido o desqualificando. Enfim, no fim de 2006, as alegações foram tantas que Li Peirying foi engolido pela investigação do Partido Comunista.

Ele ficou incomunicável por meses. No dia 26 de janeiro de 2007, a Administração da Aviação Civil anunciou que Peiying não era mais o gerente-geral do Grupo do Aeroporto Internacional de

Pequim — Capital, mas estranhamente manteve sua posição como diretor do nosso empreendimento conjunto. Isso significava que ainda precisávamos de sua assinatura para continuar com o projeto. Mas não conseguíamos encontrá-lo. E nenhuma autoridade oficial nos dizia onde ele estava.

Sem a assinatura de Li, não conseguiríamos sacar os empréstimos já assegurados nos bancos. Todos nós envolvidos no projeto começamos a imaginar as implicações de seu desaparecimento. Os abutres começavam a se aproximar. As terceirizadas faziam fila para obter seus pagamentos. A *joint venture* colocara centenas de milhões de dólares no empreendimento, com outros milhões prestes a entrar, e, de repente, nossa conta bancária se reduziu a US$150 mil. Esqueça as terceirizadas, eu não conseguia pagar nem o pessoal da minha folha de pagamento. Acordava no meio da noite suando frio e imaginando como resolveria a situação. Meu cabelo caía aos chumaços, e nunca mais voltou a crescer. Whitney era dura comigo. "O que você vai fazer se der errado?", perguntava.

Para piorar as coisas, naquela época precisávamos demolir alguns prédios para abrir espaços aos galpões. A narrativa aceita — pelo menos no Ocidente — é que construtoras gananciosas na China passam por cima dos direitos dos locatários. E isso de fato acontece. Mas o que também acontece é que as pessoas ficam sabendo sobre seus planos de construir em uma parte da cidade e compram todas as propriedades com o intuito de extorquir um belo incentivo para saírem.

Diversos prédios estavam no meio do nosso local de construção, mas seus proprietários se recusavam a permitir que os derrubássemos. Eles tinham conexões com os oficiais do governo distrital de Shunyi. Então, muito embora o governo de lá fosse nosso sócio no empreendimento conjunto, os locais estavam jogando os dois lados contra si mesmos, esperando colher uma farta recompensa. Mas eu não poderia fornecê-la. Visto que nosso empreendimento envolvia uma empresa estatal, nossa contabilidade era monitorada pela Comissão de Administração e Supervisão de Ativos. Não havia como dar alguns milhões para o dono do prédio para que desaparecesse, mesmo que eu quisesse fazer isso. Bem no meio disso tudo, em novembro de 2006, Li Ping, o chefe distrital de Shunyi, foi transferido, rompendo uma conexão fundamental com o governo local.

Depois, em nosso escritório, comecei a descobrir discrepâncias no livro-razão. Aparentemente, nosso gerente de construção estava furtando da nossa *joint venture*. Embora eu não tivesse provas absolutas, certo dia cheguei sem avisar em seu escritório e o acusei de desviar fundos. "Você está furtando de um empreendimento estatal. Isso é como roubar do Estado", afirmei. "Você pode negar o fato, mas entregarei minhas evidências à polícia e vocês que se resolvam." Ele desapareceu no mesmo dia. Precisamos jogar com as cartas que temos em mãos. Eu estava aprendendo a ser um chefe na China.

Acho que era o nadador em mim; minhas braçadas não paravam. Eu não sabia quando nem mesmo se alcançaria o outro lado da piscina. Mas não via outro caminho. Continuava saindo para jantar com as pessoas de quem precisava. Muitos dias, bebia uma garrafa de Moutai no almoço e outra no jantar — coitado do meu fígado — numa tentativa desesperada de atrasar pagamentos, suavizar relacionamentos ou conseguir um empréstimo. Avançávamos aos tropeços. Dois acontecimentos nos salvaram.

No dia 1º de março de 2007, a Ping An foi listada na Bolsa de Valores de Xangai, abrindo a possibilidade de vendermos nossas ações e usar mais do nosso próprio capital para salvar o projeto do aeroporto. Seguindo as regras, não poderíamos negociá-las durante seis meses. Durante esse período, as ações da Ping An tiveram um aumento de 80 vezes, levando o valor do nosso 1% da empresa para quase US$1 bilhão. Descobri um comprador que concordou em adquirir nossas ações a 40 vezes nosso investimento inicial, após o período de restrição. Isso representava um lucro de mais de US$450 milhões. Mas Whitney se recusou. Ela achava que o preço da ação não pararia de subir. Nós tínhamos percepções fundamentalmente diferentes sobre o risco. Ela nunca via uma potencial desvantagem de segurar ativos, mas eu havia passado pela Crise Financeira Asiática de 2007. Ela e o restante de sua geração de empreendedores chineses nunca haviam experienciado uma recessão. Caso houvesse um ciclo de baixa, sempre seria seguido por uma recuperação em forma de V com um retorno enorme. Porém, eu queria limitar nossos riscos.

Seis meses após a Ping An entrar para a Bolsa de Valores de Xangai, convenci Whitney de que precisávamos vender. Conseguimos um lucro de mais de US$300 milhões, quase 26 vezes nosso investimento inicial. A participação de Tia Zhang era o dobro da nossa, com um lucro potencial acima de US$600 milhões. No entanto, ela não vendeu. Preocupada com o fato da fortuna de sua família ser tecnicamente possuída pela Great Ocean, Tia decidiu transferir a posse das ações, tirando-as da empresa de Whitney e as passando para a mãe de Wen Jiabao. Tal movimentação viria a ser um erro fatídico.

A venda das ações da Ping An nos permitiu continuar com o projeto do aeroporto. Injetamos outros US$40 milhões do nosso dinheiro particular na *joint venture* para continuar com as construções. Nossos amigos nos consideraram loucos por usarmos fundos próprios para ajudarmos um empreendimento estatal numa época em que a maioria dos empreendedores particulares usava dinheiro público em benefício próprio. Limito-me a dizer que Whitney não concordou voluntariamente em subsidiar o projeto.

Mesmo assim, após a partida de Li Ping, precisei de novos acessos ao governo de Shunyi. De todos os lugares possíveis, encontrei um em Los Angeles.

Em abril de 2008, organizei uma viagem para os EUA levando um grupo de oficiais de Shunyi e do aeroporto, para fazermos um "tour de estudos". Tais excursões eram comuns naqueles dias e compunham uma parte essencial dos negócios na China. Sempre havia um pequeno estudo — planejávamos visitar alguns hubs logísticos em aeroportos e participar de uma conferência do setor —, mas o objetivo principal para mim era desenvolver relacionamentos e, para meus convidados, era a possibilidade de uma excursão prazerosa aos EUA. Nossa primeira parada foi em Los Angeles, mas todo mundo estava querendo mesmo era ir para Las Vegas.

Na viagem havia um vice-líder distrital chamado Li Yousheng. Li tinha três stents cardíacos e estava sob os cuidados de um proeminente cardiologista do Hospital 301 de Pequim, uma versão chinesa dos centros médicos militares em outros países. O médico havia permitido sua viagem.

Ao chegarmos em Los Angeles, fizemos o check-in no Hotel Peninsula na Avenida Santa Mônica em Beverly Hills e desfrutamos de uma enorme refeição. Os caras estavam doidos para sair, então os encontrei depois num cassino local, e eles passaram a noite jogando *blackjack*. Ninguém dormiu, incluindo Li Yousheng.

Na manhã seguinte, Li reclamou de dores no peito. Levei-o ao Centro Médico da UCLA para que passasse por um cardiologista. Um exame de sangue revelou altos níveis de enzimas. O médico recomendou fortemente que Li ficasse em observação. Mas o resto da turma estava indo para Las Vegas e Li queria ir junto. Ele telefonou para seu médico em Pequim. "Sabemos que você sempre teve enzimas elevadas", disse o médico. "Os norte-americanos são cuidadosos demais. Se estivesse em Pequim, seria liberado." O cardiologista norte-americano não concordou, mas Li insistiu em sair. Voltamos ao hotel para almoçar e, depois, planejamos nos encontrar com o grupo em Las Vegas.

Após comermos, Li e eu caminhamos pelo lobby do hotel. Enquanto passava ao lado de um arranjo de flores no meio do saguão, ele caiu. Uma espuma começou a se juntar em sua boca. Peguei meu celular tremendo e liguei para a emergência, mas, depois, decidi colocá-lo em um táxi e chegar mais rápido ao hospital. *E se ele morrer aqui no carro?*, pensei quando o taxista virou no lugar errado.

Por fim, de volta ao Centro Médico da UCLA, fomos levados rapidamente do PS para uma sala de cirurgia. Uma equipe de cirurgiões atuou em Li durante 7 horas, colocando três pontes de safena. No término da operação, a delegação inteira retornara a Los Angeles e estava do lado de fora, na sala de espera do hospital.

Quando o grupo pôde entrar na UTI, vimos Li com alucinações, achando que tinha voltado para a China. "Vocês estão contra o Partido Comunista Chinês", gritava para inimigos invisíveis, cheio de tubos entrando e saindo de seu corpo. "Máfia! Máfia! Vou destruí-la! Vou lhe dar uma surra!"

Estávamos em 2008 e, antes da nossa viagem, as responsabilidades de Li incluíam ajudar nas construções para as Olimpíadas de Verão que se aproximavam. Especificamente, ele estava envolvido em realocar residentes para abrir espaços às novas construções. Muitos não estavam dispostos a se mudar e Li havia levado equipes às vizinhanças para expulsar as pessoas de suas casas. *Nossa*, pensei enquanto Li berrava com os moradores imaginários. *Esse cara é realmente devotado* ao Partido.

Após um dia, Li recuperou sua consciência. Então, uma nova rodada de preocupações chegou. Seguindo as regras da época para limitar o esbanjamento de tais viagens, os oficiais do partido podiam passar apenas 10 dias no exterior em "tours de estudo". Na China, após uma cirurgia de 7 horas para inserir pontes de safena, o paciente ficaria hospitalizado por meses. Mas vimos como o sistema dos EUA era diferente do chinês. Os médicos disseram a Li que lhe dariam alta dentro de 3 dias e que poderia retornar a Pequim em uma semana. Ninguém na delegação acreditava que isso de fato aconteceria. "Se ele conseguir, vou engolir uma garrafa de Moutai de uma só vez", prometeu um dos oficiais. No terceiro dia, Li estava de pé e apertando a mão do cirurgião. Levei-o para o Hotel W mais próximo e, durante os dias seguintes, foi paparicado enquanto descansava numa cadeira de jardim ao lado da piscina, cobiçando as garotas de biquíni. Em uma semana, estávamos pegando o voo de volta a Pequim.

Até então, eu não conhecia Li muito bem, embora ele fosse importante para o sucesso do projeto. Ele administrava o departamento de planejamento e terras do distrito, e o projeto do aeroporto impactava ambos. Embora Li Yousheng fosse local e tivesse parentes espalhados em toda a burocracia de Shunyi, assim como o chefe distrital Li Ping, ele era de uma facção diferente. Desde o início do projeto, ele sempre foi favorável aos nossos planos.

Levá-lo para os EUA foi minha maneira de tentar quebrar o gelo. Precisávamos de sua ajuda em diversas frentes, incluindo a demolição de vilas para abrir espaço a novos galpões. Ele era essencial para o que pretendíamos fazer. Ainda assim, nunca imaginei que salvar sua vida mudaria as coisas.

Quando retornamos a Pequim, recebemos enormes boas-vindas de todo o distrito. Depois disso, sempre que eu ia a qualquer escritório do governo, a primeira coisa que o oficial responsável dizia era: "Você é o benfeitor de Shunyi!" Em todas as reuniões ou encontros, alguém de Shunyi mencionava a história de Li Yousheng.

Li me via como seu cavaleiro branco. Na época, ele tinha 50 anos. Sempre que me sentava com ele em uma refeição, ele me colocava no assento de honra. E, para toda sua turma, eu me tornei "o cara". O círculo de Li me via como defensor de Shunyi, pois resgatara um "grande irmão", como seus colegas o chamavam, da morte certa numa terra estrangeira. E eu lhe dera um "novo motor" — ou, pelo menos, um coração consertado — para recomeçar. As negociações sobre o projeto mudaram. As discussões deixaram de ser sobre "o que você vai fazer por mim?" para "como resolvemos isso juntos?" Isso deu ao meu pessoal muito mais espaço para trabalharem. A partida de Li Ping se tornara uma memória distante.

Li Yousheng começou a me convidar para almoçar com oficiais cuja ajuda eu precisava. Ele tentou resolver nossos problemas ali mesmo. Sua mensagem aos camaradas de Partido foi: "Vamos resolver isso." E, então, foi promovido para chefe executivo do distrito, o que deixou as coisas ainda mais suaves. Nos tornáramos parte da família de Shunyi.

O caso de Li me ajudou a recuperar minha capacidade de julgamento e me ensinou o que era necessário para que os projetos fossem um sucesso. Whitney interferia em meu favor de cima para baixo. Mas eu também precisava trabalhar muito para que as coisas progredissem. Salvar a vida de Li foi prova de que, para mim, era natural desenvolver relacionamentos individuais não apenas com ele, mas também com um bando de fumantes compulsivos e beberrões de meia-idade que raramente saíam de Shunyi.

Comecei a visitar mais os escritórios governamentais do distrito para os jantares. A rotina era sempre igual. Entrava nos escritórios escuros e abafados um pouco depois da hora de saída, às 17h. O pessoal já tinha ido embora. As salas estavam vazias. Eu subia até o andar de cima e caminhava por corredores escuros, iluminados por lâmpadas fluorescentes que emitiam um zumbido. Abria uma porta e lá, atrás de uma cortina de fumaça de cigarros, estavam meus contatos, vasculhando uma caixa de frutas dos pomares de Shunyi. Sentados, conversávamos sobre nada.

Estar junto deles só pelo fato de estarmos juntos demonstrava que eu fazia parte do grupo. Precisava me acostumar novamente com esse tipo de relacionamento. Era como se fosse um garoto lá em Xangai com meus braços ao redor dos ombros dos meus amigos, juntando-me com as pessoas sem motivo algum além de querer estar com elas, e fazendo isso diariamente. A ideia toda era reforçar a sensação de pertencimento.

Isso era crucial num sistema em que as regras com relação ao que era legal ou proibido estavam repletas de enormes áreas cinzas, e sempre que alguém quisesse realizar qualquer coisa, era preciso pisar no cinza. No Ocidente, as leis são em geral claras e os tribunais são independentes, então é possível saber os limites. Mas, na China, as regras eram intencionalmente confusas, mudavam constantemente e eram sempre retroativas. Os tribunais funcionavam como uma ferramenta para o controle do Partido. Assim, esse é o motivo pelo qual criar tal sensação de pertencimento era tão crucial. Para convencer alguém a se aventurar na área cinza com você, era preciso primeiro convencê-lo a confiar em você. Só então seria possível dar o passo juntos. Para tanto, os dois pesquisariam o passado um do outro, assim como Whitney fez com a Tia Zhang. Havia conversas com antigos colegas e horas eram gastas no cultivo mútuo, para que fosse possível entender realmente quem o outro era. Tia Zhang se responsabilizava por Whitney e por mim num nível macro. Porém, em nível local, era por minha conta.

Depois de uma hora de conversa fiada, frutas e cigarros, caminhávamos pelo complexo governamental até a cantina e pedíamos uma sala privativa de jantar. Lá, encontrávamos dezenas de pratos organizados sobre uma mesa. Havia tanta comida que teríamos sorte se conseguíssemos comer 25% de tudo. Na metade da refeição, o chef aparecia e lhe pedíamos que preparasse algo especial ou que rematasse o jantar com macarrão ou dumplings.

A cena toda era regada com garrafas de Moutai envelhecido. Assim como quando eu estava em Hong Kong, o álcool arrancava minha timidez natural e me aproximava daqueles homens, e eles de mim. Ao término da noite, lá estava eu caminhando de mãos dadas com um burocrata de cinquenta e poucos anos, contando piadas racistas e dando tapas em seu traseiro.

Comecei a me sentir cada vez mais confortável naquele ambiente, conversando sobre temas aleatórios como chás e frutas. Eu sabia que eles estavam começando a me aceitar, também, quando um deles observou: "Você realmente não parece ser de Xangai." Isso foi um grande elogio. O pessoal do norte considerava as pessoas de Xangai avarentas, afeminadas e traiçoeiras — em uma palavra, ocidentalizadas.

Deixei de lado a parafernália que me fora imposta por Whitney, em sua tentativa de me tornar um novo homem. Sob sua tutela, me cingira com a armadura de um executivo chinês. Óculos, ternos Zegna, cores sóbrias. Porém, à medida que os locais começaram a me aceitar naquele fim de mundo que é Shunyi, minha aparência não importava mais tanto assim. Comecei a me vestir casualmente. Redescobri o amor pelo estilo que desenvolvera com meu amigo Steven em Hong Kong. Adicionei um toque de elegância ao meu guarda-roupa. Meus novos amigos em Shunyi faziam piadas a respeito, mas, se me vestisse como eles, achariam estranho do mesmo modo.

Gastei cerca de US$300 mil com as despesas médicas de Li Yousheng. Alguns anos depois, o governo do Distrito de Shunyi me reembolsou cerca da metade. O dinheiro não importava. A boa vontade que aquela experiência comprou não tinha preço.

No fim do segundo trimestre de 2008, o aeroporto finalmente reconheceu que o ex-gerente-geral Li Peiying estava sendo investigado. Ele ficou detido por 1 ano e meio sem acusações. Tal comunicado abriu as portas para a indicação de um novo gerente-geral do aeroporto que pudesse assinar pelos empréstimos da *joint venture*. Após salvar uma vida, colher os lucros inesperados da Ping An e ganhar novamente o acesso aos financiamentos, mal conseguia esperar para colocar o projeto em outro patamar.

CAPÍTULO ONZE

WHITNEY E EU AINDA NÃO TÍNHAMOS FILHOS, MAS não era por falta de tentativas. Após nossa recepção de casamento no Four Seasons no último trimestre de 2005, os pais dela começaram a pedir netos. Em especial, queriam um neto. Sendo de Shandong, eram mais tradicionais do que meus pais e eu. Nós não estávamos preocupados com o gênero. Mas os pais de Whitney insistiam em um menino. Nós estávamos com quase 40 anos, então, a gravidez tinha seus desafios. Em 2007, começamos a pesquisar sobre a fertilização in vitro.

Em Pequim, descobrimos um hospital militar que era conhecido como o melhor do país quanto à FIV. Whitney esteve lá realizando dois ciclos, mas minha semente não frutificou. Como muitos chineses, rapidamente perdemos a fé no sistema médico nacional, então, fomos ao exterior. Começamos em Hong Kong e, por meio do banqueiro de Whitney, fomos apresentados ao melhor médico de FIV de lá. Havia uma lista de espera de 2 anos. Whitney pagou para furar a fila. Passamos 1 ano com aquele médico, mas sem resultados. Dali, voltamos nossa atenção para Nova York.

Percorríamos um caminho muito trilhado. A China manteve firme sua política de apenas um filho até 2013, então, os casais abastados normalmente se aventuravam ao exterior para ter um segundo filho, passar por abortos com base no sexo do bebê, o que é ilegal na China, ou dar à luz ao seu filho em outro país, para que a criança pudesse ter um passaporte estrangeiro.

Em Nova York, descobrimos um famoso endocrinologista da reprodução. Também havia uma lista de espera. Em vez de pagar para furá-la, usamos nossas conexões. Um dos ex-integrantes da equipe do primeiro-ministro Wen contatou o principal diplomata chinês no consulado em Nova York, que ligou para o consultório do médico e conseguiu uma consulta para nós.

Fomos a Nova York no fim de 2007. No consultório, era tudo muito civilizado. A equipe nos mostrou os leitos que foram reservados pela elite mundial. Um para a esposa de um magnata da mídia e outro para uma princesa de uma família real.

Whitney havia tirado umas férias da Great Ocean para transformar em realidade nosso sonho de termos um filho. Inicialmente, ela ficou num hotel em Nova York, mas, depois, alugamos um lugar e, por fim, compramos um apartamento perto do hospital. Ela sabia que não poderia ficar viajando entre Nova York e Pequim, assim, ficou por lá. Ela levou sua mãe e padrasto para ajudarem. Todas as manhãs, Whitney fazia exames de sangue no hospital e recebia injeções, dependendo de seus níveis de hormônio.

Ela também carregou consigo o *mindset* de uma empresária chinesa de sucesso para o projeto da gravidez em Nova York. Whitney não acreditava que seria bem tratada a menos que tivesse uma conexão especial com seu médico, assim, desenvolveu um relacionamento com toda a família dele. Seu filho era aspirante a artista. Fomos às suas exposições em Nova York, e Whitney pediu que ele aceitasse, como presente, a compra de um quadro caro. Levamos a família toda para jantar diversas vezes. Esse era o modo de operação de Whitney; essa era sua especialidade. É assim que ela conseguiu garantir um bom atendimento médico na China. Então, chegou à conclusão de que Nova York não poderia ser muito diferente e que a natureza humana era a mesma no mundo todo.

Nosso médico reagiu com educação. Claramente, tinha muitos pacientes atenciosos. Afinal, ele estava dando o dom da vida. Mas era extremamente profissional e nunca permitiu que a generosidade de seus clientes afetasse a qualidade de seu serviço. O choque de culturas continuou ao longo de toda estada de Whitney em Nova York. Eu duvido que qualquer um da família dele jamais tenha visto alguém como Whitney antes.

Às vezes, suas atitudes me constrangiam. No entanto, na maioria dessas vezes, eu só me sentia um pouco estranho. No Ocidente, a forma como ela fazia as coisas parecia fora de lugar. Já havíamos pagado muito bem pela chance de termos um filho. Ela não precisava fazer essas coisas extras. Mas um pouco de compreensão também estava em vigor. Ela era o produto de um ambiente que enfatizava os relacionamentos pessoais. Sem esses laços, nada seria feito, especialmente na área crucial da medicina. Na China, se um médico não aceitar seu "envelope vermelho" recheado de dinheiro, você ficaria imediatamente preocupado.

Seu inglês ruim dificultou que se expressasse e entendesse como as coisas funcionavam no Ocidente. Ela tentava sozinha algumas frases e depois me pedia para traduzir o resto. Percebi que deixei de traduzir palavra por palavra e passei a modificar o significado para que estivesse mais adequado culturalmente.

Após apenas dois ciclos, tivemos êxito na fertilização de quatro óvulos. Três foram implantados em seu útero e congelamos o quarto. Um dos óvulos fecundou; descobrimos que seria um menino.

Whitney se esforçou para controlar o processo. Ela definiu a data do nascimento para garantir que nosso filho nascesse em Touro. Ele já nasceria no Ano do Boi, de acordo com o zodíaco chinês, mas ela queria magnificar as tendências taurinas no menino.

A primeira vez que vi meu filho foi em 21 de abril de 2009, em um quarto da maternidade do hospital de Nova York. Eu havia visto imagens de recém-nascidos e estava esperando vê-lo enrugado como um velho e careca como um ovo. Então, veio aquele bebê, nascido de uma cesariana tranquilamente executada. Ele tinha bastante cabelo, e não parecia uma ameixa seca. Os chineses dão bastante valor aos apelidos, e era minha função: escolher um para o mais novo integrante da família. Mesmo após poucos minutos neste mundo, ele era tão bonito que me impressionou. Escolhi Junjun, Pequeno Lindo; e pegou.

Quando chegou a hora de escolhermos os nomes em inglês e chinês, Whitney e eu escolhemos aqueles que refletiam nossos sonhos para ele. Para seu nome inglês, escolhi Ariston, derivado do grego *áristos*, que significa "excelência". Para seu nome chinês, Whitney decidiu por Juan-kun, duas palavras retiradas de um dos nossos poemas chineses favoritos. *Jian* e *kun* enfatizam a necessidade de esforços constantes para se tornar, bem, tão imponente quanto o Monte Tai.

Alguns dos nossos amigos acharam que esses nomes eram um fardo pesado demais para nosso filho carregar. Mas nem Whitney nem eu pertencíamos àquele grupo supersticioso de chineses que dão nomes como Pulguento Fedido ou Saco de Cachorro para evitar a ira de fantasmas invejosos. Para nós, Ariston daria conta do peso de um grande nome.

Whitney abraçara a missão de ter um filho e havia tomado muitas injeções em Pequim, em Hong Kong e em Nova York. Naquele dia na maternidade, nós dois mal podíamos esperar ver Ariston crescendo numa China que oferecia ainda mais oportunidades do que nós havíamos tido.

Enquanto Whitney tentava engravidar, eu estudava como criar um filho em meio à riqueza. A educação de Ariston seria muito diferente da nossa. Whitney e eu nascemos pobres. Mas Ariston veio ao mundo em berço de ouro. Nas vidas dos filhos dos novos-ricos da China, havia frequentemente histórias de horror. Conheci o filho de um dos homens mais ricos da China, cuja família enviava 20 mil libras esterlinas por mês para suas despesas em Londres, enquanto seus amigos o enchiam de prostitutas. Quando um jovem tem tanto dinheiro assim, os parasitas se aproximam fingindo ser amigos. Eu não queria colocar meu filho numa situação como essa, na qual passaria sua vida toda sem saber em quem confiar, incluindo sua esposa, sempre imaginando, *será que ela está comigo por causa do* meu dinheiro?

Comecei a ler livros e a fazer cursos sobre gestão de riqueza e legado familiar. Participei de seminários na Suíça, na Escola de Pós-graduação de Negócios de Stanford e na Universidade de Harvard. Falei com famílias nos EUA, na Europa e na Ásia. Li os três volumes da história do clã Rothschild — um feito que espantou o herdeiro de 30 e poucos anos da família, Alexandre. "Você leu mesmo?", perguntou ele. Nos EUA, entrevistei a família Guggenheim. Encontrei-me com a família proprietária da Fiat, também, um príncipe bávaro cujas raízes chegavam lá no segundo século. Aprendi muito com Jay Hughes, autor de *Family Wealth: Keeping It in the Family* [Riqueza Familiar: Mantendo-a na Família, em tradução livre]. As mensagens que recebia eram semelhantes. Whitney e eu precisávamos criar uma história familiar e um conjunto de valores. Precisávamos de coisas não físicas — um sistema de crenças — para nos unir. Uma das famílias mais bem-sucedidas que conheci era da Indonésia; seu segredo, disseram, estava no fato de que a matriarca fundara sua própria religião. O dinheiro vai nos separar, aprendi, caso não estejamos unidos por coisas intangíveis. Fiz um compromisso comigo mesmo para que Ariston sentisse meu amor logo cedo. Nunca senti isso de verdade dos meus pais, muito embora tenham sacrificado tanto por mim. Decidi que o amor seria a cola que uniria Ariston e eu. E prometi a mim mesmo que tentaria ensiná-lo a conquistar as coisas ao abraçar o sucesso, e não por temer o fracasso.

Conforme eu estudava o assunto, amigos ricos começaram a enviar seus filhos para mim para que fossem aconselhados sobre como viver, e, de vez em quando, eu organizava conversas com especialistas sobre legado e valores familiares e trabalho filantrópico. Percebi que muitos novos-ricos chineses ansiavam pelo conhecimento de como manter sua riqueza recém-conquistada. Ao mesmo tempo, eles também enfrentavam um enorme vácuo numa sociedade que destruíra os valores tradicionais chineses, jogara fora as normas comunitárias comunistas e centrara unicamente na busca do lucro. Estabeleci o Centro de Legado Familiar Tsinghua Kaifeng na Universidade de Tsinghua para ajudar as famílias chinesas ricas a pensar estrategicamente sobre como usar seus recursos para beneficiar a sociedade.

Um dos homens mais ricos da China, um magnata do ramo imobiliário chamado Xu Jiayin, enviou sua esposa e filho para assistirem a um dos seminários que eu organizara. Em uma palestra, vi seu filho cochilando com a boca aberta, parecia uma dioneia. *Ele estava em um clube noturno às 4 da* manhã, pensei.

Outro participante era um jovem chamado Ling Gu, filho de Ling Jihua, um oficial sênior do Partido Comunista Chinês. Ling Gu tinha 20 e poucos anos quando nos conhecemos. Nós tínhamos o mesmo interesse por carros velozes e passamos algumas tardes dando voltas em uns modelos esportivos na pista de corrida de Pequim. Nosso relacionamento era próximo o bastante a ponto de ele me chamar de Irmãozão Shum.

Aconselhei-o sobre investimentos e encorajei seu lado estudioso. Ele tinha um interesse particular pela Skull and Bones [Crânio e Ossos], a sociedade secreta da Universidade de Yale. Ling Gu organizou um grupo de leitura com outros membros da aristocracia vermelha, usando a Skull and Bones como exemplo. Ele via seu grupo como uma fraternidade parecida, uma irmandade, um lugar onde os filhos e filhas da aristocracia vermelha podiam discutir os assuntos polêmicos do dia. Em vez de festejar e ir atrás de mulheres, ele queria um grupo que se unisse por causa das ideias. Ele formou um clube do livro. Sugeri alguns títulos; os integrantes se encontraram apenas algumas vezes. Ling trabalhara para o governos em uma função sem muita importância na província de Shandong para ter uma ideia de como a outra metade vivia. Ele me deu esperanças de que pelo menos alguns dos jovens da geração privilegiada estavam interessados em coisas além de festas, garotas e bebidas. Posteriormente, fiquei chocado ao saber como ele morreu.

Whitney trouxe Ariston de volta à China no terceiro trimestre de 2009, quando ele tinha alguns meses de idade. Havíamos nos mudado do Plaza Oriental para o condomínio Palm Springs, na parte leste de Pequim. Quando ela retornou à China, encontrou em mim um novo homem. A primeira fase do projeto do aeroporto estava quase pronta. Quando o trabalho começou em 2006, eu não sabia nada sobre essas coisas. Nem sabia como era um local adequado de construção. O local que via à minha frente na época era uma bagunça, com equipamentos espalhados de qualquer jeito. Achei que era assim mesmo. Não percebi que a culpa era de uma administração ruim. No entanto, aprendi.

Eu passara pelo espremedor e saíra do outro lado. Perdi o gerente-geral do aeroporto, meu amigo Li Peiying, para uma investigação de corrupção. O chefe de Shunyi, Li Ping, fora embora também. Mas minha equipe e eu estávamos firmes. Eu salvara uma vida e ganhara um certo carma positivo, e agora os galpões e prédios de escritórios estavam surgindo onde antes só havia lama.

Eu havia crescido muito, graças a Whitney. Ela me ensinou como agir e prosperar dentro do sistema chinês. Me ajudou a aprender as regras do caminho. Conforme eu evoluía, ganhei autoconfiança. Redescobri os estilos vanguardistas da minha juventude. Deixei de lado os óculos e adotei lentes de contato. Na verdade, Whitney e eu fomos a Hong Kong e agendamos cirurgias LASIK para nós dois, no mesmo dia. Não foi uma ideia muito inteligente, visto que foi um cego levando outra cega até o hotel. Eu não me preocupava mais em ser "uma cabeça velha sobre ombros jovens". Estava me tornando eu mesmo.

Vender as ações da Ping An em 2007 deu a nós dois acesso a um tipo de riqueza sobre a qual apenas havíamos lido em livros. Tivemos outro golpe de sucesso em junho de 2006, quando participamos da abertura de capital do Banco da China e sua inclusão na Bolsa de Valores de Hong Kong. Os oficiais do banco precisaram da ajuda de Whitney para agilizar a aprovação do IPO no Conselho Estadual. Em troca de seu apoio, recebemos a oportunidade de comprar cerca de 3 milhões de ações, conforme o banco se preparava para inaugurar na bolsa. No primeiro dia de negociações, em

1º de junho de 2006, o preço da ação subiu 15%. Vendemos vários dias depois. Participamos de vários outros IPOs como esse. Eram rios de dinheiro para nós.

Comecei a comprar coisas sem olhar o preço, deixando de lado a habilidade que havia aprimorado 20 anos antes quando saía para comprar roupas com meu colega Steven em Hong Kong. Adquiri carros — um Lamborghini e uma Ferrari. Até os emprestava para amigos, como Ling Gu, que tinha 20 e poucos anos. Na Universidade de Wisconsin, meu interesse por vinhos fora despertado naquele menu degustação do restaurante Everest. Finalmente, tinha dinheiro suficiente para começar minha própria coleção de vinhos. Hoje, tenho milhares de garrafas armazenadas em dois continentes. Whitney continuou controlando nossas finanças. Eu enviava a conta para o cara das finanças. Fico incomodado por não termos conseguido organizar melhor a questão do nosso dinheiro, mas, como antes, eu procrastinava e achava que daria conta do recado mais tarde. Esse dia nunca chegou.

Não éramos só nós gastando muito. Em meados da década de 2000, todos ao nosso redor, inclusive os novos-ricos da China, abriam suas carteiras sem dó. Os "loucos asiáticos ricos" nas cidades ao longo do litoral do leste estavam financiando uma explosão de consumo. Na década de 1990, os abastados da China compravam réplicas. Na década de 2000, nós comprávamos os originais — LV, Prada, Gucci Armani. Ninguém gastava tanto assim na China havia muito tempo e, quando o dinheiro começou a sobrar, ficávamos doidos e entrávamos num *mindset* de ostentação. Éramos como homens da caverna que finalmente conseguiram sair dela. Saindo da nossa cabana, não fazíamos ideia do que comprar, então nos fixamos nas estrelas mais brilhantes e nas marcas mais famosas e as comprávamos, em geral a preços inflados. Quando o assunto era vinho, comprava Châteu Lafite. Carros, era Rolls-Royce. Conforme os chineses esbanjavam dinheiro nesses luxos, seus preços foram às alturas no mundo todo.

Whitney e eu ficamos pasmos com nossos ganhos inesperados. Ainda assim, ao completarmos a venda da Ping An, eu estava tão imerso no projeto do aeroporto que não me pareceu que o fardo financeiro havia saído das minhas costas. A sensação sobre nossa riqueza certamente aumentou um pouco, mas eu não estava particularmente eufórico. Estava preso num projeto que demandava uma atenção constante. Estava ocupado demais lidando com as dores de cabeça provenientes da gestão de uma empresa e tentando realizar algo.

O dinheiro pareceu mudar Whitney muito mais do que eu. Ela sempre gastara muito, mas, após a venda da Ping An, seu consumo atingiu um novo patamar. Nós viajávamos o mundo buscando coisas caras para comprar. Saímos à caça de um diamante colorido. Na loja Casa de Abram, no Mandarin Oriental de Honk Kong, Whitney gastou US$15 milhões num diamante rosa. Depois, vasculhamos todas as joalherias de Nova York em busca de um amarelo.

Eu tinha meus carros esportivos e meus vinhos, mas Whitney sempre teve um apetite maior. Ela tinha um desejo profundo de exibir a grandeza de sua vida para as pessoas ao seu redor, desejo esse que cresceu com sua riqueza. Ela precisava convencer as pessoas de que era mais do que elas, superior de todas as formas. Ostentava suas riquezas para provar àqueles ao seu redor que conseguira superar todas as dificuldades do caminho e que deixara Shandong para trás. Embora tivéssemos concordado em ficar longe dos holofotes, a tentação foi grande demais para ela. Até em nossa escolha de carros.

Para mim, não precisávamos de um Rolls-Royce. Não havia muitos em Pequim na época e me preocupava com a possibilidade de atrairmos uma atenção desnecessária. Porém, ela insistiu, então compramos um — modelo Phantom, azul Salamanca.

Embora Whitney juntasse coisas para mostrar o quanto se distanciara de seu passado humilde, eu adquiria meus brinquedos caros principalmente por curiosidade. Desde minha juventude, seja tentando descobrir uma nova ruela que levasse à piscina ou saindo de Hong Kong rumo a Wisconsin, sempre fora aventureiro. Não estava interessado em ganhar dinheiro apenas pelo dinheiro. Em vez disso, eu o usava para experimentar coisas novas. Queria saber como era ser dono de uma Ferrari, então, comprei uma. *Em que tipo de estado mental isso me colocará*, imaginava eu, *possuindo um carro que estava apenas nos sonhos da maioria dos homens?* E quando passei a ter um e descobri como era, tirava isso da minha lista e seguia em frente.

Às vezes, o consumo evidente me fazia sentir um pouco idiota. Para meu aniversário de 40 anos, Whitney me deu um relógio feito sob medida que valia meio milhão de euros e levou 2 anos para ser feito. Era de uma série criada por F.P. Journe. Recebi o sétimo da série; de acordo com relatos, o líder russo Vladimir Putin ganhou o segundo.

Por causa de nossa associação com os Wen, éramos cuidadosos anteriormente para não exibirmos nossa riqueza. Acumulávamos colecionáveis que mostrávamos aos contatos próximos, mas não ostentávamos nosso dinheiro como outros de nossa classe. Não nos misturávamos com outros empresários. Não queríamos que circulassem rumores sobre nós, e não estávamos no mercado em busca de sócios. Mas isso também mudou após nossa venda da Ping An, e Whitney foi tomada por um desejo de expandir a si mesma e sua influência.

Whitney começou a se misturar com pintores como Zeng Fanzhi, que era a estrela mais brilhante no cenário das artes modernas chinesas. Zeng estava sempre circundado por um cortejo que incluía escritores, críticos, colegas artistas, revendedores e pessoas bonitas de Pequim, bem como elites ocidentais. Ela se tornou uma de suas patrocinadoras. Ela escreveu a introdução de um catálogo para uma das exibições de Zeng. Todos que a leram ficaram impressionados pela forma que ela usava as palavras.

Whitney disputava ferozmente a compra dos quadros de Zeng. Um de seus rivais era o bilionário francês François Pinault, dono do Grupo Gucci e um dos colecionadores de arte moderna mais proeminentes do mundo. Pinault tinha um assistente cujo trabalho era acompanhar Zeng e tirar fotos dos quadros nos quais estava trabalhando. Pinault se oferecia para comprá-los antes mesmo de Zeng ter terminado as obras.

Whitney e Pinault entraram numa guerra de lances de leilão quanto a um quadro intitulado por Zeng de *Praying Hands* [Mãos em Oração]. "Sou cristã", informou Whitney a Zeng. "Sou muito devota. Este quadro fala comigo. Não o venda para Pinault." Zeng concordou. Whitney sempre encontrava uma forma de vencer. E, sendo patrocinadora de Zeng, conseguiu um bom negócio. Comprou o quadro por US$5 milhões, o que, por ser uma obra de Zeng Fanzhi, era uma barganha.

O caso da Ping An foi basicamente um golpe de sorte e provou uma teoria que eu — e outros — tinha de que os ricos são mais sortudos do que brilhantes. Compramos as ações incertos de que subiriam e sem sabermos que a empresa planejava seu IPO. Eu estava pronto para vendê-las quando alcançassem quatro vezes nosso investimento inicial, mas as regulações não permitiram isso. Só tivemos um retorno tão grande porque não conseguimos vender as ações quando eu queria.

Para nós, a venda da Ping An foi o primeiro de dois enormes triunfos financeiros, e a sorte teve um papel principal em ambos. Víamos a Ping An como um investimento seguro. Certamente, tivemos acesso às ações por causa de nossas conexões, mas isso acontece em milhares de negócios ao redor do mundo. Todas essas transações envolvem um certo tráfico de influência. No nosso caso, era da variedade chinesa. Isso não se deu por meio da esposa de um oficial. Não foi particularmente algo em defesa própria, mas era como o sistema chinês funcionava.

Whitney me ensinou que, se quisesse fazer grandes coisas na China, seria necessário trabalhar com o sistema. Se eu quisesse participar do crescimento do país, esse era o único caminho. Era uma conclusão à qual todos os chineses chegavam, mas também os estrangeiros e as corporações multinacionais.

Há um argumento simplista levantado atualmente de que toda a riqueza chinesa tem uma mancha moral. Porém, se tal for o caso, todos que fizeram negócios com a China, investiram lá e tiveram alguma participação na época também estariam "moralmente comprometidos", e isso envolve um grande número de pessoas, governos e corporações do mundo todo, até aqueles que tinham ações dessas empresas e que enchiam seus lares com produtos feitos na China. O que a maioria de fato acreditava, rebato eu, é que o sistema chinês estava se alinhando ao sistema ocidental e que, com o passar do tempo, ficaria mais transparente e aberto à medida que os empreendimentos privados crescessem e dominassem a economia. Esse processo foi abortado pelo Partido Comunista Chinês e provavelmente não ocorreria mesmo, mas, na época, nós não sabíamos disso. Assumo responsabilidade total por tudo que Whitney e eu fizemos juntos e aceitarei as consequências de cada decisão. Mas como vivenciamos isso, passei a entender que essas coisas eram muito mais complexas do que qualquer um poderia imaginar se as visse de longe. A vida não é perfeita. Sigo em frente.

Após o negócio da Ping An, o CEO da COSCO, Wei Jiafu, tentou aproveitar seu relacionamento com Whitney e Tia Zhang para garantir uma promoção a ministro de transportes. Quando o levamos para jantar com Tia, ele nos entreteve com histórias sobre a abertura de novas rotas, a compra de um porto na Grécia e sobre quando ganhou um prêmio do senador norte-americano (e posterior Secretário de Estado) John Kerry, por ter salvado o Porto de Boston. Ainda assim, no fim, não houve um *quid pro quo* pela oportunidade que ele nos dera para comprarmos aquelas ações. Wei nunca chegou ao ministério. A COSCO encalhou durante a crise financeira de 2008, e ele se aposentou da empresa em 2013.

Isso não impediu que outros membros de sua família tentassem usar o negócio em seu benefício. A filha de Wei, que estava vivendo na Califórnia com seu marido norte-americano, nos pediu um empréstimo de US$500 mil. Whitney ficou incomodada com o fato de ela achar que tinha direito ao nosso dinheiro. Compráramos as ações da Ping An a mercado, observou ela. Só porque a COSCO as vendeu para nós não significava que devíamos nada a Wei ou ao restante de sua família. Nós nunca concedemos o empréstimo a ela. Acreditávamos que nunca seria pago de volta.

O investimento na Ping An foi o maior negócio no qual a família Wen participaria. Seu sucesso solidificou nosso relacionamento com Tia Zhang. Tornamo-nos algo como membros honorários do clã. Nossos interesses ficaram ainda mais alinhados e nos tornamos indispensáveis à Tia

As interações de Tia Zhang com Whitney ficaram mais próximas e ganharam mais confiança. Ela pedia que Whitney me enviasse a Hong Kong para comprar itens pessoais ao primeiro-ministro. Dava dicas a Whitney sobre como apimentar nossa vida amorosa. Whitney deixou a entender que os Wen deveriam se tornar nossos modelos. Com quase 70 anos, Tia Zhang ainda tinha um forte desejo pela vida, e o primeiro-ministro Wen aparentemente estava disposto a manter o ritmo dela.

Ávidos por antecipar as necessidades da família, Whitney e eu assumimos a tarefa de arrumar a aparência desleixada do primeiro-ministro Wen. Compramos ternos e gravatas para ele. Dávamos risadas quando o víamos os usando em público. Whitney e Tia Zhang fizeram planos para colocar em prática as formidáveis habilidades de escrita de Whitney ao pedir que ela fosse a *ghost writer* das memórias de Wen, após ele se aposentar. Ainda assim, nosso relacionamento com Tia Zhang nunca foi igual. Whitney e eu nos concentrávamos em estar sempre um passo à frente de suas necessidades para determinar e satisfazer seus desejos antes que ela pudesse perceber quais eram.

O negócio da Ping An também reforçou a influência de Tia Zhang dentro de sua família. Ela sempre fora a líder do clã, distribuindo trabalhos e oportunidades de negócios para seus filhos e parentes, além de aconselhar seu esposo. Mas o sucesso com as ações da Ping An confirmara a capacidade de julgamento de Tia e lhe concedera uma fortuna — de centenas de milhões de dólares — que ela podia brandir.

⚜ CAPÍTULO DOZE ⚜

O TRABALHO PARA CONCRETIZAR O PROJETO DO aeroporto era árduo, mas deu a Whitney e a mim uma sensação de otimismo, não só quanto a nós mesmos, mas sobre a China também. Estávamos construindo algo grande em nossa terra natal. Muito embora fôssemos empreendedores, estávamos operando nas profundezas do sistema comunista chinês, e progredindo.

Tínhamos a impressão de que a China estava evoluindo positivamente. Vimos como os capitalistas como nós estavam se tornando essenciais para a modernização do país. Empreendedores estavam criando a maioria dos novos empregos e grande parte da riqueza. Claro, líamos as críticas sobre o Partido na mídia ocidental. Mas parecia que estávamos vivendo num país diferente daquele retratado no *Washington Post* ou no *New York Times*. Whitney e eu estávamos convencidos de que as coisas estavam melhorando. O hoje era melhor do que o ontem, e este ano, melhor do que o anterior. A defesa oficial chinesa era: "Vejam até onde chegamos." E nós concordamos. Admitíamos que a marcha chinesa rumo à modernidade precisava ser ainda mais rápida, mas, sem sombra de dúvidas, o país estava marchando. E não eram apenas pessoas como Whitney e eu na camada superior que se sentiam assim. O povo todo compartilhava do nosso otimismo. Todos sentíamos que estávamos indo invariavelmente rumo a uma sociedade mais aberta e livre.

Já no dia 1º de julho de 2001, o Partido mudara oficialmente sua política sobre capitalistas quando o chefe do partido, Jiang Zemin, fez um discurso que abria portas a todos os principais chineses, incluindo empreendedores, às fileiras do Partido. Muito embora Jiang houvesse envolvido tal anúncio no linguajar do Partido, denominando-o "Tríplice Representatividade", essa salada de palavras não pôde mascarar a natureza memorável da mudança. O fundador da China comunista, Mao Zendong, relegara capitalistas como aqueles da família do meu pai aos patamares mais baixos da sociedade. Deng Xiaoping permitiu que subissem um degrau ao reconhecer que, com as reformas econômicas, um pequeno grupo "ficaria rico primeiro". Agora, uma geração depois, Jiang Zemin estava convidando empreendedores a se juntar ao Partido e entrar, pelo menos, às margens do poder político. Era o suficiente para nos deixar atordoados.

Até mesmo no topo do Partido, a elite parecia estar se preparando mentalmente para a mudança. Em 2004, Chen Shui-bian foi reeleito como o presidente de Taiwan, a ilha com 23 milhões de pessoas que os comunistas alegam há muito tempo pertencer à China. Em 2000, Chen se tornara o primeiro candidato de oposição a ser eleito como presidente de Taiwan, encerrando cinco décadas da mesma política do Partido Nacionalista. O processo de democratização de Taiwan abalou os chefões do Partido Comunista, pois eles viam nesse movimento um potencial roteiro à China continental e, portanto, uma ameaça ao monopólio do Partido no poder. Após sua reeleição, Chen anunciou que estava na hora de ir atrás das riquezas do Partido Nacionalista de Taiwan. Quando os

Nacionalistas governavam a ilha, tratavam sua economia como se fosse seu cofrinho. Após a votação em Taiwan em março de 2004, fui convidado a jantar com Deng Lin, a filha mais velha de Deng Xiaoping. Artista, ela havia feito uma pequena fortuna vendendo suas obras medíocres aos ricos empresários de Hong Kong, ávidos para caírem nas boas graças do clã dela. Deng Lin começou a falar de Taiwan. "Precisamos aumentar as contribuições do Partido para criarmos os fundos", revelou. "Depois, precisamos pegar os ativos das estatais e transformá-los em empresas possuídas pelo Partido." No futuro, quando o Partido Comunista Chinês enfrentasse uma eleição como aquela que havia recentemente transpirado em Taiwan, ela disse, "pelo menos, teremos um bom pé-de-meia de apoio". *É assim que as pessoas do topo estão pensando?*, indaguei-me. Estavam mesmo considerando a possibilidade de que o Partido Comunista Chinês teria que dividir seu poder com um partido real de oposição algum dia? Obviamente, Deng Lin não era alguém de consequência política no universo político chinês. No entanto, suas preocupações refletiam a opinião da elite. Havia muitas coisas disponíveis na China, e suas preocupações eram sinais dos tempos.

Outros oficiais do governo pareciam apoiar mais a evolução pacífica da China rumo ao capitalismo e a um sistema político mais pluralista. Em conversas particulares, eles compartilhavam conosco sua visão de que a economia da nação se tornaria inevitavelmente mais aberta. Pareciam compreender que os empreendimentos estatais não sobreviveriam em longo prazo devido às suas ineficiências herdadas. Um dos oficiais mais poderosos que expressou tais crenças foi Wang Qishan.

Por décadas, Wang Qishan permaneceu no centro das reformas econômicas da China. Ele era um antigo seguidor de Zhu Rongji, o arquiteto com mente reformista do *boom* econômico chinês de 1993 a 2003. Em 1996, quando Zhu era o primeiro-ministro em Pequim, Wang liderou uma das maiores instituições financeiras do país e, juntamente com Henry Paulson — na época o CEO do Goldman Sachs e posteriormente o secretário do Tesouro dos EUA —, listou as ações da China Telecom na Bolsa de Valores de Nova York como parte do esforço, apoiado pelos norte-americanos, de modernizar o moribundo sistema financeiro chinês e sua rede de estatais. Paulson e outros interpretaram as movimentações de Wang e Zhu como uma forma de privatizar a economia da China. Mas, na verdade, o objetivo do Partido — a propósito das preocupações de Deng Lin — era salvar o setor estatal para que continuasse sendo um pilar econômico do governo ininterrupto do Partido. Esse foi um dos muitos casos em que os ocidentais acharam que estavam ajudando a China a evoluir rumo a uma sociedade mais pluralista e com um mercado mais livre quando, na realidade, o Partido estava de fato empregando as técnicas financeiras ocidentais para fortalecer seu próprio governo.

Logo após a listagem das ações, Zhu nomeou Wang como vice-governador executivo da província de Guangdong. Lá, ele fez parceria com o Goldman Sachs para administrar exitosamente a maior recuperação de falência na história da China comunista, salvando a Guangdond Empreendimentos e fazendo o Goldman ganhar muito dinheiro.

Whitney conheceu Wang durante um jantar promovido por Tia Zhang no Hotel Pequim em 2006, quando ele era o prefeito de Pequim. Na época, Whitney se aproximara ainda mais de Tia Zhang, que havia amadurecido em sua função dupla como emissária de seu marido, o primeiro-ministro Wen Jiabao, e como empresária por conta própria. Tia Zhang não gostava de sair sem seus filhos e se recusava a ser acompanhada publicamente por Huang, seu aparente "amigo colorido". Isso se tornaria um escândalo também. Assim, Whitney a acompanhava a todos os lugares.

Embora Wang Qishan fosse o prefeito de Pequim, ele estava na fila para ser promovido a vice-primeiro-ministro ainda na liderança de Wen. Naturalmente, ele buscava formas de melhorar suas chances de obter uma promoção. A socialização com Tia Zhang e Whitney era uma forma de fazer isso.

Após a refeição, Wang convidou Whitney para visitá-lo no gabinete da prefeitura. Posteriormente, após ter se tornado vice-primeiro-ministro em 2008, suas reuniões passaram a ocorrer na sede do Partido em Zhongnanhai. E isso se tornou algo regular. A cada duas ou três semanas, Wang convocava Whitney, e seu motorista a levava ao outro lado da cidade. Os dois passavam diversas horas tomando chá e discutindo política.

Wang apreciava a astúcia de Whitney. Para tanto, os dois discutiam sobre tudo, da história mundial ao pensamento político à direção da política na China e no mundo. Wang não recorria aos conselhos de Whitney, como alguns dos outros oficiais faziam. No entanto, ele a sondava em busca de detalhes sobre Wen Jiabao, tecnicamente, seu chefe.

Dentro daquele pequeno círculo de pessoas próximas ao ápice do poder na China patriarcal, havia pouquíssimas mulheres, além das comissárias de bordo ou garçonetes. Whitney era uma raridade. Ela não tinha uma posição oficial, mas, com o selo de aprovação de Tia Zhang, era muito procurada por ser alguém de substância, um conduíte para fofocas picantes e uma fonte de informações privilegiadas. Além disso, embora Wang fosse casado, ele não tinha filhos. Assim como Tia Zhang assumiu naturalmente o papel de mãe adotiva de Whitney, Wang se preocupava com ela como se fosse um tio atencioso. Para Wang Qishan, aproximar-se de Whitney servia para múltiplos propósitos.

O mesmo aconteceu com Whitney. Assim que Wen se tornou o primeiro-ministro em 2003, nós já havíamos começado a discutir o que aconteceria após sua aposentadoria, dali a 10 anos. Whitney sentia a necessidade de ampliar nossa rede de contatos para que pudéssemos acrescentar peças ao seu tabuleiro de xadrez. Wang Qishan lhe servia bem.

Ela descobriu que as opiniões dele sobre a trajetória da China se alinhavam com as suas. Wang previa que os empreendimentos estatais do país seriam um dia vendidos, e a aconselhou a reservar capital para que, quando esse momento chegasse, nós pudéssemos investir. Deveríamos estar com bala na agulha, disse-lhe ele, para que, quando fosse a hora de puxar o gatilho, tivéssemos munição para queimar. Wang descrevia o sistema econômico chinês como uma gigantesca dança das cadeiras. A certa altura, previu, a música pararia e o Partido seria forçado a aceitar a privatização em grande escala. Nós precisaríamos estar preparados.

Wang também compartilhava alguns dos delírios paranoicos particulares à elite governante da China. Por exemplo, era um grande fã do *best-seller* de 2007, *Currency Wars* [Guerras de Moedas, em tradução livre], escrito por um comentarista financeiro chamado Song Hongbing. Song alegava que os mercados financeiros internacionais, e especialmente o norte-americano, eram controlados por uma panelinha de banqueiros judeus que usavam a manipulação das moedas para se enriquecerem ao emprestar dinheiro em dólares norte-americanos para nações em desenvolvimento e, depois, desvalorizar as moedas desses países. O livro de Song misturava desdenho, suspeição e um temor dos Estados Unidos, sentidos por muitos dos líderes chineses. Wang Qishan, pelo menos, deveria saber que isso era papo-furado, visto que trabalhou de perto com os ocidentais durante décadas.

Mestre em redes de contatos, Whitney não parou em Wang Qishan durante sua busca de novos contatos para substituir os Wen posteriormente. Seu valioso prospecto era Sun Zhengcai, ex--chefe do Partido em Shunyi. Sun havia nos concedido um terreno no início da década de 2000, embora não houvéssemos construído nele. Ele também ajudou Whitney a conseguir a aprovação para as placas personalizadas para seu Audi.

A carreira de Sun decolara desde que saíra de Shunyi em 2002 para se tornar o secretário-geral do comitê do Partido em Pequim. Whitney estava profundamente envolvida para assegurar suas promoções, especialmente enquanto Wen era o primeiro-ministro. Em dezembro de 2006, Wen respaldou a promoção de Sun a ministro da agricultura, tornando-o, aos 43 anos, um dos dois ministros mais jovens da China.

Conseguir uma posição de ministério a Sun exigiu um árduo trabalho. Para se tornar um ministro na China é preciso ter um defensor inabalável no Comitê Permanente do Politburo, além de garantir que nenhum outro membro se oponha à sua ascensão. Whitney e Tia Zhang garantiram que Wen apadrinharia Sun. Ao mesmo tempo, Sun precisava trabalhar com os outros membros para garantir que ninguém o bloquearia. Lembre-se de que ele havia distribuído terrenos em Shunyi a parentes do vice-presidente da China, Zeng Qinghong. Zeng era próximo do ex-chefe do Partido, Jiang Zemin. Ambas famílias estendidas conheciam Sun como um bom homem. Ele usou tal influência a seu favor. E fez isso sozinho.

Ao longo do processo, Whitney o orientou. Ela foi especialmente contundente com Tia Zhang. Ela achava que a promoção de Sun seria boa não apenas para nós, mas também para a segurança em longo prazo da família Wen. Wen Jiabao nunca havia tido uma rede de seguidores leais para proteger o legado de sua família e garantir sua influência continuada após sua saída do palco político. Sun representava uma chance de mudar isso, de deixar uma bandeira atrás de si. Seu salto ao ministério em idade tão tenra o colocou na corrida como futuro líder de toda a China. E quem o colocara lá? Whitney e Tia Zhang, com a ajuda de Wen Jiabao.

Tal trajetória se confirmou em 2009, quando Sun, aos 46 anos, deixou o Ministério da Agricultura e se tornou o secretário do Partido na província de Jilin, no nordeste do país. Todos os pretendentes ao trono chinês precisavam passar tempo nas províncias, administrando um mini-império antes de assumirem a grande tarefa de administrar a China inteira por si sós. Aquele era o momento de Sun.

Na China, os oficiais nunca revelam suas ambições publicamente. Aguardar seu momento é um dos princípios fundamentais da *Arte da Guerra*, de Sun Tzu. Porém, a portas fechadas, Sun se movia de forma agressiva. Sua atenção especial se concentrava em um concorrente chamado Hu Chunhua, cujo currículo era semelhante ao seu. Como Sun, Hu viera de origens humildes, tendo nascido em 1963 em uma família de agricultores na província de Hubei. Hu não era nem 6 meses mais velho que Sun.

Sun e Hu pareciam estar indo de foguete ao topo. Ambos entraram para o Comitê Central do Partido em 2007 e foram os dois integrantes mais jovens da sessão. Ambos se tornaram secretários do Partido em províncias em 2009. Ambos entraram ao Politburo em 2012. Hu era um produto da facção da Liga da Juventude do Partido e um protegido do chefe do Partido, Hu Jintao. Por esse motivo, era conhecido como o Pequeno Hu. Ficava claro que ele e Sun estavam sendo preparados para as duas vagas no topo que abririam em 2022; a única questão parecia ser quem ficaria com o trabalho mais importante, o secretário-geral do Partido, e quem ficaria em segundo lugar, assumindo como primeiro-ministro da China.

Durante suas muitas viagens à capital, Sun procurava Whitney. Ele estava obcecado com a ascensão meteórica de Hu. Por vezes, tarde da noite, Whitney e Sun se encontravam em uma casa de chás na parte leste de Pequim para discutirem como ele poderia vencer Hu e ficar com a vaga principal.

A vida de um oficial ambicioso envolvia jantares constantes. Em muitas noites em Pequim, Sun participava de três jantares. O primeiro, às 17h, destacava os subordinados, as pessoas que tinham solicitações ou que precisavam de favores. Elas concordavam com o jantar mais cedo porque entendiam que Sun estava ocupado e tinha outras coisas para fazer. O segundo jantar, às 18h30, era reservado para seus superiores ou colegas políticos. Negócios políticos importantes eram transacionados nesses encontros. O terceiro jantar, às 20h, era para as pessoas com as quais ele se sentia mais à vontade. Quando chegávamos lá, ele já estava razoavelmente bêbado, então queria um ambiente em que pudesse baixar sua guarda. Suas hostes consentiam com um horário muito depois do horário chinês para o jantar, pois sabiam que ele estava em ascensão. Por volta das 22h, após a última refeição, Sun enviava uma mensagem de texto para Whitney e eles se encontravam numa sala privativa na casa de chás, onde ficavam até depois da meia-noite.

Encontrar-se com Whitney tarde da noite ressaltava o quanto Sun valorizava seus laços. Isso mostrava que eram tão amigos que podiam dispensar as formalidades de uma refeição e se concentrar no conteúdo de sua comunicação: como ajudar Sun a movimentar suas peças no xadrez político da China. Whitney percebia o quanto Sun estava tenso, como passou a se preocupar, a certa altura, quando ficou meses atrás com relação às promoções de Hu, e como estava disposto a alcançá-lo.

Numa viagem à Manhattan, após a promoção de Sun à província de Jilin, Whitney e eu visitamos a Zilli, uma loja francesa luxuosa de roupas masculinas no térreo do Hotel Four Seasons, na parte central da cidade. Lá, compramos uma bota chique e forrada de pele para Sun. Jilin era famosa por seus invernos frios, e queríamos que Sun soubesse que estávamos pensando nele.

Sempre fazíamos coisas assim; tínhamos uma checklist interna com aqueles que precisavam ser atraídos. Cada viagem ao exterior era uma chance de encontrarmos alguma bugiganga para um de nossos contatos, para aprofundarmos a conexão e mostrarmos que nos importávamos. No início do nosso relacionamento, Whitney havia me criticado por manter minha mente parada. Porém, eu mudei, adotando sua visão de que precisávamos manter nossos olhos no prêmio, buscando oportunidades de servimos nossos mestres no Partido Comunista Chinês.

Os pés de Sun mal tinham tempo de congelar em Jilin. Muito embora sua base fosse lá, ele passava quase metade de seu tempo em Pequim, reunindo-se com Whitney e outros apoiadores. Ela em geral estava com Tia Zhang. A cada vez, Whitney fazia um favor diferente a Sun. A Tia gostava dessas noites também, pois Sun invariavelmente levava informações que seriam úteis ao seu marido. Para mim, parecia que, entre seus muitos papéis, Tia Zhang servia ao primeiro-ministro como uma oficial de inteligência.

Em novembro de 2012, Sun e Hu ascenderam ao Politburo, tornando-se dois dos 22 oficiais mais poderosos da China. Logo depois, Sun foi nomeado chefe do Partido em Chongqing, a capital chinesa durante a 2ª Guerra Mundial, enquanto Hu ganhou o posto máximo do Partido em Guangdong. Suas estrelas estavam crescendo.

Whitney não se contentava em cultivar as torres, os cavalos, os reis e as rainhas do xadrez político chinês. Os peões também eram importantes, e ela trabalhava ativamente com os auxiliares dos poderosos da China. Chamados *mishu*, ou "secretários" em chinês, os assistentes controlam o acesso a seus chefes, estabelecem suas agendas e podem influenciar em decisões fundamentais. Juntamente com a Gangue das Esposas e a Gangue dos Chefes de Gabinete, a Gangue dos Assistentes — ou Grupo Mishu — constitui um terceiro pilar do poder na China.

Whitney tinha uma afinidade natural com os assistentes. Afinal, ela começara sua carreira como assistente de um reitor universitário. Certamente, ele não estava no ápice do poder na China, mas o relacionamento era parecido. Ela ensinava seus encarregados a fazerem um trabalho efetivo.

O relacionamento de Whitney era tão próximo com Zhou Liang, um dos assistentes de Wang Qishan, que ele a chamava de Irmãzona. Ela passava horas no telefone aconselhando Zhou sobre como aprofundar seu relacionamento com o chefe. Consultava Wang Qishan a respeito de Zhou e, depois, dava dicas a ele sobre como melhorar seu trabalho. Normalmente, esses telefonemas aconteciam quando Zhou fazia o turno da noite monitorando os desenvolvimentos internacionais. Whitney e eu chegávamos em casa às 21h, após o jantar, e ela passava as 3 horas seguintes no telefone com Zhou descrevendo como Wang o via, quais eram seus pontos fracos, o que precisava melhorar e quais promoções deveria buscar. Às vezes, as ligações duravam tanto que eu pegava no sono e Whitney passava para a sala de estar até altas horas.

Em troca, Zhou nos auxiliava no projeto do aeroporto. Em diversas conjunturas, Whitney o induzia a ligar para um assistente no Ministério do Transporte para perguntar sobre uma aprovação de que precisávamos. Zhou não precisava dizer que Wang Qishan a queria resolvida; só precisava mencionar o assunto. O outro lado necessariamente reagiria como se Wang tivesse um interesse direto no projeto. Telefonemas como esse não nos ajudavam a atravessarmos todas as barricadas, mas davam um empurrão inicial ao nos fornecer um selo de aprovação de outro oficial do topo do governo a nosso favor. Whitney recompensava Zhou por sua ajuda, usando suas conexões com a família Wen e em outros lugares para assegurar uma posição a ele na Comissão Central de Inspeção de Disciplina, um criadouro de corrupção.

Zhou não era o único peão no arsenal de Whitney. Ela nutria a carreira de Song Zhe que, de 2002 a 2007, serviu como um dos três assistentes ao primeiro-ministro Wen. Song era conselheiro ministerial na embaixada chinesa na Grã-Bretanha em 2000, quando Tia Zhang, Whitney e eu viajamos até lá. Ele nos mostrou o local e nos disse que "sentia falta de Pequim". Tal insinuação era um sinal de que ele estava mirando uma promoção. Com o encorajamento de Whitney, Tia Zhang cuidou para que Song fosse transferido de volta à capital para trabalhar no gabinete de Wen como assistente responsável pelo portfólio de relações exteriores do primeiro-ministro. Whitney foi útil a Song, pois obtinha informações em primeira mão sobre as opiniões dos Wen a respeito dele e o aconselhava sobre como servir melhor a seu chefe. Ele devolvia os favores; foi ele quem organizou a consulta com o especialista de FIV em Nova York. Em 2008, em parte devido ao lobby de Whitney e ao apoio de Tia Zhang, Song foi nomeado embaixador da China para a União Europeia e, depois disso, tornou-se o representante-chefe do Ministro de Relações Exteriores em Hong Kong. Enquanto estava lá, Song chegou ao vice-ministério, tornando-se um gaogan.

O sucesso dos contatos de Whitney reforçava nossa sensação de que as oportunidades na nova China seriam infinitas à medida que trabalhávamos arduamente para colocar aliados em posições em toda a hierarquia do Partido. Passei a nutrir ambições maiores do que apenas construir um hub logístico para um dos principais aeroportos do mundo. Comecei a considerar a possibilidade de disputar outros projetos na China e no exterior. Também me inspirei a olhar além dos negócios e levar em conta a possibilidade de usar a classe empreendedora chinesa como uma força de mudanças mais amplas. Embora embrionário, meu pensamento — bem como o dos capitalistas — começou a se concentrar em como trabalhar dentro do sistema para moldar o futuro chinês.

Em 2003, fui apresentado ao Instituto Aspen pelo consultor, autor e empresário Joshua Cooper Ramo, que conhecera num almoço no Hotel Grand Hyatt em Pequim. Ramo estava escrevendo um artigo que publicaria no ano seguinte intitulado "O Consenso de Pequim", argumentando que a mescla chinesa de um sistema político autoritário, um governo meritocrático e uma economia de mercado semilivre constituíam um novo modelo de desenvolvimento ao redor do mundo. Ele logo passou a trabalhar para a Kissinger e Associados, a agência iniciada pelo ex-secretário de estado Henry Kissinger, que lucrava realizando uma versão internacional do negócio dos *guanxi* de Whitney na China.

Com seus diversos seminários e bolsas, o Instituto Aspen era, pelo menos para mim, um local estimulante. Desde minha infância, eu era curioso, buscando novas experiências intelectuais e ideias, e o Aspen me permitiu exercitar totalmente esse músculo. O conhecimento encorajou meu autoaprimoramento, um traço que abraçara desde meus dias em Xangai, nos quais lia os textos do filósofo chinês Nan Huai-Chin, que argumentava que a autorreflexão era o segredo de uma vida plena.

Tornei-me Membro Coroado do Instituto em 2005. Durante 5 dias em Colorado no terceiro trimestre, acompanhado de cerca de vinte pessoas, li e debati textos filosóficos enquanto moderadores nos desafiavam a pensarmos sobre nossas vidas. Foi a primeira vez desde a falência da PalmInfo que eu tivera a chance de refletir. Desta vez, no entanto, fiz isso a partir de uma posição de força. Minha equipe em Pequim estava avançando para assegurar as aprovações para a construção do hub logístico do aeroporto. Eu estava repleto de otimismo. A crise iniciada pela prisão de Li Pei-ying ainda estava por acontecer.

A experiência no Instituo me inspirou a enxergar além de minha carreira. Se você tem tudo, qual é sua próxima ambição? Promover responsabilidade social? Aspirar a uma posição na política? Um participante que conheci no Aspen era um cirurgião oftalmologista que passava meio ano como voluntário em países em desenvolvimento. Outro, me contou uma história sobre um norte-americano chamado John Oldham, que se formara na Faculdade de Direito em Columbia em 1983. Tragicamente, John faleceu quando soldados soviéticos abateram o avião da Korean Air Lines que fazia o voo 007, em setembro daquele ano. Oldham estava indo para Pequim passar um ano na faculdade de direito da Universidade da cidade para lecionar e estudar. Após sua morte, seus amigos e familiares angariaram doações e criaram um programa de bolsas em seu nome que leva anualmente um acadêmico chinês para os EUA e envia um norte-americano para a China. Essa história me deu uma ideia.

As relações entre a China e os EUA na época estavam num impasse. Para mim, a China não era tão ruim quanto os norte-americanos geralmente pensavam. Eles apenas precisavam entender melhor a perspectiva do cidadão médio chinês. Um dos moderadores de nossa sessão era o filósofo e professor de Harvard,

Michael Sandel. Abordei-o com a ideia de criarmos bolsas em Harvard para apoiar alunos de pós-graduação a estudarem qualquer aspecto da China — história, arqueologia, sociologia e ciência política. Sandel comprou a ideia. Com uma doação de alguns milhões de dólares e com o advento da Bolsa Shum em 2004, Whitney e eu nos tornamos dois dos primeiros empreendedores chineses a doar para a Universidade de Harvard.

No Aspen, aprendi como as pessoas que tinham dinheiro sempre participavam do processo político. O sistema da China era um ponto fora da curva nesse aspecto, negando à sua classe capitalista qualquer decisão quanto à direção do país. Mas aqueles de nós que se identificavam como capitalistas queriam ter uma voz. Queríamos proteção para nossa propriedade, nossos investimentos e outros direitos. Queríamos, senão um judiciário independente, pelo menos um que fosse justo e no qual os julgamentos fossem realizados com base na lei, e não seguindo os caprichos do chefe local do Partido. Ansiávamos uma previsibilidade nas políticas do governo, pois apenas assim poderíamos investir com confiança. Whitney, que era cristã, também queria mais liberdade religiosa. No mínimo, ela queria que o governo chinês reconhecesse que uma pessoa chinesa poderia amar a Deus e a China ao mesmo tempo.

Tais objetivos levaram a nós e a muitos outros chineses a doarem para causas dignas. A filantropia na China estava apenas começando, e havia uma quantidade assustadora de fraudes. Assim, Whitney e eu estabelecemos nosso próprio veículo de doação, concedendo bolsas para crianças de regiões mais pobres para que pudessem estudar na Universidade de Tsinghua, uma das grandes instituições chinesas de ensino superior, que foi construída em 1911 como a Faculdade de Tsinghua com fundos do governo dos EUA. Estabelecemos nosso próprio "think tank", a Fundação Keifeng, para focarmos a promoção do setor não governamental na China e desenvolver uma sociedade civil, incluindo caridades independentes, institutos de pesquisas e organizações de direitos humanos que o Partido Comunista Chinês havia fechado quando tomou o poder em 1949. A Keifeng foi lançada oficialmente em março de 2007, no mesmo mês que a Ping An Seguros foi listada na Bolsa de Valores de Xangai, aumentando vastamente nossa riqueza. Apoiada financeiramente pela Great Ocean de Whitney, a Keifeng estabeleceu o primeiro instituto de pesquisas privado aprovado pelo governo central da China.

Nosso relacionamento com a Universidade de Tsinghua era às vezes irascível. Ao financiar os alunos menos privilegiados, estruturei as bolsas de modo que cobrissem mais do que livros e mensalidades. Lembrei-me de como foi difícil para mim não ter nenhum trocado no bolso na primeira vez que fui à escola em Hong Kong. Queria dar às crianças um dinheiro extra para que pudessem ter uma vida social, fazendo com que não se sentissem alunos de segunda classe. As duas principais questões para os alunos de famílias mais pobres eram que, apesar de suas realizações acadêmicas, em geral elas tinham uma autoestima baixa e eram socialmente desajeitadas. Caso não fossem resolvidas, tais questões impediriam seu progresso. Whitney e eu nos reuníamos com elas e compartilhávamos nossas experiências. Também organizávamos excursões para elas.

Tsinghua não estava acostumada com o fato de os doadores estarem tão envolvidos nas vidas de seus alunos. A universidade entrava em pânico porque, numa base por aluno, nossas bolsas eram as mais generosas da instituição. Esse debate em Tsinghua levou a uma discussão mais ampla sobre filantropia.

O secretário do Partido Comunista na universidade era Chen Xi, graduado na própria Tsinghua e pós-graduado na Universidade Stanford no início da década de 1990. Todas as universidades chinesas são administradas pelo Partido Comunista Chinês e todas elas, assim como todos os colégios de ensino fundamental e médio, têm secretários do Partido que são, em geral, muito mais poderosos do que os presidentes, reitores ou diretores. O mesmo se dá no sistema político chinês, no qual o secretário-geral do Partido é mais importante que o primeiro-ministro; nas escolas da China, nas empresas estatais e nos institutos de pesquisa, são os secretários do Partido que mandam.

Chen fazia parte do corpo docente de Tsinghua havia 20 anos. Nomeado como secretário do Partido em 2002, tinha um forte apoio dentro dele. Era próximo a Xi Jinping, na época, uma estrela ascendente no firmamento do Partido. De fato, quando Chen e Xi eram alunos em Tsinghua no fim da década de 1970, os dois foram colegas de quarto. Quando Xi foi alocado a uma posição como governador da província de Fujian em 1999, ele pediu que Chan fosse seu vice, mas Chen se objetou. Chen era leal a Xi, mas não tanto assim. Ele era um peixe grande em Pequim; por que trocaria isso para se tornar vice-governador numa província distante?

Chen era alto, tinha uma boa aparência de estudioso e um charme convincente que podia usar com grande efeito. Como chefe do Partido em Tsinghua, ele mobilizava facilmente os alunos e conseguia criar bons slogans. "Seja ambicioso, siga a corrente principal, suba ao grande palco, faça coisas grandes, escolha o objetivo certo, persevere", foi como iniciou um discurso aos estudantes em outubro de 2005. Sua mensagem central era encorajar os alunos de Tsinghua a entrarem para o sistema do Partido e servirem ao Estado.

Sob sua liderança, Tsinghua se tornou a universidade mais prestigiada da China e com um grande peso político. Em meados da década de 2000, todos os sete membros do Comitê Permanente do Politburo eram formandos, um fato que Chen nunca deixou ninguém esquecer. Ele encorajava os alunos a estudarem tecnologia militar, especialmente a ciência de foguetes, e se juntar ao complexo industrial-militar do país. Ele desempenhou o papel principal no Programa Mil Talentos, um esforço do governo chinês para atrair os principais cientistas, tanto chineses como estrangeiros, para se mudarem ao país para lecionarem e conduzirem pesquisas de ponta. Tendo estudado 2 anos na Califórnia, ele tinha um interesse particular em levar talentos dos EUA. Ele disse a Whitney e a mim como usava ex-professores e parentes para atrair os chineses que moravam nos Estados Unidos. Tsinghua tinha uma rede enorme de ex-alunos e Chen a brandia para beneficiar tanto a escola quanto o país.

Visto que Tsinghua estava sob controle do governo central, a instituição estava limitada quanto ao que podia pagar para os proeminentes cientistas que atraía do exterior. Então, Chen usava os ex-alunos ricos e as empresas para subsidiar os pagamentos. Ele adorava falar sobre seus sucessos. Quando nós o convidamos para jantar com Tia Zhang no centro, ele passou 90 minutos, de uma refeição de 2 horas, gabando-se de como "agarrava os gênios" do mundo todo, como gostava de dizer.

Whitney também tentou aproveitar a rede de ex-alunos de Tsinghua. Em 2008, ela começou um doutorado lá que Chen havia estabelecido para preparar futuros líderes. A lista de chamada de sua turma parecia um "quem é quem" dos próximos oficiais: um assistente de confiança de Xi Jinping; o filho do então Secretário-geral do Partido Hu Jintao; diretores-gerais; vice-ministros; um secretário do Partido de uma cidade com 1,3 milhão de pessoas.

Whitney enfrentou esse desafio como parte de uma busca incansável por mais contatos. Claro, tínhamos a família Wen, mas ela não estaria lá para sempre. E a rede de ex-alunos de Tsinghua era uma das melhores na China.

Seu curso se respaldava no programa executivo de políticas públicas da Escola Kennedy na Universidade de Harvard. As aulas aconteciam durante 4 dias por mês. Whitney escreveu sua tese sobre o mercado de ações da China. Ela era uma das poucas participantes que realmente escreveu sua própria tese; os outros passavam as tarefas para seus assistentes. Ela era a estrela da turma e seus colegas a elegeram como presidente de sala. Ao longo do curso, eles a encorajaram para sair dos negócios e a ingressar na política. Mas ela se manteve firme ao voto que havia feito anos antes em Shandong.

Chen estava comprometido em transformar Tsinghua novamente numa universidade completa, com o departamento de humanidades complementando as especializações em física, engenharia e matemática. Durante a era de Mao, quando a China copiou o modelo soviético, a instituição se tornara um centro técnico, abandonando os engenheiros e os físicos. No fim da década de 2000, Chen ficou sabendo da descoberta de uma coleção de textos chineses antigos escritos com tinta em ripas de bambu. Aproveitando a rede de ex-alunos de Tsinghua, ele convenceu um rico empreendedor a comprar as ripas em um leilão e doá-las para a universidade. As ripas constituíam uma das descobertas mais importantes da China antiga e incluíam ensaios que foram referenciados por escritores antigos, mas que havia muito tempo eram considerados perdidos.

Chen levou Whitney e eu para ver os textos, localizados em um laboratório isolado no campus. Ele nos garantiu que éramos apenas o terceiro grupo de pessoas de fora a tê-los visto, depois do então chefe do Partido Hu Jintao e de seu predecessor Jiang Zemin.

Ele nos recrutou para sua missão de levar as humanidades de volta a Tsinghua. Nossas doações permitiram que ele atraísse professores de toda a China e do Ocidente. Nós financiamos o departamento de literatura chinesa e, em 2007, o ano em que vendemos nossas ações da Ping An, doamos US$10 milhões para a construção de uma biblioteca com 16,7 mil m², completa com um jardim e uma churrasqueira no terraço para encorajar o debate acadêmico livre. Completamos esse projeto em 2011, a tempo para as celebrações do centenário da universidade. Tínhamos grande fé em Tsinghua e estávamos orgulhosos de nossas iniciativas de caridade lá.

Parecia que a China acreditava em nós, também. Em 2007, Sun Zhengcai, que servia como ministro da agricultura, organizou para que eu começasse a participar da unidade municipal da Conferência Consultiva Política do Povo Chinês. A CCPPC, como é conhecida, fazia parte de uma arquitetura burocrática denominada Departamento de Trabalho da Frente Unida que é usada pelo Partido Comunista Chinês para controlar os elementos que não fazem parte do Partido tanto dentro como fora da China — de minorias, como os tibetanos, aos fiéis religiosos, empreendedores e chineses no exterior. Fui nomeado como representante de Hong Kong e Macau, um dos cerca de cinquenta desses territórios que foram convidados a se juntar ao capítulo municipal em Pequim.

O capítulo em Pequim estava apenas um degrau abaixo do nível nacional. A conferência era basicamente uma plataforma de rede de contatos, como o Rotary Club em outros países, e a afiliação era um sinal de que o Partido me via como um potencial e útil agente de sua influência. Nos reuníamos várias vezes por ano e éramos levados em viagens de campo em diferentes províncias nas quais os locais nos pressionavam para investirmos. Durante um encontro anual de uma semana em Pequim, as autoridades fecharam as estradas para nossos ônibus e nos acomodaram em hotéis cinco estrelas. Elas nos deram dinheiro para as passagens aéreas, algo que para mim parecia irrelevante, considerando que a maioria dos empreendedores de Hong Kong tinha em média US$10 milhões. De qualquer forma, poucos levavam a conferência a sério. Os membros de Hong Kong geralmente nem apareciam.

Fiquei impressionado por certas coisas durante a conferência. Uma foi o puxa-saquismo exibido pelas pessoas de Hong Kong ao falarem com os oficiais chineses. Vivendo em Pequim e trabalhando na China continental diariamente, sabia que isso era desnecessário. Mas era como os ricos de Hong Kong achavam que precisavam agir. Isso mostrava sua compreensão superficial da China, muito embora fossem nossos vizinhos. Sob uma perspectiva diferente, era ainda outro sinal de como os oficiais do Partido haviam ensinado ao restante do mundo a despender a eles e a seu país um tratamento especial.

Outros desenvolvimentos foram mais encorajadores. Algumas das questões circulando em nossas reuniões menores e até em fóruns públicos na CCPPC eram intrigantes. Alguns mais ousados da área continental chinesa que participavam da conferência defendiam colocar em prática a democracia dentro do Partido ao permitir que seus integrantes votassem em quem ocuparia os principais cargos. Circulavam também reclamações sobre a poluição — resultado da corrida incessante da China para se modernizar. A conferência começou a levar mais empresários como eu, que estavam interessados nesses tipos de questões e que não usavam a CCPPC apenas como uma forma de fazer contatos ou de fechar negócios. Começamos a obter uma sensação de que talvez a CCPPC estava se tornando relevante e que, um dia, poderia começar a operar como uma segunda casa de legislatura ao lado do Congresso Nacional do Povo, que era tecnicamente responsável por promulgar as leis chinesas.

Tal pressão interna da CCPPC se refletiu na sociedade como um todo. Desde o início da década de 2000 e em diante, centenas de outros empreendedores começaram a apoiar ONGs e instituições educacionais, como nós o fazíamos. Dinheiro da iniciativa privada ia para mídias sensacionalistas, como a revista *Caijing*. As pessoas começaram a organizar associações civis. Denominar isso de uma consciência cívica não seria um exagero. Empreendedores passaram a caminhar por áreas tradicionalmente consideradas tabus. Em nosso *think tank* de Kaifeng, contratamos como diretor o filósofo político Yu Keping, bastante conhecido por seu livro de 2006, *Democracy Is a Good Thing* [A Democracia é uma Coisa Boa, em tradução livre]. Para nós, Yu era um acadêmico confiável que pressionava por reformas políticas razoáveis partindo de dentro do sistema.

Promovíamos *think tanks* no exterior para ajudar a instruir os acadêmicos chineses sobre como a democracia funcionava e como estabelecer políticas externas. Quando o Primeiro-ministro Wen Jiabao visitou a Grã-Bretanha em 2004, organizamos uma viagem para os acadêmicos da Academia Chinesa de Ciências Sociais na mesma época. Fui junto e participei de reuniões no Banco da Inglaterra, localizado na Rua Downing, nº 10, e na Câmara dos Lordes. Em 2006, financiamos uma delegação liderada por Romano Prodi, ex-presidente da Comissão Europeia, para vir à China, mas pedimos orientações a Song Zhe, assistente de Wen. Tentávamos não cruzar quaisquer linhas vermelhas. Acreditávamos realmente na promessa da China. Entramos realmente para valer.

⚜ CAPÍTULO TREZE ⚜

EM RETROSPECTO, O DESAPARECIMENTO DO GERENTE do aeroporto Li Peiying em 2006 e sua prisão subsequente devido às acusações de corrupção deveriam ter soado o alarme de que mudanças maiores estavam por vir. Ignorei tal aviso, em parte porque estava ocupado demais lidando com as repercussões de sua prisão e tentando manter nos trilhos o projeto do aeroporto.

Porém, com o benefício de ver as coisas pelo retrovisor agora, fica claro que a queda de Li não se deu apenas por seu vício em apostas, que lhe custou milhões nas mesas de bacará. Assustado pelas tendências liberais de meus colegas capitalistas, o Partido Comunista Chinês, começando na década de 2000, passou a enfraquecer a classe endinheirada, a arrancar as raízes da sociedade civil que plantáramos e a reforçar o controle ideológico e econômico do Partido sobre a sociedade. Como parte desse esforço, o Partido buscou fortalecer as empresas estatais em detrimento das privadas.

Após Li desaparecer sob a custódia do Partido, as autoridades nomearam um novo gerente-geral. Quando Peiying era o chefe, ele tomava todas as decisões. Uma vez que dissesse "sim", os chefes abaixo dele seguiam sua orientação. Claro, ele precisava gritar, ameaçar e bajular, mas conseguia que o trabalho fosse feito. Seu substituto era a cria de um novo sistema. As coisas começaram a ficar burocráticas. Não havia mais a decisão de uma pessoa só, substituída agora pela "tomada coletiva de decisão". Começamos a ter que lidar não apenas com o gerente-geral, mas também com seus subordinados. Disseram-nos que precisávamos passar por comitês. Assim, embora meu trabalho tivesse sido facilitado em Shunyi graças ao homem que salvei, ficou mais desafiador no aeroporto, nosso outro sócio.

O novo gerente-geral enviou os integrantes mais poderosos de sua equipe para nossa empresa, de modo a exercerem controle sobre a *joint venture*. Antes, havia normalmente cinco pessoas participando de nossas reuniões de diretoria. Agora, duas dúzias de oficiais, só do aeroporto, compareciam. E todos tinham opiniões diferentes. Isso complicou a estrutura gerencial. Antes, eu tomava a maioria das decisões. Agora, havia todas aquelas pessoas se metendo, e sua lealdade não era ao empreendimento conjunto — era ao aeroporto.

As pessoas começaram a perguntar por que nós, empreendedores privados, havíamos ganhado o direito de construir o hub logístico. Não importava que ninguém mais teria conseguido arranjar o casamento forçado entre Shunyi e o aeroporto. Toda essa história foi esquecida. Agora, era assim: quem são esses capitalistas tentando privatizar parte do que deveria ter sido uma unidade estatal? Esse tipo de atitude não se restringia apenas ao nosso projeto; ela infectava a economia toda. "Os empreendimentos estatais marcham para frente, as empresas privadas, para trás" se tornaram as novas palavras de ordem, sinalizando uma mudança no topo do Partido. As estatais começaram a realizar fusões forçadas com empresas privadas bem-sucedidas. Os empreendedores vinham sendo o motor do crescimento chinês, mas nunca confiavam em nós. Desde que tomou o poder em 1949, o Partido Comunista Chinês usava elementos da sociedade quando precisava deles e os descartava após não serem mais necessários.

A burocracia da China estava mudando. No passado, os líderes locais subiam os degraus da hierarquia. Li Peiring havia conquistado sua posição no aeroporto. Li Ping vinha de Shunyi. Mas era difícil para o governo central controlar esses oficiais por causa de suas raízes na comunidade. Como parte de uma campanha para centralizar o poder, o Partido começou a trazer oficiais de outras regiões. A mídia estatal chinesa se agitou contra o que denominava "imperadores da sujeira", mandatários locais que desconsideravam as diretivas de Pequim. Mas a nova leva de oficiais criou mais problemas, pois esses personagens chegavam com a intenção de ficar apenas alguns anos antes de partirem para a próxima missão, subindo na hierarquia. Eles buscavam vitórias rápidas para justificar uma promoção. Obviamente, o sistema antigo tinha suas desvantagens. Havia corrupção e os "imperadores da sujeira" normalmente administravam um local como se fosse seu feudo particular. Porém, os oficiais locais também compreendiam suas comunidades e sabiam o que era necessário e o que não era. Muitos tinham apego pelo lugar porque não queriam ser injuriados quando deixassem o poder e se aposentassem ali por perto. Eles trabalhavam pelo benefício da família e de amigos de longa data no local. Estavam dispostos a focar o longo prazo, os projetos que deixavam um legado. E, devido aos seus laços com a comunidade, conseguiam fazer as coisas.

Whitney e eu também víamos o projeto do aeroporto como um investimento de longo prazo. Após completarmos a primeira fase do projeto, não tínhamos a intenção de construir e vender. Queríamos construir e crescer. E também planejávamos levar nosso modelo para outros aeroportos. Eu estava considerando desenvolver cidades aeroportuárias em toda a China e, depois, em outras partes do mundo. Participei da Conferência Mundial de Cidades Aeroportuárias em Hong Kong em 2004 e, em 2010, sediamos a conferência em Pequim. Visitamos Chengdu, Guangzhou, Shenzhen e várias outras cidades chinesas para oferecermos nossa visão de uma construção combinada de áreas logísticas, de produção, comerciais e residenciais perto de seus aeroportos. E geramos um interesse significativo.

No entanto, as mudanças — sutis no início, mas logo incessantes — me levaram a reconsiderar a situação. À medida que as coisas ficavam mais difíceis em Pequim, conforme a oposição às nossas ideias crescia dentro da burocracia no aeroporto, minhas visões foram modificadas. Passei a acreditar que, na China, um modelo empresarial de longo prazo não daria certo. Comecei a entender o que alguns de meus amigos empreendedores vinham me dizendo o tempo todo: a forma inteligente de fazer negócios na China é criar algo, vendê-lo, colocar o dinheiro no bolso e recomeçar. Se você investe US$1 e ganha US$10, fique com US$7 e reinvista os US$3. Mas, se ficar com os US$10, é muito provável que perderá tudo.

O Partido Comunista Chinês parecia se sentir cada vez mais ameaçado pelos empreendedores. Um segmento da sociedade com posses estava ficando mais independente. Empreendedores como nós pressionavam por mais liberdade, incluindo a de expressão, e numa direção que estava cada vez menos sob o controle do Partido, que por sinal estava muito desconfortável com o fato de estarmos entrando em águas que eles controlavam.

Veja, por exemplo, a política externa. Em 2006, trouxemos a delegação da União Europeia ao país para discutirmos as relações entre a UE e a China. Durante uma reunião, Son Zhe, assistente de Wen Jiabao, recebeu uma ligação na linha exclusiva do primeiro-ministro. Uma voz do outro lado perguntou: "Você conhece Desmond Shum?", "Sim", respondeu Song. "Você sabe que ele é residente de Hong Kong, e não da área continental da China?", perguntou a outra pessoa. "Sim", disse Song Zhe. O telefone ficou mudo. Song concluiu que os serviços de segurança estavam prestando muita atenção às nossas atividades. Ele nos aconselhou a limitarmos o escopo do nosso trabalho filantrópico para temas menos controversos; deixamos de lado as iniciativas de política externa em nossos empreendimentos.

O Partido tinha outros métodos para colocar pessoas como nós de volta nos trilhos. Enquanto outrora ousamos acreditar que poderíamos constituir uma força independente, o Partido deixou claro que éramos apenas engrenagens em sua máquina, parafusinhos em um sistema enorme projetado para perpetuar seu poder. Homens como Jack Ma, o fundador da Alibaba, ou Pony Ma, o CEO de outra gigante da internet, a Tencent, poderiam até ser muito ricos em teoria, mas eram forçados a servir ao Partido. Não demoraria até que o Partido aprovasse leis, como a legislação nacional de segurança, que obrigava todas as empresas chinesas a efetuarem espionagem para o Estado, se assim lhes fosse ordenado.

As mudanças negativas começaram a acelerar em 2008, durante a segunda administração do chefe do Partido, Hu Jinato, e do primeiro-ministro Wen Jiabao. Um catalisador principal foi a crise financeira global. Ela validou uma crença interna do Partido quanto à superioridade do sistema econômico e financeiro chinês sobre o ocidental.

O governo chinês reagiu à crise com um estímulo massivo que foi muito mais eficaz do que qualquer outra coisa pretendida no Ocidente. Ele distribuiu esse estímulo por meio do setor estatal, que foi ordenado a fazer o dinheiro circular. Em vez de tentar convencer os empreendedores a investir, o Partido mandou suas empresas estatais despejarem dinheiro em infraestrutura. O controle do Partido sobre as estatais permitiu que ele combatesse a recessão global. As dificuldades enfrentadas por países capitalistas, especialmente os Estados Unidos, fortaleceu o argumento radical de que uma evolução pacífica rumo a uma sociedade e a uma economia mais abertas seria uma receita para o desastre do Partido e do país. A China, afirmaram eles, precisava redobrar seus esforços para batalhar contra as ideias ocidentais, pois elas apenas enfraqueceriam o país. Empreendedores privados, que salvaram a economia chinesa havia apenas alguns anos, eram agora retratados como uma quinta coluna da influência ocidental. O controle precisava ser reassumido sobre nós e sobre nosso capital.

No aeroporto, nossa *joint venture* nunca havia tido um comitê do Partido. Tínhamos alguns membros de lá, é claro, mas não concedíamos ao Partido o poder de decisão sobre o que fazíamos. Porém, a partir de 2008, exigiram que criássemos um. Uma vez estabelecido o comitê, tivemos que dar peso às suas opiniões. Sua presença bagunçou as decisões gerenciais.

O Partido forçou tais mudanças em empreendimentos conjuntos e empresas privadas em toda a China. Isso me levou ao desespero. Nós acreditávamos que o país estava caminhando numa boa direção. Víamos que o governo chinês estava se fortalecendo e que havia uma pressão constante em prol de uma separação entre Partido e Estado. As pessoas defendiam reformas e uma imprensa um pouco mais livre. Ninguém queria derrubar o Partido. Apenas queríamos um sistema mais aberto. Estávamos dando um empurrãozinho de leve nele. No entanto, após 2008, ficou claro que seus líderes viam até mesmo um empurrãozinho como um alarme. Pensávamos que nossa riqueza conseguiria promover a mudança social. Estávamos errados. Foi uma das coisas mais tristes que jamais experienciei.

Pensando agora sobre isso, minha conclusão é de que o recuo era inevitável. Claro, os analistas podem aparecer com um monte de motivos justificando por que o Partido voltou atrás. A Primavera Árabe e as Revoluções Coloridas que varreram o Oriente Médio na década de 2010 assustaram os líderes chineses. A Grande Recessão que abalou a economia norte-americana em 2008 ajudou a convencer os oficiais comunistas de que o sistema chinês era superior e lhes deu a autoconfiança de se tornarem mais assertivos no palco global. A Marinha dos EUA acordou de repente para o fato de que a China estava criando ilhas a partir do nada no Mar do Sul da China e começou a reagir, animando ainda mais os sentimentos antinorte-americanos dentro do Partido.

Porém, para mim, o argumento mais convincente para a guinada ditatorial do Partido permanece sendo a própria natureza do Partido Comunista Chinês. Ele tem um instinto praticamente animal com relação à repressão e ao controle. É um dos princípios fundacionais de um sistema leninista. Sempre que o Partido puder bancar uma guinada à repressão, assim o fará.

Quando Deng Xiaoping cingiu o manto da liderança na China no fim dos anos 1970, o Estado estava efetivamente falido. As mudanças econômicas que ele conduziu não foram motivadas por qualquer crença nos princípios capitalistas do livre mercado, mas pela necessidade. Para sobreviver, o Partido precisava deixar a economia um pouco mais solta. Mesmo sob Jiang Zemin na década de 1990, as estatais chinesas estavam perdendo rios de dinheiro, então empreendedores privados, como Whitney e eu, ainda eram cruciais para manter a economia andando e os desempregos num patamar baixo. No entanto, com o término do primeiro mandato de Hu Jintao e Wen Jiabao em 2008–2009, e após décadas de um crescimento de dois dígitos, as estatais se estabilizaram e o Partido não precisava mais do setor privado, como no passado. Pequim também reformou seu sistema tributário, então, o governo central levava uma enorme fatia do bolo. Com tais desenvolvimentos, não era mais essencial que o Partido relaxasse o controle sobre a economia e, consequentemente, sobre a sociedade. Os capitalistas se tornaram mais uma ameaça política, pois não éramos mais necessários como salvadores da economia. O Partido poderia retomar as rédeas.

O caso de Li Peiying me fez começar a pensar que, talvez, fosse uma boa ideia sair do projeto do aeroporto. Após desaparecer por quase 2 anos, Li Peiying reapareceu sob a custódia do Estado. Foi acusado de propinas e desvios que somavam US$15 milhões e, em fevereiro de 2009, foi condenado e sentenciado à morte. Após perder um apelo e, apesar de devolver quase todo o dinheiro, Li foi executado no dia 7 de agosto de 2009.

O erro fatal de Li Peiying foi ter falado demais. Em geral, se alguém é preso por corrupção na China, a pessoa deve ficar de boca fechada. O Partido Comunista Chinês funciona como a Máfia; ele tem seu próprio código de *omertà*. Porém, como me contaram, Li Peiying revelou todas suas transações com os oficiais chineses seniores. As pessoas responsáveis pela investigação não sabiam o que fazer com seu testemunho, visto que atingia níveis mais altos do Partido, incluindo a família do ex-chefe nacional do Partido e do presidente Jiang Zemin. Li também não tinha o parentesco de sangue com alguém do sistema que pudesse salvar sua vida. Apenas um mês após Li ter recebido uma bala na nuca, em agosto de 2009, outro oficial, Chen Tonghai, ex-diretor da Corporação Petroquímica da China, foi condenado por corrupção envolvendo US$28 milhões — quase o dobro da quantia alegada por Li. Porém, Chen não foi executado. Seu pai, Chen Weida, foi um dos principais líderes da resistência comunista na Xangai pré-revolucionária e esteve em posições de liderança após 1949. Disseram-nos que a mãe de Chen apelou por leniência diretamente a Jiang Zemin, que também foi ativo na resistência do Partido antes da guerra. Esse tratamento imensamente diferente para dois oficiais corruptos foi um sinal revelador de como as coisas estavam sendo feitas. Os aristocratas vermelhos saíam com uma sentença para a prisão; os comuns, com uma bala na cabeça.

Em 2010, Whitney e eu concluímos a primeira fase do projeto do aeroporto, com a reconstrução de 465 mil m². Originalmente, havíamos planejado passar anos terminando o projeto, chegando a triplicar seu tamanho. Estávamos numa posição invejável. Ainda possuíamos muita terra para novos galpões. Tais galpões tinham acesso livre à pista. Considerávamos que poderíamos construir o restante do projeto conforme o volume de cargas no aeroporto crescesse.

Porém, como parte das repercussões da execução de Peiying, não apenas tivemos que lidar com um novo gerente-geral, mas a Alfândega trocou seu diretor no aeroporto três vezes e alguns de nossos aliados em Shunyi se aposentaram. Conforme a burocracia se tornava hostil com as empresas privadas e à medida que percebia a necessidade de promover ainda mais bebedeiras e conversas fiadas para criar mais relacionamentos apenas para retomar a direção, decidi sair.

Em 2010, abrimos negociações com diversas empresas para vender nossa participação. Duas delas eram estatais chinesas. A terceira era a Prologis, um *trust* internacional de investimento imobiliário, que fora uma das empresas que ofereceram uma oferta baixíssima no começo da odisseia do aeroporto. Whitney e eu tivemos discussões sobre as negociações, pois eu não pretendia vender para as estatais, ao passo que ela pensava que teria mais influência no processo de negociação se vendêssemos para elas. Eu ansiava pela transparência de uma transação comercial, porque, se fizéssemos um negócio com uma estatal, o governo chinês poderia vir atrás de nós no futuro, fazer uma alegação espúria de que transacionamos com preços inflados (e, portanto, havíamos roubado ativos nacionais) e seríamos jogados na cadeia. Por fim, o negócio pretendido por Whitney não foi pra frente, embora a presença de dois litigantes chineses tenha ajudado a fazer o negócio com a Prologis andar. Em janeiro de 2011, a Prologis comprou nossa participação na *joint venture*, concedendo-nos um lucro em torno de US$200 milhões.

Para mim, o aeroporto foi um aprendizado de preço incalculável sobre como o sistema chinês operava. Um dos meus amigos brincou que, só por ter finalizado a primeira fase, eu alcançara a budeidade.

Após vendermos nossa participação, comecei a fazer lobby com Whitney em prol de duas coisas. Primeiro, precisávamos diversificar nossos riscos ao investirmos no exterior. Eu conhecia a história do Partido Comunista Chinês e como, após a Revolução Comunista de 1949, ele não pensava duas vezes em confiscar propriedades, incluindo a casa do meu avô, seu escritório de advocacia e a terra que pertencia à minha família. O Partido só começou a tolerar a propriedade privada em 1979, mas, o que ele concede, ele pode tirar.

Milhares de chineses ricos estavam colocando dinheiro no exterior. Argumentei que deveríamos fazer o mesmo. Whitney concordou, relutantemente, ao permitir que eu abrisse um escritório em Londres para explorar investimentos em marcas de luxo, em chocolates belgas, em cristais franceses e em caxemiras italianas. Mas ela não levou isso muito a sério. O forte do nosso capital permaneceu na China.

Em segundo lugar, argumentei que deveríamos começar a disputar projetos na China no mercado aberto e encerrar nossa dependência de contatos e das negociações nos bastidores com *guanxi*. A China estava instituindo leilões públicos de terras; o processo estava se tornando mais transparente. Empresas bem-sucedidas, como a SOHO China, estavam operando e prosperando nessa área, vencendo contratos com base em seus lances, e não em suas conexões. Sugeri competir com essas empresas. Já tínhamos uma ótima equipe na Great Ocean. Eu acreditava que conseguiríamos vencer as licitações.

Whitney não concordou. O mercado aberto a assustava. Ela nunca havia feito isso antes. Tinha uma fé imensa em sua rede de *guanxi* para potencializar nossa empresa. Ela queria continuar a jogar seu xadrez no tabuleiro chinês e seguindo as regras antigas. Se nossa empresa tivesse sucesso contra outras em condições de igualdade, o que isso significaria para ela? Para Whitney, seu papel sempre foi o de trazer informações privilegiadas à Great Ocean. No entanto, e se a empresa não precisasse disso para vencer a corrida sem ela?

Com Wang Qishan, Sun Zhengcai e outros ministros, vice-ministros e assistentes em sua lista de contatos, Whitney tinha esperança que nós conseguiríamos encontrar um novo guardião dentro do Partido a quem pudéssemos servir. E ela estava sempre procurando uma nova pessoa. Em 2008, Tia Zhang organizou um jantar com um oficial chinês em ascensão chamado Xi Jinping. Ele havia acabado de ser nomeado vice-presidente da China. Tia levou Whitney junto, como seu segundo par de olhos e ouvidos para tirar as medidas daquela estrela ascendente. Eu fiquei em casa. Num jantar como esse, todo mundo precisa ter um propósito. Eu não era um participante necessário naquele exercício de geração de um outro relacionamento.

Xi levou sua segunda esposa, Peng Liyuan, uma glamourosa cantora do Exército de Libertação Popular que havia se especializado em baladas patrióticas melosas, algo semelhante ao fenômeno da música *country* norte-americana, Dolly Parton. Xi era filho do revolucionário comunista Xi Zhongxun, membro da aristocracia vermelha chinesa. O pai de Xi fora um aliado proeminente de Deng Xiaoping, bem como uma das principais figuras na criação das Zonas Econômicas Especiais na década de 1980, que lançaram a base para o boom da exportação chinesa.

Xi Jinping havia passado 17 anos trabalhando em diversos cargos governamentais e postos do Partido na província de Fujian. Embora ele estivesse lá quando um escândalo enorme de contrabando veio à tona, não foi acusado. Ele também passou por cargos importantes do Partido na província de Zhejiang, um dos motores da economia privada chinesa.

Em 2007, Xi Jinping teve sua grande chance num caso que revelou muito sobre o sistema político da China. Um ano antes, o secretário do Partido em Xangai, Chen Liangyu, foi removido de seu cargo devido a uma investigação de corrupção envolvendo o mau uso de centenas de milhões de dólares do fundo público de pensão da cidade. No entanto, a queda de Chen não foi por causa disso. Foi um ataque político encobrindo um caso criminal. Sua queda se deu porque Chen se recusou a prometer lealdade ao então chefe nacional do Partido, Hu Jintao. Chen havia sido um participante importante no que era conhecida como a Gangue de Xangai, liderada pelo predecessor de Hu, Jiang Zemin. Quando Hu assumiu como chefe do Partido em 2002, no lugar de Jiang, este se recusou a renunciar a todos os seus cargos no Partido, permanecendo como diretor da Comissão Militar Central por mais 2 anos. Jiang também encheu o Comitê Permanente do Politburo com seus comparsas; por diversos anos, os homens de Jiang ocuparam cinco dos nove assentos, impedindo Hu de fazer qualquer coisa sem a aprovação de Jiang. Assim, em 2006, quando os seguidores leais de Hu viram uma oportunidade de derrubar Chen Liangyuy, um proeminente e leal seguidor de Jiang, eles atacaram.

Quando Chen foi forçado a deixar o gabinete em setembro de 2006, ele foi substituído pelo prefeito de Xangai, Han Zheng. Han estava no cargo havia diversos meses, contou-nos Tia Zhang, antes de descobrirem que um dos membros de sua família havia desviado mais de US$20 milhões para uma conta na Austrália. O Partido não poderia se livrar de Han também, pois seria ruim para a estabilidade do principal centro financeiro da China ter o secretário do Partido *e* seu prefeito expulsos numa sucessão tão rápida. Tia nos disse que foi permitido a Han Zhang retornar ao seu antigo cargo de prefeito, enquanto Xi Jinping foi nomeado chefe do Partido em Xangai. Han Zheng, também, teria seus pecados perdoados; ele passou a integrar o Comitê Permanente do Politburo em 2017 e foi nomeado vice-primeiro-ministro, demonstrando que, na China, o alinhamento político e a lealdade superam tudo.

A mudança de Xi para Xangai se mostrou proveitosa, senão decisiva, em sua ascensão ao topo. Ela lhe concedeu tempo para se aproximar de Jiang Zemin e, até o fim de 2007, com a ajuda de Jiang e o consentimento de Hu Jintao, Xi integrou o Politburo e se mudou para Pequim. Nesta altura, estava claro que ela era um dos dois oficiais, sendo o outro um formado pela Universiade Peking chamado Li Keqiang, que estavam competindo para substituir Hu Jintao como o próximo secretário-geral do Partido Comunista Chinês, após o término do mandato de Hu em 2012.

O que impressionou Whitney foi que, ao longo de todo o jantar com Xi, ele permitiu à sua esposa que liderasse a conversa. Ele parecia estar um pouco desconfortável, ocasionalmente soltando um sorrisinho amarelo. Whitney disse que não se deu bem com ele, tampouco com Peng. Não houve espaço na conversa. Whitney sempre foi muito boa para encontrar o momento certo para falar, especialmente com as esposas de oficiais seniores. Porém, Peng não ofereceu essa chance. Xi já estava predestinado à grandeza, e ele e sua esposa estavam resguardados.

Whitney e eu usamos nossos contatos nas províncias de Zhejiang e Fujian para tentarmos determinar por que o Partido escolhera Xi para governar a China. O consenso entre muitos dos nossos amigos e contatos foi o de que seu talento não era nem intermediário. O ex-assessor de Mao Tsé-Tung, Li Rui, que era próximo ao pai de Xi, recordou sobre uma reunião com Xi alguns anos antes e reclamou que ele não tinha instrução. Mesmo assim, Xi Jinping provaria ser um lutador político hábil e de sangue-frio, tornando-se o chefe mais poderoso do Partido chinês em uma geração.

O consenso geral em nosso círculo social era que Xi seguiria as regras estabelecidas na China. Whitney estava confiante de que nós conseguiríamos manter o jogo dos *guanxi* sob a liderança de Xi Jinping, assim como fizemos quando o Partido era liderado por Hu Jintao.

A discordância entre Whitney e eu sobre a diversificação de nossos riscos e nossa participação no mercado aberto cresceu com o tempo. Cheguei à conclusão de que ela tinha um forte sentimento de insegurança quanto a essa prática. Ela temia que, se parássemos de depender dela e de seus contatos, se tornaria irrelevante e eu, independente demais.

Devido a tais preocupações, ela procurou controlar mais o que eu dizia e fazia, no momento exato em que eu acreditava que ela deveria soltar o comando. No início do nosso relacionamento, eu suprimia meu desejo de me libertar e tentei aprender aos pés dela. Porém, quanto mais sucesso alcançava na vida, mais eu queria determinar minhas próprias regras. Uma vez que tivemos sucesso em Pequim, pensei naturalmente que poderíamos repetir o feito no restante da China e do mundo. Whitney resistiu e, como o dinheiro estava no nome dela, precisei acatar sua decisão. Fiz isso contra minha vontade.

Meu pai, Shen Jiang, está à extrema esquerda na foto tirada com seu pai, Shen Rong, e seus irmãos. O retrato foi tirado logo após a Revolução Chinesa, durante os primeiros e bons dias antes de os comunistas tomarem a casa do meu avô e fecharem seu escritório de advocacia.

(Cortesia do autor)

Aqui, estou em Hong Kong logo após me mudar para lá com meus pais. Esta foto foi tirada na sala de estar do apartamento do meu avô materno, no qual três famílias se apertavam num espaço de 70m2. Nós dormíamos na sala de estar.

(Cortesia do autor)

Foto da competição anual de natação do Colégio da Rainha realizada no Parque Vitória, Hong Kong, em frente ao colégio. Eu estava com 15 anos e fui o vencedor. O homem que entrega o prêmio é Henry Fok, o empresário que fez uma fortuna na década de 1950, quebrando o embargo comercial contra a China comunista.

(Cortesia do autor)

Este é um retrato clássico chinês de Whitney com seus pais — sua mãe, Li Baozhen, e seu padrasto, Duan Xiangxi. A mãe de Whitney fugiu de seu pai biológico quando estava grávida dela.

(Cortesia do autor)

Whitney pediu que tirassem esta foto dela na Praça da Paz Celestial no fim da década de 1990. Só por sua pose, podemos dizer que está despreocupada, confiante e, com seu cardigã colorido, à frente de seu tempo.

(Cortesia do autor)

Esta foto minha (estou à esquerda) foi tirada após me formar na Universidade de Wisconsin e retornar a Hong Kong para trabalhar como corretor de ações. As competições de bebida eram parte da vida na cidade durante aqueles anos dinâmicos. A maioria dos outros na foto é dos EUA, buscando suas fortunas no Extremo Oriente.

(Cortesia do autor)

Whitney e eu tiramos esta foto durante uma viagem à Suíça com Tia Zhang em 2004. O Lago Genebra está atrás de nós.

(Cortesia do autor)

Tiramos esta foto no interior da Mongólia, ao norte da China, quando fazíamos rafting no rio. Ariston tinha cerca de 5 anos. *(Cortesia do autor)*

Um retrato relativamente antigo da família Wen, incluindo o primeiro-ministro chinês, Wen Jiabao; sua esposa, Zhang Beili (a quem chamávamos Tia Zhang); seu filho, Winston Wen; e sua filha, Wen Ruchun. Considerando o uniforme de Mao usado por Wen, a foto provavelmente foi tirada quando ele ainda trabalhava no Escritório Geral do PCCh. *(Cortesia do autor)*

Esta foto do primeiro-ministro Wen Jiabao foi tirada em 2008, após um terremoto mortal na província de Sichuan. Wen era visto como um homem do povo e esforçado. Após a revelação da riqueza de sua família, ele foi muito criticado, porém, para nós, ele não parecia estar totalmente ciente do que estava acontecendo.

(Reuters/Alamy)

Esta é a foto da oferta pública inicial (IPO) da Empresa de Seguros Ping An na Bolsa de Valores de Xangai. Ma Mingzhe, na extrema direita, está tocando o gongo. A listagem na bolsa de Xangai representava um golpe de sorte para Whitney e eu, que valia centenas de milhões de dólares. *(AP Photo)*

Estávamos em Paris em junho de 2011 fazendo uma degustação vertical de Château Lafite Rothschild, começando com um 1900 e terminando com um 1990. Só com os vinhos, gastamos mais de US$100 mil naquela noite. David Li Botan está à esquerda com sua esposa, Jia Qiang. Estou à direita com Whitney e o empreiteiro Xu Jiayin e sua esposa, Ding Yumei. Meu amigo francês, François, está bem à minha frente, do lado esquerdo.

(Cortesia de François Audouze)

Whitney queria um Rolls-Royce, então compramos um modelo parecido com este, pagando um preço caríssimo devido às altas taxas de importação. Parecia ostentação, mas, como a maioria das compras que fazíamos naqueles anos, o carro simbolizava status, algo que o sistema exigia para fazer negócios nos níveis mais altos.

(China Photos/Getty Images)

O mega-artista chinês Zeng Fanzhi entre dois de seus quadros. Whitney comprou o da esquerda, Mãos em Oração, por cerca de US$5 milhões. Seu lance superou o de um colecionador e empresário europeu. O propósito dessas compras era sinalizar que tínhamos os recursos para realizar os maiores negócios.

(Dan Kitwood/Getty Images)

Esta foto do Aeroporto Internacional de Pequim — Capital mostra a parte norte da pista, que construímos para lidar com as cargas. Ao longo de diversos anos, construímos cerca de 560 mil m² de armazéns, terminais de carga e escritórios.

(Cortesia de Airport City Development Co., Ltd.)

Esta é a biblioteca da Universidade Tsinghua que Whitney e eu construímos com a doação de US$10 milhões. Tornou-se a biblioteca mais popular no campus, e os alunos precisam fazer a reserva online dos cubículos de estudo.

(Enrico Cano)

Aqui, estou votando como membro da Conferência Consultiva Política do Povo Chinês. Já era membro do grupo há 10 anos. Votávamos anualmente, mas os votos não significavam nada. Sempre votávamos no sim. A maioria de nós usava a filiação para fazer contatos.

(Cortesia do autor)

Este é o projeto Gênesis, a pedra angular das carreiras de Whitney e minha em Pequim. À direita está a residência e o hotel; no centro, uma das torres de escritórios. O projeto nos permitiu exercitar nossa criatividade ao máximo e deixar uma marca maravilhosa na capital chinesa.

(Cortesia de KPF)

Foto do lobby do prédio de escritórios do Gênesis. Whitney desapareceu nesta entrada no dia 5 de setembro de 2017

(Cortesia de KPF)

Nosso amigo Sun Zhengcai estava destinado a ser o oficial político número um ou dois da China a partir de 2022. Mas sua ascensão foi interrompida por uma investigação de corrupção que beneficiava claramente o chefe do Partido, Xi Jinping. Aqui, Sun está no tribunal. Ele pegou prisão perpétua.

(Imaginechina via AP Images)

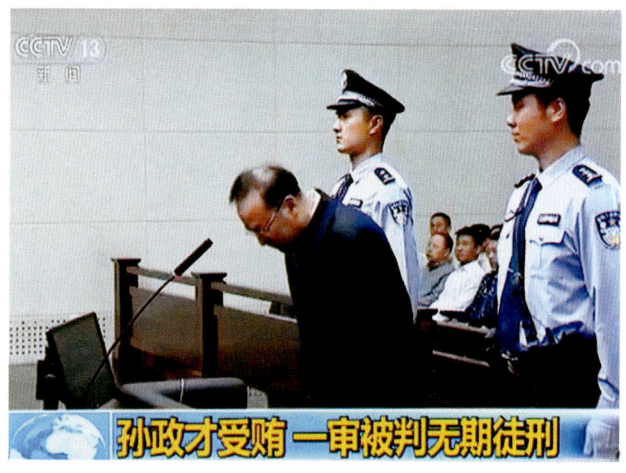

Eu já havia participado de protestos organizados pelo Partido Comunista contra a democracia em Hong Kong. Mas aqui, estou protestando pela liberdade e pela democracia em Hong Kong, no dia 9 de junho de 2019.

(Cortesia do autor)

Ariston pintou este retrato de Whitney durante o verão de 2017 em Pequim, semanas antes de ela desaparecer.

(Cortesia do autor)

CAPÍTULO CATORZE

COM TANTAS OPORTUNIDADES DE FAZERMOS COISAS extraordinárias na China, Whitney queria que dobrássemos a aposta em *sua* maneira de agir, ao continuarmos nos insinuando aos altos escalões do Partido e cultivando relacionamentos com ainda mais membros da aristocracia vermelha. Um desses integrantes era Li Botan, também conhecido por seu nome em inglês, David. Ele era genro de Jia Winglin, integrante do Comitê Permanente do Politburo.

De 2003 a 2013, o velho Jia dirigiu a Conferência Consultiva Política do Povo Chinês e, por extensão, o Departamento de Trabalho da Frente Unida do Partido, que liderava os esforços do Partido para controlar todos os elementos não comunistas da sociedade, como minorias, grupos religiosos e empreendedores. Como observei anteriormente, eu recebera um assento na filial municipal da CCPPC em Pequim, graças a Sun Zhengcai.

Com o cabelo liso penteado para trás, as bochechas rechonchudas e uma barriga proeminente, o sogro de David era um personagem jovial e sociável, de sorriso fácil. Sua suposta corrupção também tinha um quê de lenda. Na década de 1990, enquanto ocupou os cargos de vice-governador, governador e, depois, secretário do Partido na província de Fujian, ao norte de Hong Kong e de frente para Taiwan, houve rumores de que o velho Jia foi cúmplice num enorme esquema de contrabandos. Eram contrabandos em escala épica, envolvendo milhares de carros, bilhões de cigarros, toneladas de cerveja, todos importados, e mais de 15% de todas as importações de petróleo da China, tudo fluindo para dentro do país por portos navais na costa de Fujian.

A esposa do velho Jia (e sogra de David), Lin Youfang, serviu como presidente da maior estatal de importação e exportação da província de Fujian na época da aventura do contrabando. Disseram-me que, após o escândalo ter vindo à tona em 1999, Lin Youfang, outrora uma estrela-guia no circuito social do Partido, ficou com tanto medo que ela e seu marido fossem pegos na investigação que teve um piripaque, perdendo a capacidade de falar e passando anos hospitalizada em Pequim. Ainda assim, nem Lin nem Jin jamais foram processados, evidência de que, na China, a questão não era o que a pessoa fazia, mas os contatos que tinha.

O secretário-geral do Partido, Jiang Zemin, conhecia o velho Jia desde que os dois trabalharam juntos no Ministério da Indústria de Fabricação de Máquinas na década de 1960. Jiang não apenas garantiu que a família estaria protegida, como até promoveu o velho Jia.

Jian o levou para Pequim em 1996 como vice-prefeito da cidade. No ano seguinte, Jia se tornou prefeito. Em 2002, foi elevado à posição de um dos nove membros do Comitê Permanente do Politburo. Após Jiang se aposentar do Comitê em 2007, o velho Jia permaneceu para outro mandato como representante da facção política de Jiang. Jia ficaria lá até 2012. Assim, claramente ainda haveria valor para que Whitney cultivasse o contato com o genro dele, David Li.

David tinha 1,82m e a pança patenteada de todos os empresários chineses bem-sucedidos. Ele se vestia de forma elegante, mas casual. Gostava de estar junto ao povo de Pequim, confraternizando com artistas, cantores, diretores e os filhos e filhas da aristocracia vermelha da China.

Ele fizera fortuna aparentemente aproveitando as conexões de seu sogro. Tinha grandes participações em diversas empresas, principalmente por meio de sua *holding*, a Companhia de Investimentos Zhaode, com sede em Pequim. Em dezembro de 2009, David abriu o "Moutai Club". Na época, parecia que todo mundo que tinha dinheiro queria ter um clube privado, que brotavam como mato em toda Pequim, Xangai e Guangzhou. A discrição era um dos objetivos; em um estabelecimento particular, era possível fazer negócios políticos e empresariais sem ninguém ficar sabendo com quem estava se reunindo, e não dava para ouvir a conversa das outras pessoas. Além disso, a realeza do Partido Comunista tinha receio de ficar exibindo suas riquezas em público, mas adorava fazer isso entre amigos confiáveis. Um clube privado permitia que ostentassem atrás de portas fechadas. E, por fim, em muitos casos, a melhor coisa a respeito de um clube particular era a possibilidade de abrir o estabelecimento em um terreno do Estado, aproveitando um ativo estatal para ganhos pessoais. Isso sim são custos baixos.

O clube de David ficava numa rua com três faixas no centro de Pequim, perto da Cidade Proibida, em uma tradicional casa com pátio interno central que aparentemente pertencera ao governo municipal de Pequim, um arranjo que parece ter sido facilitado pelo fato do velho Jia ter atuado como prefeito e secretário do Partido na cidade.

Ao entrar no Moutai Club, havia uma mesa deslumbrante — mais de 6 metros de diâmetro — feita com o tronco de uma pereira de floração amarela, uma das madeiras mais valiosas na China e praticamente extinta. Sobre sua superfície, os padrões da fibra enrugada da madeira pareciam fantasmas dançando numa cena dourada. Atrás da mesa, uma entrada espaçosa levava a um pátio interno e às salas de jantar privativas. Decorado com antiguidades valiosíssimas, ou pelo menos boas imitações, o clube estava impregnado pelo tipo de sofisticação oriental que David e seus chegados cultivavam.

O grande diferencial comercial de David era seu acesso exclusivo à Companhia Kweitchou Moutai, a destiladora da Moutai, bebida favorita da elite chinesa. Ele tinha até um assento no conselho da empresa. Tal conexão foi feita aparentemente com a ajuda do velho Jia que, como chefe do Departamento de Trabalho da Frente Unida do Partido, tinha tentáculos profundos em todas as áreas da China nas quais as minorias, como os tibetanos e o uigures, predominavam. A Moutai era destilada na província de Guizhou, lar da minoria étnica dos miao, uma tribo que habita as montanhas do sudoeste chinês com ramificações no Vietnã, em Laos e no Camboja.1

David me contou que um terço da Moutai de 10 anos que a empresa produzia anualmente era reservado a ele. A maioria da Moutai desse tipo na China mal tem uma gota do genuíno licor envelhecido. Ele tinha acesso a um produto de primeira.

A Moutai é a bebida nacional da China. Todo mundo que "era alguém" comprava edições especiais para exibir. Havia uma para o Exército de Libertação Popular, outra para o Conselho do Estado e ainda outra para a polícia. Algumas garrafas eram vendidas por US$125 mil ou mais. A atitude dos conhecedores da Moutai

---

1   No Ocidente, os miao também são conhecidos como hmong.

relembrava o mesmo esnobismo e a superioridade exibidos pelos aficionados por vinhos finos. "Você traz um Lafite de 82 e eu, um de 69." Com a Moutai, não era diferente.

David vendia a Moutai de 10 anos em garrafas vermelhas. Nós a chamávamos de "ruivas", ou *hong mao*, um trocadilho com a palavra "Moutai." As pessoas do nosso círculo nem tocavam na Moutai de lojas comuns. A indústria da falsificação na China fazia todos os tipos de imitações; Moutai em particular. As destiladoras ilegais ficaram tão boas na falsificação da bebida que os chineses comuns viajavam para o exterior para comprar sua Moutai, acreditando que poderiam confiar nas lojas estrangeiras para fazer estoque de bebida genuína.

Quem quisesse ter acesso à preciosa safra de "ruivas" de David precisava ser membro do Moutai Club. A quota custava dezenas de milhares de dólares. Porém, da mesma forma que obter placas personalizadas em Pequim exigia o hábil uso de contatos, só o dinheiro não garantiria uma vaga no clube. David verificava a pessoa e, considerando a necessidade de que fosse alguém importante, a filiação logo se tornou uma das mais disputadas em Pequim. Alguns dos principais magnatas da China estavam dentro. Por exemplo, Liu Changle, diretor da Televisão por Satélite Phoenix, um império tecnicamente privado com sede em Hong Kong que produzia muita propaganda pró-Pequim. Outros, como Kong Dan, diretor do Grupo CITIC, o maior conglomerado estatal da China, e Jack Ma, fundador da gigante de tecnologia Alibaba, também estavam por lá. Entrei uma vez no clube e conheci um rapaz jovem que se apresentou como Alvin. Só depois descobri que era Alvin Jiang, o neto do chefe do Partido, Jiang Zemin. Alvin posteriormente fundou um negócio de *private equity* bilionário, com vinte e poucos anos.

Após gerenciar o clube por 18 meses, David falou comigo sobre a ideia de criar outra unidade do clube com ênfase em vinhos. Sempre interessada em se aconchegar ao poder, Whitney me encorajou a desenvolver a ideia com David. Ela e eu concordávamos em sermos investidores-anjos no projeto. Compartilhei com David meu conhecimento sobre vinhos. Na maioria das vezes, eu só o bajulava. Ele descia elogios sobre uma safra particular. Independentemente da qualidade, eu só concordava, enquanto David elogiava os taninos, o corpo e o terroir.

David e eu começamos a procurar um local para o clube do vinho. Certo dia, estávamos caminhando no Parque Beihai em Pequim, do outro lado da rua em frente ao portão norte do Zhongnanhai, a sede do Partido Comunista da China. Estávamos avaliando a ideia de "pegar emprestado" um prédio no parque e fomos verificar o local para ver se aguentaria uma reforma. Eis aí um outro exemplo de dar um novo propósito aos ativos estatais para uso privado.

Enquanto andávamos ao redor do prédio, David percebeu alguém vindo em nossa direção a passos largos. Usando óculos com uma armação fininha e um paletó azul-escuro sem gravata, parecia ser um oficial chinês. "Meu Deus", exclamou David enquanto o homem se aproximava. "É o ministro Meng". Meng Jianzhu era o ministro de segurança pública, o chefe da polícia do país, e estava fazendo uma caminhada após o almoço. Fugimos do local como se fôssemos dois colegiais. "Esqueça o clube de vinhos aqui", murmurou David ao sairmos apressados. Ninguém vai querer cruzar os caminhos do ministro Meng.

Emprestei minha equipe gerencial a David para que ele pudesse montar um plano de negócio. Como muitos outros aristocratas vermelhos, ele não tinha uma equipe boa. Na verdade, não precisava de uma. Ele ganhava seu dinheiro usando seus contatos para conseguir negócios exclusivos ou vendendo as coisas que obtinha sendo quem era. Ele usava o velho Jia para obter Moutai e tinha um mercado garantido para as vendas. Durante um tempo, o maior ativo da empresa de investimento de David foi a estrutura predial da Friendship Store, um marco na rua Jianguomenwai, lado leste de Pequim. Havia rumores de que ele a obtivera quando, graças ao seu sogro, conseguiu que o dono original fosse solto da prisão. Após a soltura, o empresário transferiu a estrutura predial para David Li. A empresa de David também ganhou o contrato exclusivo para vender as propagandas, que podem ser vistas nos inúmeros pontos de ônibus em toda a cidade. Isso foi uma licença para imprimir dinheiro. Posteriormente, David investiria na tecnologia do carro elétrico, adquirindo parte de uma empresa norte-americana chamada Canoo.

Embora ele não fosse um aristocrata vermelho de nascimento, adentrou os domínios da aristocracia pelo casamento e adotou alguns de seus caprichos. Mantinha seu grosso cabelo grisalho sempre com um corte baixo, lembrança às raízes militares do Partido. Quando recebia visitas em seu escritório, ele oferecia chá e um charuto. O charuto tinha que ser cubano, um aceno cínico à revolução mundial. O chá era invariavelmente *pu'er* envelhecido da província de Yunnan, para refletir a autenticidade cultural que ele ansiava. Em lugares fechados, David usava chinelos pretos de algodão com solas e meias brancas, espelhando a tradição dos homens nas ruelas *hutong* da velha Pequim. Os calçados modistas continham uma pergunta. Quando decodificada, questionava: "Nossos ancestrais usavam esses calçados na China Antiga. Os seus também?"

No segundo trimestre de 2011, Whitney sugeriu que levásse-mos David e sua esposa, Jia Qiang, à Europa para lhes darmos um curso intensivo sobre vinhos. Ele gostou da ideia e convidou dois outros potenciais investidores do clube de vinhos e suas esposas para o passeio. O primeiro era Xu Jiayin, CEO do Grupo Evergran-de, a maior incorporadora imobiliária da China, cujo filho havia cochilado nos meus seminários sobre riqueza familiar. O segundo era Yu Guoxiang, um magnata das construtoras desbocado e ape-lidado de Pequeno Ningbo, pois era baixo e vinha da província de Ningbo, uma cidade portuária ao sul de Xangai. Estávamos consi-derando investir US$5 milhões cada um para criarmos a coleção de vinhos do clube e colocar o negócio para funcionar.

Eu não sabia se David e sua esposa já haviam visitado a Europa, mas sua filha, Jasmine, certamente sim. Em novembro de 2009, ela roubou a cena ao aparecer chiquérrima na festa anual de debu-tantes do Hôtel de Crillon em Paris, usando um vestido Carolina Herrera comprido. Uma foto da jovem debutante apareceu na *Vogue Paris*. Posteriormente, Jasmine estudaria na Universidade Stanford e seria identificada nos Papéis do Panamá como a única acionista de duas entidades de investimento *offshore*, registradas das Ilhas Virgens Britânicas e especializadas em investimentos e consultoria. Parece que o fruto não caiu muito longe da árvore do velho Jia.

A primeira tarefa para nosso passeio à Europa foi providenciar o transporte. Na época, Whitney se acostumara a voar em jati-nhos particulares, e nós já havíamos nos inscrito numa lista de espera para comprarmos um Gulfstream G500 que custava US$43 milhões. Sugerimos um jato. David concordou, mas acrescentou que por motivos de conveniência, talvez devêssemos ir em três ae-ronaves. Em junho de 2011, nós — os quatro casais — partimos para Paris.

Embora o plano fosse irmos em três jatinhos, no último minuto os outros homens decidiram que queriam jogar cartas. Ainda alugamos as outras duas aeronaves; elas apenas voaram vazias. As aparências exerciam um papel importante. "Se você tem um jatinho, bem, então preciso ter um também." Além disso, por sermos chineses, nunca sabíamos quando surgiria uma oportunidade de negócio e talvez um de nós precisaria voltar rapidamente para fechá-lo.

A bordo, enquanto nossas esposas batiam papo e degustavam sushi, nós jogávamos *doudizhu*, ou Lute contra o Proprietário, um popular jogo de cartas chinês com raízes na brutal campanha da reforma agrária chinesa do início da década de 1950. Ao longo de diversas rodadas de apostas, o primeiro a ficar sem cartas — e "matar o proprietário" — ganha. Fiquei impressionado pelas quantias das apostas. Não sou um apostador talentoso e fiquei relutante em participar. Só na viagem de ida, coloquei US$100 mil. Estava mais constrangido do que preocupado. Perder dinheiro para homens como aqueles poderia de fato acabar se tornando bom para os negócios. Quem não abre as portas para uma presa fácil? Eu sabia que sempre me convidariam novamente, dando-me uma abertura para aprofundar uma conexão pessoal.

Na mesa de cartas, a conversa se voltou aos negócios. Yu Guoxiang aparentemente já havia tido problemas com a lei diversas vezes. Ele teria "emprestado" US$500 mil a um oficial da província da Zhejiang para ganhar um contrato de US$1,2 bilhão, para a construção de uma rodovia expressa ao redor da cidade de Hangzhou. O oficial acabou sendo condenado à prisão perpétua por corrupção. Relatórios publicados e cabogramas diplomáticos norte-americanos também relacionaram Yu a empréstimos questionáveis que ele teria pego do fundo de pensão estatal de Xangai em 2003, permitindo-o construir o Hotel Hilton Jing'an de Xangai por US$150 milhões.

Fazendo um brinde a Yu e aos seus encontros com a lei, David declarou que, "na China de hoje em dia, a cadeia é a versão moderna da Academia Militar de Whampoa. Um empresário chinês que não esteve preso não realizou nada." Para mim, foi uma declaração muito impressionante. A Academia Militar de Whampoa era a versão chinesa da West Point norte-americana, uma instituição reverenciada na qual a primeira geração de oficiais modernos chineses receberam treinamento nas décadas de 1920 e 1930. Igualar a condenação de um empresário e seu tempo de reclusão na cadeia com a educação militar completada por um cadete chinês patriota era uma blasfêmia. O óbvio seria que, nesses círculos, cumprir pena seria uma marca negativa e que Whampoa seria reverenciada. Mas aqui estava o genro do quarto político mais poderoso da China venerando o encarceramento penal. Todos os demais concordaram solenemente com as cabeças, encostaram as taças umas nas outras e engoliram seu Champanhe Krug. Embora eu estivesse bastante espantado pela audácia de David, não fiquei muito preocupado. Whitney e eu sempre fôramos cuidadosos em nossos negócios para que ficassem dentro dos limites da lei.

Whitney havia me orientado a montar um espetáculo para o grupo e, após pousarmos em nossa primeira parada, França, ele teve início. Na noite do dia 10 de junho de 2011, organizei um jantar no Pavillon Ledoyen, um dos restaurantes mais antigos de Paris, situado nos jardins ao leste dos Champs-Élysées. "Foi aqui que, no estiloso 8º distrito da cidade, Napoleão conheceu Josefina", informei aos meus convidados, "e onde os duelistas vieram cessar seus conflitos e estabelecer a paz, fazendo uma festança após terem metido a bala uns nos outros no Bois de Boulogne, aqui pertinho".

Em três de seus lados, o salão de jantar dava vista a campos bem cuidados, através das janelas enfeitadas com cortinas brancas. As mesas reluziam com toalhas brancas e talheres de prata.

A clientela naquela noite incluía um punhado de casais franceses, príncipes sauditas, industrialistas alemães, uma mesa de empresários japoneses e alguns norte-americanos malvestidos. Fomos conduzidos a uma sala privativa. O chef Christian Le Squer era renomado nos círculos culinários, pois havia começado servindo *fast food* a marinheiros em barcos de pesca e atualmente era um chef condecorado com a estrela Michelin.

Eu havia convidado um amigo francês, François, que tinha uma das maiores coleções particulares de vinhos pré-1960 na França, tarefa nada fácil numa nação de enófilos. Pedi a ele que escolhesse a comida juntamente com o chef Le Squer, pois queria mostrar aos meus amigos a delicadeza com a qual a França trata seus vinhos e o cuidado que dispõem à experiência gastronômica. A revolução comunista chinesa destruíra nossos laços com as famosas habilidades e conhecimentos da China Imperial. Essa era minha maneira de expor meus colegas de viagem à beleza da tradição e a alguns vinhos muito finos.

Além de três champanhes e uma garrafa da coleção particular da família Rothschild, François compôs uma degustação vertical de seis safras do Châteu Lafite, todos magnums, começando com um de 1900, depois um de 1922, um de 1948, um de 1961, um de 1971 e um de 1990. O chef Le Squer combinou a degustação com tainha grelhada, pregado assado, cordeiro e enguias defumadas com torrada, terminando com um sorbet cítrico. Só os vinhos já deram mais de US$100 mil, e comemos e bebemos por horas. Sim, foi um consumo conspícuo, mas, para Whitney e eu, isso se deu com um propósito.

Na China, a política é a chave para as riquezas, e não o contrário, e David Li estava ligado politicamente ao sistema. Whitney e eu estávamos lá para criar uma conexão. Ela sempre conseguiria usar outra peça em seu tabuleiro de xadrez. Nós dois ficamos agradavelmente surpresos com a esposa de David, Jia Qiang. Apesar de ser "filha" do Partido, ela era descontraída e acessível.

Whitney estava singularmente concentrada em abrilhantar nossa marca pessoal e em aperfeiçoar o modo em que nós, como casal, conseguíamos nos distinguir da multidão. Ela desempenhava o papel de uma mulher com acesso ao Oriente, simbolizando o aprendizado chinês. Eu fazia o papel de um homem com portas abertas no Ocidente e seu modo de vida. Na Europa, abri portas para nosso grupo que normalmente estariam trancadas. Para destacar meu conhecimento do mundo fora da China, organizei cada passo da viagem. Por que ficar aqui e não lá? Por que comer aqui e fazer compras lá? Por que beber isso e não aquilo? Tinha todas as respostas. Sob tal perspectiva, o preço daquela noite fazia parte do show.

Após Paris, fomos a Bordeaux para visitarmos uma propriedade que pertencia à família Rothschild. Conheci essa ramificação da família durante viagens anteriores à Europa, quando estava engajado em meu projeto de herança familiar. Na propriedade, Eric Rothschild — o descendente do clã nascido em Nova York e agora com 70 anos — e sua esposa, Maria-Béatrice, nos ofereceram uma refeição. Banqueiro, vinicultor e filantropo, Eric era um homem de muitos talentos. Naquele dia, estava usando um terno bem-feito e claramente muito usado, repleto de remendos, não apenas nos cotovelos. Meus colegas de viagem ficaram atônitos. Outro momento de ensino. Isso, observei para eles, é o estilo dos ricos antigos. Naqueles dias, seria um terno feito sob medida. Estava ficando velho, porém, Eric — relutante em separar-se dele — tratava-o com cuidado. Para um grupo de novos ricos chineses levemente vulgares, a história do terno era uma oportunidade de aprenderem a valorizar as coisas que tinham.

Depois de Bordeaux, voamos à Côte d'Azur, no Mar Mediterrâneo. Xu Jiayin, dono de uma construtora, queria dar uma olhada em um barco. Ele era um homem que havia conquistado tudo sozinho, nascido numa vila rural na província de Henan, em 1958. Seu pai foi trabalhador de armazéns, assim como o meu. Sua mãe camponesa morreu quando ele tinha 18 meses, e ele passou a ser criado por seus avós. Ao completar 20 anos, Xu estava trabalhando em uma siderúrgica ao sul da China.

Xu foi crescendo e assumiu como gerente-geral da unidade. No fim da década de 1980, quando a fábrica foi privatizada, ele pediu demissão. O trabalho em uma fundição era perigoso, e Xu havia montado uma equipe forte. Ele convenceu todos a pedir demissão com ele e começar em sua construtora.

Isso foi em 1992, o ano em que o principal líder chinês, Deng Xiaoping, foi à cidade de Shenzen, no sul do país, para reavivar as reformas econômicas e remover os intransigentes que haviam liderado as ofensivas nos protestos pró-democracia na Praça da Paz Celestial em junho de 1980. Xu e sua equipe pegaram a onda imobiliária em sua força total. Na época da nossa viagem à Europa, ele havia ganhado bilhões, vendendo apartamentos à florescente classe média chinesa.

A técnica de Xu para conquistar outros contatos era, na minha opinião, mais descarada do que a nossa. Certo dia, após Whitney ter ido a um jantar em Pequim com ele e Tia Zhang, ele a convidou para irem a uma joalheria e se ofereceu para comprar um anel de mais de US$1 milhão. Whitney recusou, sabendo que teria que pagar de alguma forma no futuro. Ele então comprou dois desses anéis, idênticos. Obviamente, não eram para sua esposa. Na China, há diversas formas de conquistar a atenção daqueles que estão no poder. O método preferido de Xu era dar presentes absurdamente caros.

Xu queria ir dar uma olhada num navio de cruzeiro que valia US$100 milhões, atracado ao sul da França. O navio pertencia a um magnata de Hong Kong (que também tinha bilhões). Como David Li, Xu estava interessado em abrir seu próprio clube particular, mas considerou que um estabelecimento sobre as águas seria mais reservado do que o de David, numa rua secundária de Pequim. Xu vislumbrou um palácio flutuante do vinho para os jantares dos oficiais em alto-mar chinês, longe dos olhares curiosos dos policiais anticorrupção da China e dos paparazzi que começavam a surgir.

O fato de que nenhum de nós ficou chocado pelo preço do navio revela muito sobre aquela época especial. Pagar esse tipo de preço entre aqueles magnatas se tornara, se não uma rotina, pelo menos algo não tão longe do comum. Porém, quando chegamos à doca e vimos a embarcação, o que me impressionou foi a modéstia da decoração. Obviamente, era enorme. Para tripulá-la, seriam necessárias dezenas de cozinheiros, empregados e garçons. Mas por US$100 milhões, eu esperava mais elegância, candelabros e o tipo de acabamento em madeira que me hipnotizara quando andei em um Rolls-Royce pela primeira vez com meu pai e seus chefes em Hong Kong, anos atrás. "É isso que vai comprar por cem milhões de dólares?", perguntei. Não precisa nem mencionar que ele não efetuou a compra.

Durante a viagem, nosso grupo expressou pouca curiosidade pela história ou cultura da Europa. Meus companheiros faziam parte da primeira geração de ricos chineses: empreendedores que haviam conquistado tudo sozinhos, como Xu; construtores durões, como o Pequeno Ningbo; e membros da aristocracia comunista, como David Li. A audácia era recompensada. A prisão era um risco ocupacional. A educação não era um requisito. Pessoas como eles não estavam interessadas em quadros e museus famosos. Queriam principalmente deixar sua marca no mundo. De qualquer modo, era época de compras.

Na sequência, após a Riviera Francesa, nossas vistas se voltaram a Milão. Nós, os homens, nos escondemos no Hotel Bulgari, enquanto nossas esposas foram ao Quadrilatero della Moda, o distrito da moda em Milão, num frenesi de consumo. Elas pareciam gladiadoras no Coliseu, competindo entre si para ver quem podia pagar o quê. Nunca havia pensado nas compras como um esporte sanguinário, mas o que sabia eu? No aeroporto em Milão, preparando-nos para voltar à China, foram necessárias 3 horas para processar os pagamentos extras de impostos, pois elas haviam gastado muito. Enquanto isso, fui chamado novamente à mesa de cartas na sala VIP. Desta vez, apostei US$200 mil. Por sorte, ninguém jamais cobrou essas dívidas.

Voltando para casa, reclinado em um assento estofado de couro a 10 mil metros acima da Eurásia, refleti sobre o incrível curso que nossas vidas haviam seguido. "Apenas há alguns anos", meditei em voz alta, "teríamos sorte se conseguíssemos andar em bicicletas Flying Pigeon. Agora, estamos em jatinhos particulares. Vir de lá para cá rápido assim é suficiente para deixar a cabeça rodopiando." Os outros concordaram. De volta à China, Whitney e eu decidimos que ainda não era o momento para um clube do vinho.

Tia Zhang também adorava viajar, e Whitney e eu organizamos viagens para ela enquanto seu marido era o primeiro-ministro. "Quando o velhinho se aposentar, não vão me deixar sair da China", observou ela certa vez, "então, é melhor viajar para o exterior enquanto ainda tenho a chance." É uma peculiaridade do sistema chinês que o Partido proíba a maioria dos líderes seniores a sair do país. Por exemplo, o ex-primeiro-ministro Zhu Rongji foi impedido de assumir um cargo como acadêmico visitante em Harvard. Em outros países, ex-oficiais seniores em geral desempenham um papel útil nos bastidores, discutindo acordos, circulando propostas e canalizando críticas que não podem ser feitas pelos oficiais atuais. Mas o Partido, sempre obcecado pelo controle total, assumira o poder de decisão de tais possibilidades.

Nas viagens, Tia Zhang era um turbilhão de energia. Nós a levamos aos pampas da Argentina, aos fiordes da Nova Zelândia, ao interior da Austrália, aos castelos do Vale Loire na França e a passeios na Suíça, nos quais ela desaparecia em spas exclusivos que ofereciam tratamentos para a longevidade.

Durante uma dessas aventuras, fomos a Zurique em 2007 e pegamos um carro para cruzarmos metade do país até o spa Clinique La Prairie, entre Montreux e Vevey, às margens do Lago de Genebra. Ela tinha uma consulta para fazer um lifting facial e tomar injeções de placenta de ovelha, de modo a espantar as vicissitudes da idade. Após ela ser chamada, sentei-me na sala de espera do spa. Uma procissão de mulheres usando roupões e com os rostos cobertos por gazes passou desfilando. Horas depois, Tia Zhang apareceu com curativos parecidos, e retornamos ao hotel.

Após alguns dias, ela pôde tirar os curativos e, sem dar bola às proeminentes marcas da incisão feita ao redor de suas orelhas, estava pronta para pegar a estrada. Tia Zhang era muito mais ávida pela vida do que meus amigos empreendedores. E ela estabelecia um ritmo extenuante.

Levantando-se às 5h em sua suíte no hotel de cinco estrelas, ela recebia o novo dia se movendo com dificuldade até o restaurante levando a panela de arroz que trouxera de Pequim. Sob olhares confusos dos garçons europeus, ela fazia mingau de arroz, temperado com vegetais chineses em conserva que levara em sua bagagem de mão. Ao redor das 6h, o café da manhã estava pronto e ela enviava um de seus atendentes para nos acordar. Dormir até mais tarde ou tomar café da manhã ocidental era um tabu. Para mim, isso era especialmente difícil. Gosto dos meus croissants.

Um grupo curioso de parasitas se grudava em Tia Zhang. O ex-gerente de fábrica Huang ia com ela a todos os lugares; nunca o pegamos no quarto dela, mas todo mundo acreditava que tinha um rala e rola acontecendo. Outro camarada, que se autodenominava Sunshine e era colega do filho de Tia, Winston, nos acompanhava também.

Após o café da manhã, ao redor das 7h30, pegávamos a estrada numa grande van com um motorista chinês, divertindo-nos pelo interior europeu. Tia Zhang também não curtia muito os museus, mas ela adorava as paisagens ao ar livre. Das 9h da manhã até a noite, ela não parava. Para o almoço ou jantar, eu tinha que encontrar um restaurante chinês, em geral um desafio nos fins de mundos suíços ou na rural Argentina.

Para mim, essa era uma forma frenética de viajar. Eu colocava a Tia nos melhores hotéis europeus e encontrava alguns dos melhores restaurantes. Rotineiramente, eu pagava mais de mil euros por noite por um quarto, mas nunca ficávamos lá, raramente comíamos nos melhores restaurantes e ficávamos fora quase até o amanhecer.

Tia Zhang nunca viajava com uma equipe de segurança chinesa. E acho que os serviços de segurança das nações que visitávamos não faziam ideia de quem ela era. Numa viagem aos fiordes da Nova Zelândia, ficamos receosos quando ela começou a comer um macarrão instantâneo. Estávamos nós e um grupo de turistas ocidentais. Aquela gente não fazia ideia de que a senhorinha sorvendo ruidosamente o macarrão ao lado deles era a esposa do primeiro-ministro da China.

⊶ CAPÍTULO QUINZE ⊷

JÁ ESCREVI ANTES QUE A SORTE ESTÁ NO ÂMAGO da maioria das fortunas. Whitney e eu tivemos um golpe de sorte com o IPO da Ping An. Depois, tivemos outro.

Logo no início de sua gestão como chefe do aeroporto, Li Peiying assinou um memorando de entendimento com uma grande estatal, o Grupo de Turismo Pequim, para comprar um hotel que possuíam no centro de Pequim. Li queria reformar o local e fazer dele a sede do Aeroporto Internacional de Pequim — Capital. Teria sido um enorme projeto de vaidade, mas acabou não dando certo. Cerca de um ano após o início da nossa *joint venture* no aeroporto, Li Peiying me contou sobre o negócio.

Ele disse que não estava mais interessado em construir lá. Eu não sabia na época, mas Li estava sob investigação quase constante feita pela Comissão Central do Partido para Inspeção de Disciplina por corrupção. Então, naturalmente, seu sonho de uma segunda sede para o conglomerado do aeroporto — pertinho de seu sushi bar favorito — se desfez.

Perguntei a ele se o aeroporto poderia vender o projeto para nossa *joint venture*. Ele gostou da ideia. Propusemos o negócio para o Grupo de Turismo Pequim.

O local no distrito de Chaoyang em Pequim tinha cerca de 500m ao longo do Rio Liangma — ou Cavalo Brilhante —, que, na época, tinha águas fedorentas que congelavam no inverno e era o palco da proliferação de algas nocivas na primavera. Ali ficava o Hotel Huadu, meio decadente, com três estrelas, quatro andares e um restaurante surpreendentemente bom.

Contratamos um auditor independente para avaliar o terreno e analisamos os números com os comitês do Partido no aeroporto e no Grupo. Whitney e eu não sabíamos se os preços dos imóveis subiriam ou não, mas estávamos otimistas de que as coisas melhorariam e tínhamos a intenção de controlar o maior número possível de terras. Com a concordância de ambos os lados quanto ao valor do terreno e do hotel, cerca de US$100 milhões, nossa *joint venture* o comprou por meio de empréstimos em um banco estatal.

Nós também deixamos o projeto parado por anos. Toda minha energia e todo nosso capital estavam sendo consumidos pelo aeroporto. Então, Whitney foi para Nova York para o nascimento de Ariston. Por fim, em 2010, eu estava pronto para a construção. No entanto, a política interferiu novamente.

Após a prisão de Li Peiying, novas regulações foram impostas, proibindo que o aeroporto se envolvesse em qualquer coisa fora de sua atividade principal, especialmente imóveis, pois os negócios envolvendo terrenos haviam se tornado uma grande fonte de corrupção. Assim, bem quando eu estava voltando minha atenção à construção naquele local, o Grupo do Aeroporto Internacional de Pequim — Capital, nosso principal acionista na *joint venture*, ficou receoso e mudou de ideia.

O Grupo do Aeroporto nos abordou e praticamente ordenou que a Great Ocean comprasse a terra da *joint venture*. Ele nos disse ainda que queria que o terreno fosse reavaliado e que, só então, nos venderia a terra com o novo preço. É claro, o aeroporto estava querendo ganhar uma fortuna. Entrementes, o valor dos terrenos em Pequim dispararam, especialmente em locais nobres, como um enorme bem às margens do Rio Liangma.

Fizemos uma contraproposta de compra pelo preço original que nossa *joint venture* pagara, mais os juros. Observamos que o aeroporto estava basicamente nos forçando a tirar o terreno do domínio do nosso empreendimento conjunto. Nossa intenção era que a *joint venture* construísse. Por que deveríamos ter que comprar o terreno da própria *joint venture* a um preço inflado?

De acordo com a lei, o terreno só poderia ser vendido após a abertura de licitação pública. Mas o processo poderia ser manipulado para assustar os licitantes concorrentes. Primeiro, o item à venda não era de fato o terreno; era uma *holding* que possuía o Hotel Huadu, que, por sua vez, era dono do terreno. Nenhum dos potenciais compradores, com exceção de nós, sabiam das dívidas da *holding*. Para eles, era uma caixinha de surpresas. No fim das contas, nosso lance de US$130 milhões foi o único dado. Whitney e eu juntamos o dinheiro. Desta vez, Tia Zhang de fato colocou uma parte, cerca de US$45 milhões.

O fato é que, no fim, o projeto de reconstrução — que incluía um hotel, residências, espaço para escritórios e um museu — nos proporcionaria enormes lucros inesperados. O Hotel Huadu ocupava cerca de 42 mil m². Após a reforma, o novo complexo continha quatro prédios e quase 140 mil m² acima do solo, e 74 mil m² no subsolo. Não sei dizer exatamente quanto vale hoje. Mas acredito que seja algo entre US$2,5 bilhões e US$3 bilhões. Ninguém sabia que os preços dos imóveis em Pequim teriam uma valorização tão grande. Foi um enorme golpe de sorte.

Para mim, o projeto foi uma alegria. A supervisão da construção do aeroporto havia sido meu treinamento. Agora que havia superado essa fase, poderia colocar em prática tudo que aprendera no novo projeto, evitando erros de principiante e exercitando minha criatividade.

Nosso primeiro impulso foi construir o prédio mais alto de Pequim. Whitney e eu começamos a avaliar alguns dos arquitetos mais famosos do mundo. Recebemos uma proposta de Norman Foster para a construção de uma torre de 281 metros. Mas as regulações exigiam que os blocos de apartamentos residenciais do outro lado da rua recebessem duas horas de luz solar durante o dia mais curto do ano. Então, fomos forçados a cortar a altura pela metade e usar cada centímetro quadrado do terreno que agora controlávamos. Whitney ofereceu ao artista Zeng Fanzhi a oportunidade de levar seu estúdio para a cobertura de um museu que planejávamos construir ao lado para acrescentarmos um espaço de entretenimento. Nos andares de baixo, o museu exibiria as obras de Zeng, muitas das quais eram vendidas por milhões de dólares em todo o mundo. A maioria dos museus na China eram administrados pelo Estado. O fato de termos um particular mudaria a forma de curadoria das exibições.

Conseguimos permissões para a construção de quatro prédios. Um hotel e os apartamentos do condomínio compartilhariam uma estrutura de 21 andares. Haveria também duas torres de escritórios e o museu. Os espaços para os escritórios ocupariam quase 75% do projeto, e os 25% restantes seriam reservados ao hotel e ao condomínio. Tínhamos apenas vitrines limitadas; a China está sobrecarregada de shoppings. Planejamos o museu para ficar em um terreno a apenas alguns metros das margens do Rio Liangma.

Na minha opinião, era um dos melhores lugares em Pequim. Todo o lado sul do projeto acompanhava o rio. Um dos distritos mais antigos de embaixadas na cidade se localizava do outro lado do rio; uma área arborizada, com casas de dois andares e chancelarias rodeadas de amplos espaços. Em dias bons, sem a neblina de poluição, era possível observar do nosso terreno e ver um mar verde, como pode ser feito em Manhattan ao olhar para o norte a partir da rua 59, para o Central Park. Além disso, o governo municipal estava limpando o rio. Acabaram os dias de odor pútrido.

Whitney e eu já havíamos estado nos hotéis mais exclusivos do mundo durante toda nossa vida profissional. Sabíamos como funcionavam e entendíamos o que constituía um ótimo quarto. Diferentemente do projeto do aeroporto, não precisamos viajar o mundo para pesquisarmos hotéis, pois nossas vidas haviam sido inconscientemente dedicadas a tal tarefa. Nós contratamos um time de estrelas de designers de interiores, de iluminação, arquitetos e engenheiros. Para o paisagismo ao redor do projeto, entrevistamos um monge japonês que havia herdado o monastério Zen de seu pai. No fim, acabamos contratando uma equipe da Austrália. Para o projeto do museu, fechamos contrato com o ganhador do prêmio Pritzker e autodidata Tadao Ando. Para o complexo dos escritórios, do hotel e das residências, usamos os serviços da empresa de arquitetura Kohn Pedersen Fox, em Nova York, que havia construído arranha-céus no mundo inteiro.

Nossa missão era fazer deste o melhor projeto imobiliário que já existiu na China. Não poupamos recursos para torná-lo realidade. Tomamos a decisão conscientes de não fazer como outros construtores ricos, que contratavam designers e deixavam que eles tomassem as decisões. O problema com esse modelo é que os designers e os executivos das construtoras nunca haviam vivido uma vida de luxo. Não era o nosso caso — vivíamos assim havia uma década. Sabíamos que se pudéssemos combinar nosso senso estético com o profissionalismo de nossa equipe, os resultados seriam extremamente impressionantes. Dei ao projeto o nome Gênesis, pois acreditava que poderia escrever um novo capítulo no desenvolvimento imobiliário.

Em janeiro de 2011, fizemos uma reunião de lançamento com nossa equipe de design em Pequim. Cerca de setenta pessoas do mundo todo encheram uma sala de conferências. Comecei a reunião com um discurso. Vestia um terno azul-escuro. Também usava sapatos carmesins feitos sob medida chamados Sergios e criados pela sapataria francesa Atelier du Tranchet. "Alguma vez viram o dono se vestindo como eu para uma reunião dessas?", perguntei. "Vejam estes sapatos! Esse é o estilo que quero levar para o projeto inteiro." Todos deram risada. Mas eles sabiam que eu estava falando sério. Para eles, era inspirador trabalhar em um projeto que poderiam colocar em seus currículos. Nunca haviam visto um proprietário pronto para gastar tanto para fazer o melhor, sem tomar atalhos, para buscar a perfeição e usando lindos sapatos vermelhos.

A China está repleta de hotéis, em parte porque os executivos chineses os apreciam quase tanto quanto os clubes particulares. Os executivos das estatais adoram construir hotéis, pois podem usá-los como clubes para entreter contatos ou cortejar acompanhantes, tudo pago pelo Estado. Mesmo após se aposentarem, ex-executivos de estatais nadam na piscina, comem no restaurante ou reservam quartos sem nenhum custo. Pequim tem mais hotéis de cinco estrelas do que qualquer outra cidade do mundo. Eu sabia que, se fosse incluir um hotel no projeto, ele precisaria ter um tamanho limitado — para ter pelo menos uma chance de obter lucros. Estabeleci uma parceria com a Bulgari, a joia da coroa dos hotéis mundiais e uma marca que potencializaria o valor de todo o empreendimento. Inicialmente, propus um hotel com sessenta quartos; a Bulgari queria mais. Chegamos a um consenso de 120 quartos.

Mergulhei em cada aspecto do projeto dos quartos. Queria que meu hotel proporcionasse aos hóspedes coisas que não encontrariam em nenhum outro lugar, pequenos toques que melhorariam a experiência geralmente estressante de viajar. Por exemplo, a maioria dos hotéis de cinco estrelas raramente providencia um espaço suficiente para uma mala aberta. Mas os viajantes em geral chegam em pares. Orientei minha equipe de construção para garantirem que todos os quartos tivessem espaço suficiente para duas malas. Esse 1,5m extra se tornou um grande gasto, mas valeu a pena.

Discutimos com a Bulgari sobre quem ficaria com as coberturas, o hotel ou os condomínios. Queríamos que as coberturas fossem residências, pois uma localização tão nobre conseguiria os preços mais altos em Pequim. A Bulgari por fim acedeu aos nossos desejos. Whitney e eu ficamos com a cobertura, um apartamento espaçoso com 930 m² equipado com uma piscina interna para mim e Ariston. Esse seria nosso lar.

Whitney retornou ao trabalho em 2010, quando o projeto foi lançado. Começamos a brigar abertamente sobre detalhes do projeto na frente da equipe. Parecia que ela sentia prazer em me contrariar. À noite, voltávamos a falar sobre o assunto e ela concordava que não era legal, porém, no dia seguinte, ela fazia tudo de novo. Por fim, decidimos dividir as responsabilidades para limitar nossas interações dentro do escritório.

Fiquei responsável pelo marketing, pelo planejamento, pela estratégia e pelas vendas, e ela ficou com a construção, os custos e o controle de qualidade. Ainda assim, houve muitos confrontos. E nas reuniões conjuntas, ela continuava me contrariando abertamente. Uma reunião foi sobre o tamanho das residências, que envolviam cálculos financeiros e políticos detalhados. Que tipo de clientes buscaríamos? Pessoas que comprariam unidades pequenas de 37 m² por US$3 milhões ou aquelas que comprariam um andar inteiro por vinte vezes mais. Não se esqueça de que aqueles foram os anos dourados da China. Talvez alguém quisesse uma mansão nas alturas no centro da cidade. Nós certamente queríamos.

Em termos de status social, esses seriam clientes totalmente diferentes. Os apenas ricos ou os megarricos. Será que deveriam se misturar em um elevador e lobby comuns ou deveria haver entradas separadas? E quando se tratava de política, seria sábio num país alegadamente comunista que as pessoas gastassem dezenas de milhões de dólares em um apartamento? Será que elas ficariam com medo de gastar tanto assim na China? Como deveríamos apostar nas tendências sociais e políticas?

Minha equipe passou meses nesse assunto e compartilhamos nossas conclusões com Whitney e seu grupo. Eram eles, afinal, os construtores. Ela não ficou impressionada. Não gostou da combinação que sugerimos. Mas percebi que, no fundo, ela estava desconfortável por eu estar no comando. Ela caminhou pela sala perguntando à sua equipe o que acharam do nosso plano. Eles levaram muito tempo até dizerem algo. Senti que estava novamente no aeroporto com o gerente-geral que substituiu Li Peiying. Todo mundo tinha opiniões diferentes, e a falta de consenso significava que nada seria feito.

Whitney declarou então que queria engavetar a decisão por ora. Fiquei furioso. "Você acha que é muito esperta, né?", gritei, acrescentando, "Não aguento mais isso!", e saí da sala. Aquilo era mais do que apenas uma diferença de opiniões. Ela estava me desrespeitando abertamente em público, e, considerando minhas preocupações eternas com minha reputação, isso foi especialmente doloroso.

Meu relacionamento com Whitney sempre teve ecos da relação que eu tinha com meus pais. Quando nos conhecemos, ela me criticava ininterruptamente, muito parecido com o que meus pais faziam. Aceitei aquelas censuras numa tentativa de seguir sua receita para o sucesso. Porém, após obtê-lo, eu comecei a confrontar, como fiz com meus pais, esse vão entre meu mundo particular, que era marcado pela desaprovação de Whitney, e meu mundo público, repleto de distinções e realizações. Algo tinha que ceder.

Em retrospecto, acredito que Whitney sentia a necessidade de impor sua autoridade. Ela estivera longe da China para o nascimento de Ariston, e como minha posição em nossa empresa havia crescido, ela sentiu que a dela havia enfraquecido. Fui eu quem montou a equipe administrativa. Eu que contratei todo mundo, com exceção do diretor financeiro. Começando no aeroporto, montei o grupo do zero. E quando vendi nossa participação no aeroporto, parte da negociação com a Prologis garantiu que a equipe gerencial inteira viesse comigo. Criar essa equipe foi uma das maiores realizações para mim. Whitney se concentrava no desenvolvimento de relacionamentos com os chefões do Partido. Mas era minha equipe e eu que realmente fazíamos o trabalho. Ela não estava envolvida em grande parte dessa tarefa, e isso aumentou sua insegurança.

Minha equipe e eu trabalhamos para criar uma cultura híbrida entre Oriente e Ocidente. Diferentemente da maioria dos chefes chineses, eu acreditava que não deveríamos trabalhar nos fins de semana. Ao mesmo tempo, eu não era uma corporação multinacional impondo valores a milhares de quilômetros de distância. Criava tudo de baixo para cima. Acreditava no crescimento pessoal. Teria sido hipocrisia minha não fazê-lo. Afinal, passei muito tempo em Xangai após o colapso da PalmInfo e, posteriormente, no Instituto Aspen, tentando melhorar. Meu pacote de benefícios era igual ao de empresas internacionais. Paguei o MBA para alguns dos integrantes seniores da minha equipe. E também não contratava parentes. Whitney havia ajudado a empresa de imóveis de seu meio-irmão em Tianjin, mas ele nunca esteve em minha folha de pagamento. Consequentemente, evitávamos os conflitos divisionistas que atormentavam tantas outras empresas chinesas.

Apesar de estarmos casados e de sermos sócios empresariais, Whitney e eu competíamos intensamente. Ela havia me moldado e facilitado meu sucesso, mas, agora, sentia que eu estava desafiando sua autoridade e sua preocupação era que eu não precisasse mais dela. E ela tinha razão. Eu acreditava que o tempo estava do meu lado e que, com minha expertise como o fator impulsionador, nossa empresa estaria em breve competindo com companhias chinesas ou internacionais de igual para igual por projetos de construção na China e no exterior. Eu também ansiava pelo dia em que Whitney e eu compartilharíamos nossa riqueza de forma mais equilibrada. Porém, ela parecia indisposta a mudar. Para ela, jogar o jogo dos *guanxi* era sua única habilidade e ela temia o dia em que isso e, por consequência, ela, não fossem mais necessários.

Uma vez obtidas as aprovações para construirmos a Bulgari em 2012, o projeto não ficou tão dependente de nossos contatos como fora no aeroporto, então o papel de Whitney ficou pequeno. Os estrangeiros dominavam o trabalho. Todos meus terceirizados eram internacionais. Não perdíamos tempo com encontros sociais. Eu havia deixado a Moutai para trás — embora a equipe desfrutasse de uma quando, ocasionalmente, eu abria uma garrafa de vinho fino.

Apesar da alegria que sentia no trabalho, meu relacionamento com Whitney começou a piorar. Era irônico, até trágico, que um projeto que poderia ter nos aproximado parecia estar nos separando. Com perspectiva, agora consigo ver que nunca fomos emocionalmente próximos o suficiente e analisávamos nossos laços de forma pragmática demais. Ela sempre argumentou que a paixão deveria ir para o assento de trás de nosso relacionamento e que, enquanto a lógica subjacente fosse forte, nós, como casal, duraríamos.

Porém, para mim, apenas a lógica não era o suficiente. Na vida, abordamos os relacionamentos essenciais combinando "pular de uma montanha" com um autointeresse calculado. Não há uma fórmula perfeita. Mas Whitney e eu claramente não tínhamos a certa. Havia pouquíssima emoção investida em nossa união. Em retrospecto, essa teria sido a cola que nos manteria juntos. A emoção poderia ter funcionado como o tecido mole para que, quando o esqueleto estivesse fraco, ainda haveria uma camada vital para amortecer nossa queda.

⊪ CAPÍTULO DEZESSEIS ⊪

NO DIA 26 DE OUTUBRO DE 2012, O *NEW YORK TIMES* publicou uma reportagem de capa detalhando as enormes rique- zas pertencentes à família de Wen Jiabao. Com base em registros corporativos, a revelação estimou que a família Wen tinha cerca de US$3 bilhões. No início do vigésimo parágrafo, havia o nome de Whitney. Imagine o quanto isso abalou nosso relacionamento.

Três dias antes de o artigo ser publicado, o repórter do *Times*, David Barboza, entrou em contato com Whitney para informá-la que ela seria destacada na reportagem e pediu que comentasse. Ela se reuniu com Tia Zhang para pensar numa resposta. Barboza dis- se a Whitney que ele colocaria no artigo que a Great Ocean havia sido o veículo utilizado para comprar as ações da Ping An e que, posteriormente, mais de US$100 em ações dessa empresa foram transferidos para uma conta pertencente à mãe de Wen Jiabao, que era professora aposentada e não tinha nenhuma fonte de entrada além da pensão do governo.

Whitney e Tia Zhang inicialmente decidiram não comentar a reportagem. Então, Whitney contatou a esposa de Baborza, que era taiwanesa, usando seus contatos do mundo artístico. Durante várias horas, Whitney implorou a ela que convencesse o marido a engavetar a reportagem. "Somos todos chineses", ouvi-a dizendo ao telefone. "Deveríamos poder resolver isso amigavelmente. Tenho um filho; você tem filhos; sabe como isso vai prejudicar minha família. Você não gostaria que isso acontecesse com a sua." Esse foi outro exemplo da fissura entre a cultura de Whitney e a do mundo ocidental. No entanto, ela estava desesperada. Era um tiro no escuro. Não preciso nem dizer que os Barboza não deram a mínima.

Tia Zhang mudou de ideia e mandou que Whitney assumisse a responsabilidade pelo negócio da Ping An. Ela a instruiu que conversasse com Barboza e dissesse a ele que todas as ações sob o nome da mãe do primeiro-ministro e de outros parentes na verdade pertenciam a Whitney e que ela havia as colocado no nome deles para diminuir o tamanho de sua fortuna. "Quando investi na Ping An, não queria que fizessem reportagens sobre isso", contou Whitney ao *Times*, "então, pedi aos meus parentes que encontrassem outras pessoas para manter as ações para mim." Sua declaração foi muito exagerada, para dizer o mínimo. Obviamente, carecia de confiabilidade. Porém, a lealdade de Whitney à Tia Zhang a forçou a seguir suas ordens. É claro, originalmente, as ações estavam todas no nome da Great Ocean para proteger *os Wen*, e não Whitney. Foi só após vendermos nossas ações em 2007 que Tia tomou a decisão errada de transferir a posse das ações para sua sogra e outros no clã. Isso deixou um rastro. Caso as ações tivessem permanecido no nome da Great Ocean, Barboza não teria muito para sustentar sua história.

Eu sempre soube no fundo que, a certa altura, Tia Zhang sacrificaria Whitney. Porém, imaginava que, quando isso ocorresse, Whitney estaria mais bem protegida. Mas eu estava errado. Ela tinha investido demais de si mesma em seu relacionamento com Tia Zhang. Ela também abraçara o que os chineses denominam de *yiqi*, o código de irmandade, o mesmo código a que eu aderi com meus colegas em Xangai. Ela aceitou voluntariamente levar a fama de má para provar que Tia Zhang tinha acertado ao confiar nela todos esses anos.

A maioria das pessoas teria fugido, entendendo que agora não era o momento de ser um herói. Porém, não foi o que Whitney fez. Entendi sua atitude como uma escolha profundamente pessoal, com partes iguais de desespero e coragem. Seu cristianismo talvez tenha influenciado. No entanto, mais do que isso, foi seu compromisso com os relacionamentos que havia desenvolvido. Insisti para que não falasse com Barboza. Mas ela tomou a decisão de fazê-lo, pois seus relacionamentos eram tudo o que tinha. No fim, a questão se resumia a como ela via a si mesma como pessoa.

Para a família Wen e, mais amplamente, para os altos escalões do Partido Comunista Chinês, a história caiu como uma bomba. A reportagem marcava a segunda vez naquele ano que uma agência ocidental de notícias detalhava a riqueza de uma importante família comunista. Diversos meses antes, em junho de 2012, a agência de notícias Bloomberg havia publicado uma história semelhante sobre a fortuna de parentes do vice-presidente — que em breve se tornaria o chefe do Partido — Xi Jinping. O interessante é que ninguém se sacrificou por ele, como Whitney fizera por Tia Zhang.

A reação do Partido à reportagem sobre Wen foi bloquear o site do *New York Times*. Um porta-voz do Ministério de Relações Exteriores acusou o jornal de difamar intencionalmente a China, abrigando "segundas intenções". Internamente, o partido se uniu para se proteger. Leal às suas raízes paranoicas, a liderança do Partido entendeu que as duas reportagens eram parte de um ataque orquestrado do governo dos EUA à liderança política da China. Se a história sobre a família de Xi não houvesse sido publicada, talvez o Partido teria reagido de forma diferente e Wen poderia ter se tornado um alvo. No entanto, a história de Xi convenceu a todos de que os Estados Unidos tinham alguma culpa pelas reportagens e que a melhor reação seria a animal: fechar o cerco.

Privadamente, Wen Jiabao estava furioso pelas revelações das atividades empresariais de membros de sua família, especialmente de Tia Zhang e seu filho, Winston. (A filha de Wen, Lily, não foi mencionada no artigo original, mas apareceria em reportagens posteriores do *Times*.) Whitney e eu acreditávamos que Tia Zhang e seus filhos haviam mantido Wen no escuro sobre muitas coisas. Também entendíamos que ele havia descoberto anteriormente sobre algumas das atividades empresariais de sua família e que havia declarado sua desaprovação.

Desta vez, disseram-nos, Wen exigia o divórcio. Num ataque de fúria, ele informou aos seus parentes que estava se preparando para raspar a cabeça e entrar para um monastério budista após sua aposentadoria. Naquela altura, as autoridades do Partido entraram em cena — para impedir o divórcio e o impulso de Wen para, como dizem os budistas, "ver por meio do pó vermelho" do desejo humano e se tornar monge. Essa segunda atitude teria tido uma repercussão especialmente negativa para o Partido que era, pelo menos oficialmente, ateísta.

A repercussão do artigo virou um tsunami, que começa com uma pequena maré. Nosso relacionamento com a família Wen mudou. Tia Zhang nos informou que a família não tinha mais interesse em ficar com 30% dos nossos projetos. Havíamos acabado de iniciar a construção do Hotel Bulgari e, de repente, Tia nos disse que estava pulando fora. Não sabíamos como assimilar tudo isso; achávamos que ela mudaria de ideia. Nunca havíamos assinado qualquer contrato com ela. Como muitas coisas na China, tudo ficava implícito.

Após a revelação no *Times*, Whitney encerrou sua atividade de rede de conexões. Ela parou de entrar em contato com os outros e ninguém entrou em contato com ela. Ela não queria colocar as pessoas numa posição difícil. Enquanto isso, tentei avaliar qual era o tamanho dos riscos que enfrentávamos. Tinha uma sensação de que haveria ramificações, mas não sabia quais seriam ou quando nos atingiriam. Esperamos durante um mês e continuamos a trabalhar no hotel. Ninguém dos serviços de segurança da temida Comissão Central para Disciplina e Inspeção do Partido apareceu em nossa porta.

Tia Zhang nos disse que havia orientado seus filhos a saírem do holofote. Winston Wen foi trabalhar em uma estatal. Lily Chang fechou sua empresa de consultoria e iniciou na Administração Estatal de Câmbio. Tia também interrompeu seu plano de usar um terreno enorme ao norte de Pequim para construir um centro de treinamento vocacional em joias. Ela passou o terreno para Winston, que começou a construir a Academia Keystone, uma escola que pretendia se tornar o melhor internato da China comunista.

Tia Zhang contou a Whitney que estava convencida de que alguém estava tentando destruir sua família. Ela foi em busca da fonte da história. Citando contatos dentro do governo chinês, Tia disse que acreditava que a reputação de seu marido havia se tornado um dano colateral numa luta de vida ou morte dentro do Partido.

A luta colocou Xi Jinping contra um oficial chamado Bo Xilai. Ambos eram filhos dos "imortais" comunistas, os veteranos da revolução de Mao. E ambos deviam suas carreiras a uma decisão do Partido tomada em 1981, pressionada por um comunista de alto escalão chamado Chen Yun, para estabelecer um escritório especial no departamento pessoal do Partido chamado Seção dos Quadros Jovens. O propósito dessa seção era garantir que os filhos e filhas dos membros seniores do Partido obtivessem boas posições no governo e no Partido. "Se nossos filhos e filhas nos sucederem", declarou Chen Yun, "eles não precisarão abrir nossas covas." A repressão na Praça da Paz Celestial em 1989 concedeu uma urgência extra a tal tarefa. Uma lição fundamental que a aristocracia vermelha extraiu daquele conflito foi que, como diz o ditado, "é melhor depender de seus próprios filhos". Cada uma das principais famílias escolheu um herdeiro para ser preparado para a futura liderança política. Nominados por seus pais, Zi e Bo subiram pela hierarquia do Partido.

O pai de Xi, Xi Zhongxun, foi um herói da guerra civil do Partido contra as forças nacionalistas de Chiang Kai-shek nas décadas de 1930 e 1940. No fim da década de 1970 e início de 1980, ele desempenhou um papel fundamental no estabelecimento de políticas econômicas que transformaram a China na fábrica do mundo.

Bo Xilai era filho de Bo Yibo, outro tenente do líder Mao. Bo Yibo também lutou contra as forças nacionalistas. Ele era mais conservador do que Xi Zhongxun em termos de reformas econômicas, mas, na década de 1980, ele supervisionou a criação de duas bolsas de valores na China, em Xangai e em Shenzhen.

No início da década de 1990, Bo Xilai havia alcançado a proeminência no papel do elegante prefeito da cidade litorânea de Dalian. Subsequentemente, ele serviu como governador da província de Liaoning, ministro de comércio e, em 2007, foi nomeado secretário do Partido em Chongqing, uma cidade enorme no sul chinês outrora conhecida no Ocidente como Chunking. Com os cabelos pretos penteados para trás e um sorriso radiante de um milhão de dólares, Bo era um queridinho da mídia, sempre pronto com uma fala lacônica. Se fosse norte-americano, teria sido o cara que aproveitaria uma rede bem-sucedida de agências de carros usados para conseguir um assento no Congresso.

Xi Jinping era menos extravagante e muito mais cuidadoso. Quando foi oficial na província de Fujian na década de 1990, seus colegas de trabalho não faziam ideia que ele estava cortejando a cantora/celebridade Peng Liyuan e que viria a se casar com ela posteriormente. Xi havia se separado de sua primeira esposa, a filha de um diplomata chinês, porque ela queria ficar na Grã-Bretanha, onde fora estudar.

O currículo de Xi, que incluía altos cargos no governo e no Partido nas províncias de Xangai e Zhejiang, não era menos impressionante que o de Bo. Mesmo assim, para a mídia, Xi era relativamente desconhecido quando surgiu em cena em novembro de 2002, como membro do Comitê Central do Partido. Bo também ganhou um cargo desejado no Comitê Central naquele ano, após um lobby intenso feito por seu pai. Cinco anos depois, no entanto, Xi o ultrapassou na disputa e se tornou o próximo governante da China. Embora Bo Xilai tenha ganhado um assento no Politburo em 2007, apenas Xi foi elevado ao Comitê Permanente do Politburo, o principal órgão político chinês.

Whitney e eu ouvimos muitas histórias sobre o desespero de Bo para voltar à disputa e às atividades que organizara para chamar atenção. Como chefe do Partido em Chongqing, ele promoveu seu perfil ao lançar campanhas políticas que relembravam as mobilizações em massa ocorridas sob o líder Mao durante a Revolução Cultural. Aproveitando-se da nostalgia dos primeiros dias revolucionários da China, ele organizava comícios gigantescos aos quais milhares de residentes se juntaram para entoar, a plenos pulmões, antigas canções comunistas.

Porém, sua ambição o derrubou. Sua queda começou no dia 15 de novembro de 2011, quando o corpo do empresário britânico Neil Heywood foi encontrado no quarto 1605 do Hotel Lucky

Holiday, uma pousada velha em Chongqing. O laudo inicial sobre a morte de Heywood indicou "morte súbita por consumo excessivo de álcool", e seu corpo foi cremado sem uma necrópsia.

Heywood havia sido sócio de longa data da glamourosa segunda esposa de Bo, Gu Kailai. Quando o chefe da polícia de Chongqing, Wang Lijun, analisou o caso, ele descobriu que a esposa de Bo havia envenenado Heywood devido a uma disputa empresarial.

Wang foi ao escritório de Bo Xilai e lhe contou o ocorrido. Bo entendeu isso como uma ameaça implícita. Em sua mente, sendo um chefe de polícia leal, Wang deveria ter apenas abafado o caso, dando um sumiço nele. Bo saltou de sua cadeira e deu um tapa tão forte em Wang que perfurou seu tímpano. Depois, ele demitiu Wang e o colocou sob investigação por corrupção.

Temendo ser a próxima vítima de assassinato, Wang fugiu de Chongqing e, no dia 6 de fevereiro de 2012, bateu às portas do consulado dos EUA em Chengdu, cidade ali perto, onde contou sua história aos diplomatas norte-americanos e solicitou asilo político. Conforme ele explicava seu caso dentro da missão norte-americana, policiais representando várias facções políticas concorrentes também bateram à porta do consulado, num tenso impasse. Um dia depois, os oficiais norte-americanos entregaram Wang para um vice-ministro do Ministério de Segurança de Estado, que levou o principal policial de Chongqing para Pequim. Tudo isso se desdobrou durante um momento desfavorável — quando o Partido estava se preparando para o encontro anual do Congresso Nacional do Povo, no mês seguinte.

Tia Zhang nos revelou que, após a chegada de Wang Lijun a Pequim, o Comitê Permanente do Politburo, com nove integrantes, reuniu-se para discutir o escândalo. Zhou Yongkang, o responsável do Comitê pelos serviços de segurança e aliado de Bo Xiali, falou primeiro, argumentando que a investigação deveria parar no chefe da polícia, Wang. O silêncio pairou na reunião, contou Tia Zhang. A declaração de Zhou significava que Bo Xilai não seria investigado. Os membros do Comitê ponderaram a opinião de Zhou. Quando ninguém se manifestou, Xi Jinping, que tinha um tempo de casa relativamente curto, quebrou o protocolo ao se pronunciar. Ele afirmou que o Partido deveria investigar não apenas Wang, mas também qualquer outro que pudesse estar envolvido. Ele não precisou mencionar Bo Xilai ou sua esposa, pois a implicação era óbvia a todos na reunião. Xi sabia que, se não falasse naquele momento, perderia uma oportunidade de ouro para se livrar de seu arqui-inimigo.

A opinião de Wen Jiabao tinha um peso importante, pois ele era o número dois no Comitê Permanente. Ele concordou com Xi Jinping. Em seguida, o chefe do Partido, Hu Jintao, sempre precavido, também apoiou uma investigação completa. E foi assim que a maré virou. Quando o Comitê Permanente do Politburo por fim votou sobre como lidar com a situação durante uma reunião subsequente no dia 7 de março, apenas Zhou se opôs ao plano de expulsar Bo Xilai do Partido, entregar seu caso aos promotores chineses e investigar a esposa de Bo pelo assassinato de Neil Heywood.

A decisão de eliminar Bo montou o palco para uma coletiva de imprensa dramática no encerramento do Congresso Nacional do Povo, no dia 14 de março. Essa foi a última coletiva de Wen Jiabao após uma década como primeiro-ministro. Respondendo a uma pergunta de um repórter do *New York Times*, Wen repreendeu Bo Xilai e exortou o comitê municipal do Partido em Chongqing para "refletir seriamente e aprender com o incidente de Wang Lijun". Isso foi uma bomba. Wen não apenas apoiara Xi em sua batalha contra Bo nos bastidores, mas agora estava o humilhando publicamente. Um dia depois, Bo foi dispensado de seu cargo como chefe do partido em Chongqing. No dia 10 de abril, ele foi expulso do Comitê Central do Partido e também do Politburo. E, em 15 de novembro daquele ano, Xi Jinping se tornou o secretário-geral do Partido Comunista Chinês.

Tia Zhang acreditava que o apoio de seu marido à investigação, bem como sua participação na humilhação pública de Bo Xilai, haviam-no colocado em rota de colisão com os aliados de Bo, alguns dos quais estavam nos serviços de segurança do país. Outras informações que chegaram à nossa atenção dão apoio à opinião da Tia. Em fevereiro de 2012, Whitney e eu ouvimos rumores de que Bo havia contratado jornalistas e acadêmicos chineses para descobrir os podres de Tia Zhang e de seus filhos. Barboza, ao ser questionado sobre como obtivera informações para sua reportagem, sempre negou ter recebido informações privilegiadas do Partido buscando ajudar Bo a acertar as contas com Wen Jiabao. Porém, Tia Zhang disse que havia descoberto que oficiais da segurança, leais a Bo Xilai, entregaram caixas de documentos a Barboza em Hong Kong.

Em 2013, cerca de um ano após Xi Jinping ter lançado sua campanha contra a corrupção e um ano após a reportagem do *Times* sobre a riqueza da família Wen, Tia Zhang nos disse que ela e seus filhos haviam "doado" todos os seus ativos para o Estado em troca da garantia de que não seriam punidos. Ela disse que outras famílias vermelhas tinham feito o mesmo. Havia outro motivo por trás dessa atitude. O Partido queria reescrever a história. No futuro, caso fosse acusado de tolerar a corrupção sistêmica, poderia alegar que essas famílias vermelhas, ao "doarem" suas riquezas à China, estavam apenas servindo ao Estado. Tudo isso parecia muito surreal para Whitney e para mim. Porém, mais uma vez, os comunistas chineses tinham um longo histórico de roubar propriedades privadas e distorcer a verdade.

O artigo do *Times* fortaleceu minha opinião de que Whitney e eu deveríamos colocar uma porção substancial de nossos investimentos no exterior, bem como pararmos de depender dos nossos laços com o Partido para fazermos negócios na China. Tínhamos habilidade suficiente, argumentei, para competirmos no mercado aberto. Nosso sucesso no jogo dos *guanxi* fora enorme, mas, pensei, estava na hora de fazermos a transição para um novo modelo. Minha opinião foi fortalecida por alguns dos nossos sócios ocidentais que haviam se tornado amigos próximos. *Players* internacionais, como Paul Katz, CEO da empresa de arquitetura Kohn Pedersen Fox, ficaram impressionados com nosso trabalho e nos encorajaram a disputar projetos no exterior.

Whitney não concordou. Ela tinha medo de atuar internacionalmente. E argumentou que, como Wen tinha desempenhado um papel tão crucial na ascensão de Xi, este protegeria Wen e sua família — e nós, por extensão. Ela achava que nosso futuro permaneceria brilhante na China, usando os antigos métodos para conseguirmos as coisas.

Outras questões surgiram entre nós. Certa noite, quando estávamos deitados, ela me mostrou a adivinhação de um cartomante. Esse tipo de coisa estava na moda entre a elite chinesa. Aqueles no topo da pirâmide contratavam videntes, mestres de Chi Kung e pessoas que realizavam todos os tipos de enganações assim. Em seus 70 anos no poder, o Partido destruiu os valores tradicionais chineses e basicamente proibiu a religião. No vazio criado, a superstição proliferou. Em um sistema imprevisível, no qual uma pessoa pode ir do topo ao fundo num piscar de olhos, totens prometendo explicar a vida se tornam muito atraentes.

Whitney veio com um livrinho vermelho no qual o cartomante havia escrito sua adivinhação com um pincel de caligrafia. O que chamou minha atenção não foi o prognóstico, mas o ano de nascimento dela. O adivinho havia escrito 1966. O tempo todo, Whitney me disse que havia nascido em 1968, no mesmo ano que eu.

Nasci em novembro de 1968 e fui levado a crer que Whitney nasceu em dezembro daquele mesmo ano, deixando-me um mês mais velho. De repente, descobri que, na verdade, ela tinha 2 anos a mais que eu. Ela escondeu sua idade real de mim, mas não do adivinho. Sem sua data de nascimento verdadeira, ele não poderia ter feito uma leitura correta.

"Que porcaria é esta?", perguntei, apontando para a data de nascimento dela. Whitney empalideceu levemente. "Estou casado com você há 10 anos e nunca soube sua idade real", falei.

Ela pausou. "Ainda sou eu", respondeu, timidamente.

"Sim, mas não exatamente", revidei. "A informação mais básica que uma pessoa pode dar é seu nome, data de nascimento e sexo. Se você preencher qualquer formulário, essas são as três primeiras perguntas. Se mudar qualquer uma dessas informações e disser que ainda é a mesma pessoa, bem, isso não é verdade."

"Ainda sou eu", repetiu ela.

Whitney explicou que havia discutido a questão com sua mãe quando começamos a sair. Sua mãe havia observado que parecíamos ter sido feitos um para o outro. "Não provoque o destino ao dizer a ele sua idade real", aconselhou. As duas se preocupavam que, se Whitney fosse mais velha do que eu, talvez eu pulasse fora, considerando a sociedade patriarcal na China, na qual as esposas são invariavelmente mais jovens do que seus maridos.

Descobrir esse engano tão tarde em nosso relacionamento foi outro golpe. Estávamos em desacordo sobre o futuro do nosso trabalho juntos e brigávamos constantemente na frente da nossa equipe. E agora isso.

Também tivemos conflito sobre outro projeto que Whitney estava ávida para realizar. Estávamos considerando participar da licitação em um negócio para a reconstrução de um local enorme perto do Hotel China World, no qual ficava o Distrito Comercial Central de Pequim. Prometia ser um empreendimento gigantesco de quase 465 mil m², com arranha-céus e shoppings. Nenhuma outra área de imóveis era tão valiosa assim na China.

Enquanto realizávamos negociações para a reconstrução da área, percebi o tamanho da pressão sob a qual estaríamos. Começamos a ser convidados para jantares sociais por empresários e seus contatos do Partido, que queriam uma parte no projeto. Um representante da empreiteira Sun Hung Kai Properties, de Hong Kong, uma das líderes mundiais no setor, veio a Pequim para almoçar conosco e Tia Zhang. Assim que a refeição terminou, o telefone de Whitney tocou; era Chen Zuo'er, na época vice-diretor do Gabinete de Assuntos de Macao e Hong Kong do Conselho do Estado. Whitney colocou no viva voz e fiquei lá, o ouvindo insistir para que vendêssemos uma parte controladora do projeto para Sun Hung Kai. Isso foi muito chocante. Chen era oficial de nível de ministério no governo chinês. E aqui estava ele, fazendo lobby descaradamente em prol de uma empresa de Hong Kong para um negócio imobiliário em Pequim. Isso demonstrava como as relações eram confortáveis entre os oficiais do partido Comunista envolvidos nas questões de Hong Kong e em sua elite empresarial. Dissemos que consideraríamos o pedido.

Avaliei a situação e percebi como o projeto seria complicado. O processo de aprovação faria o aeroporto parecer brincadeira de criança. Provavelmente precisaríamos de não apenas um, mas pelo menos dois aliados no Comitê Permanente do Politburo para termos qualquer chance de obter todas as permissões para fazê-lo funcionar. E, ainda assim, haveria pressões políticas. Disse à minha equipe para se afastar do projeto. Whitney não gostou nada disso.

Então, outro negócio nos separou ainda mais.

No início de 2013, emprestei US$30 milhões a um amigo para comprar uma empresa listada na bolsa de Hong Kong, com a promessa de um segundo aporte para ajudá-lo a terminar a transação. Era Ding Yi, e eu o conhecia havia anos. Como eu, ele nasceu na China, mas cresceu no exterior, na Austrália. Nos conhecemos na década de 1990, após meu primeiro retorno a Hong Kong. Passamos muitas noites juntos no distrito de entretenimento de Hong Kong, Lan Kwai Fong, e na Rua dos Bares em Pequim. Considerava-o um dos meus melhores amigos.

Ding Yi havia trabalhado para um banco suíço e uma empresa chinesa de investimentos; ganhou uma fortuna, e perdeu tudo na crise financeira asiática em 2007. Sua esposa era representante de uma empresa internacional de importação e exportação de metais que tinha negócios na China.

A certa altura, a empresa de sua esposa se enredou numa disputa empresarial. Então, um banco chinês pagou à polícia para que prendesse sua esposa e a fizesse refém, algo comum na parte continental da China. Depois que a polícia a colocou numa prisão na distante Xinjiang, no canto noroeste do país, Ding Yi passou anos tentando libertá-la. Por fim, conseguiu, algo que achei especialmente impressionante, considerando que nesse ínterim eles se divorciaram e ele se casou com a recepcionista dela, uma ex-bargirl de Xangai que adotara o nome inglês Yvonne. Mas isso era a China, e as pessoas levavam vidas contraditórias. De qualquer modo, para mim, alguém que batalhou por sua ex-esposa era alguém confiável.

Em outubro de 2013, chegara a hora de emprestar a segunda parte para ele. Fui pedir o dinheiro a Whitney, mas ela se recusou. "Tínhamos um combinado", disse-lhe numa reunião acalorada. "Não quero mais fazer isso", respondeu ela. Voltei a Ding Yi com a má notícia. Ele não ficou feliz. Sem conseguir levantar os fundos para completar a transação, pedi a ele que vendesse sua parte na empresa e devolvesse os US$30 milhões. Ele hesitou. Sua segunda esposa, Yvonne, aparentemente tinha um papel nesse caso. Durante uma festa que seu marido havia feito em minha homenagem num clube de Hong Kong, ela havia se declarado para mim, e eu a recusei. Novamente, essa era a China, onde ninguém perdia uma oportunidade de tentar um peixe maior e, caso levasse um fora, ninguém se esquecia do desprezo. Concluí que ela havia instado Ding Yi para não me pagar o empréstimo.

Senti que Ding Yi estava tentando me manipular. Eu ia muito a Hong Kong. A cada vez, saíamos, comíamos e bebíamos. Ding Yi sabia ser um camarada. Por fim, confrontei-o sobre o dinheiro e ele simplesmente desapareceu. Eu não tinha outro recurso a não ser contratar um advogado e abrir um processo contra ele. Ele negou que o dinheiro investido na empresa fosse meu.

Em casa, as coisas não estavam nada melhores entre mim e Whitney; nossas interações ficaram cada vez mais forçadas. Nessa época, estávamos morando nas residências anexas ao Hotel Four Seasons, para ficarmos mais próximos da construção do Bulgari. No fim de outubro de 2013, eu me mudei.

CAPÍTULO DEZESSETE

EM 31 DE JULHO DE 2013, ALGUNS MESES ANTES DE Whitney e eu nos separarmos, discursei no Instituto Aspen em um programa de Liderança em Ação em Aspen, Colorado. Observei que na China havia "uma maré crescente" de pessoas interessadas em seus direitos, mas também destaquei que o Partido Comunista Chinês estava se abrindo mais e tentando se adaptar. Cada governante comunista, disse eu, havia compartilhado mais poder com seus camaradas do que o anterior.

Argumentei que, embora a China fosse um Estado teoricamente comunista, "a forma em que estava sendo administrada era completamente diferente". Cada administração sucessiva, observei, tinha que ser mais responsiva à opinião pública. "Mao governou sozinho. Quando Deng Xiaoping assumiu, ele precisava se consultar com dois ou três anciãos. Jiang Zemin precisava ouvir ainda mais. O poder está mais disperso — não está certo ver a China como um Estado imutável." Exibindo meu estilo moderno casual — camiseta com tons do pôr do sol, paletó escuro e tênis feitos sob medida com meias que não apareciam — incorporei a ideia de que a China se encaixaria com o Ocidente. Porém, no âmbito particular, as preocupações que carregava comigo sobre o sistema chinês estavam crescendo com a ascensão do novo líder do Partido, Xi Jinping.

Inicialmente, eu estava otimista com o governo de Xi, em parte porque sabia que ele era próximo a Chen Xi, que havia sido o chefe do Partido na Universidade de Tsinghua quando fazíamos nossas doações lá. Logo após Xi se tornar vice-presidente, ele pediu a Chen, seu colega de quarto dos dias da faculdade, para que atuasse em seu círculo informal de assessores. Chen já havia rejeitado uma oferta de Xi Jinping antes. Em 1999, Xi oferecera a ele um cargo na província de Fujian quando Xi era governador lá. Porém, desta vez, o prospecto de trabalhar para o líder supremo da China no centro do poder foi suficiente para convencer Chen Xi a deixar Tsinghua para trás.

Xi nomeou Chen vice-ministro da educação e depois organizou uma rápida subida a vice-chefe do Partido da província de Liaoning por meros 7 meses para rechear seu currículo com uma passagem compulsória pelo interior. Em abril de 2011, Chen foi levado de volta a Pequim. Dois anos depois, Xi o colocou no Departamento de Organização do Partido, com um cargo fundamental que cuida das promoções de todos os membros seniores do Partido. Em 2017, Chen se tornou o chefe desse departamento. Com um aliado nessa posição, Xi conseguiu inserir seus seguidores em cargos do Partido em toda a China.

Outro motivo pelo qual fiquei confortável inicialmente com Xi foi que o colega de chá de Whitney, Wang Wishan, também parecia ser próximo do novo chefe do partido e o elogiava em conversas com ela. Nós pensávamos que, se Chen e Wang gostavam de Xi, seu mandato poderia ser até uma melhoria ao governo cuidadoso de Hu Jintao.

No entanto, logo após Xi se tornar chefe do Partido em novembro de 2012, ele lançou uma enorme campanha anticorrupção. Sentimos que estava sendo agressivo demais. Ele só seria nomeado ao cargo no governo como presidente em março de 2013, mas já estava instigando investigações criminais em milhares de oficiais. Esse tipo de protagonismo não era comum na China e marcou uma quebra na tradição do Partido. Nós apoiávamos a luta contra a corrupção. Havia muita limpeza a ser feita da China. Mas após a campanha de Xi durar pelo menos um ano, abordamos o assunto com Chen e outros. A conclusão deles foi a de que Xi Jinping estenderia a batalha até a metade de seu primeiro mandato e, depois, a aliviaria. *Tínhamos* que fazer isso, disseram, pois a campanha atual estava afetando a economia e prejudicando o moral dentro da burocracia. As pessoas estavam com tanto medo de serem investigadas que não queriam tomar decisões. Isso não poderia durar para sempre. Além disso, o fato de Xi mandar prender algumas centenas de oficiais era uma coisa. Mas, após encarcerar dezenas de milhares, as pessoas chegariam à conclusão de que não se tratava apenas de algumas maçãs podres; o sistema inteiro estava corrompido em sua essência. Em 2020, as autoridades haviam investigado mais de 2,7 milhões de oficiais por corrupção e puniram mais de 1,5 milhão, incluindo sete líderes a nível nacional e duas dúzias de generais.

Outros desenvolvimentos começaram a nos preocupar. Em julho de 2012, quando Xi se preparava para assumir o poder, um documento intitulado "Comunicado sobre a Situação Atual no Âmbito Ideológico" começou a circular, vindo de dentro do Gabinete Geral do Partido. O relatório, conhecido como Documento Nº 9, alertava que os perigosos valores ocidentais, como a liberdade de expressão e a independência do judiciário, estavam infectando a China e precisavam ser exterminados. Tais ideias, informava o documento, eram "extremamente nocivas" e estariam, dali em diante, proibidas de serem ensinadas nas escolas e universidades chinesas. O documento também destruía o movimento em prol de uma imprensa mais independente, ordenando às organizações do Partido que redobrassem seus esforços para controlar os periódicos sensacionalistas.

Os serviços de segurança cumpriram isso fechando o cerco de modo fulminante contra advogados e outros proponentes de uma sociedade civil. Os últimos vestígios de uma mídia meio que independente foram fechados ou entregues a charlatões do Partido. E, na Conferência Consultiva da Política do Povo Chinês, testemunhei outras mudanças alarmantes também.

No início de 2013, os delegados da CCPPC municipal de Pequim foram convocados para uma reunião. Pude perceber que as coisas estavam diferentes. Por exemplo, o presidente da conferência de Pequim estava presente. Ouvimos um discurso de um oficial sênior do Partido que aproveitou a oportunidade para dissipar quaisquer fantasias sobre a flexibilização política na China. Ele criticou Yu Keping diretamente — a quem nós havíamos contratado para administrar nosso *think tank*, a Fundação Kaifeng — por sugerir que reformas democráticas fortaleceriam a China. Ele detonou a ideia de que a CCPPC sempre funcionaria como uma segunda casa do parlamento. O discurso foi um balde de água fria em todo mundo. Foi outro exemplo da terrível e intransigente reviravolta que veríamos cada vez mais sob o governo de Xi Jinping.

A política internacional da China ficou muito mais agressiva. Vi essas mudanças pessoalmente durante viagens para Hong Kong. Usando os termos "um país, dois sistemas" do arranjo que a China havia concordado com a Grã-Bretanha em honrar como parte do acordo que devolveria Hong Kong aos chineses em 1997, o governo chinês prometeu deixar que Hong Kong administrasse suas próprias coisas por 50 anos. A China também havia concordado que garantiria a Hong Kong uma medida significativa de democracia e liberdades continuadas de religião, expressão e associação — direitos que eram negados dentro do país. Porém, sob Xi Jinping, a China começou a quebrar tais promessas.

O governo de Xi restringiu a democratização de Hong Kong. Foram enviados oficiais de segurança para lá para sequestrar editores e livreiros que imprimiam e vendiam materiais sobre os governantes chineses — materiais que o Partido não gostava. E começaram a enfraquecer ativamente o sistema político de Hong Kong. O Partido convocou a mim e a outros membros da CCPPC de Hong Kong para servirmos como soldados de campo nessa campanha.

Em reuniões na conferência, oficiais deram ordens para que nos envolvêssemos diretamente na vida política de Hong Kong. Tais demandas foram intensificadas em 2014, quando o Movimento dos Guarda-Chuvas eclodiu em Hong Kong. Esses protestos foram causados por uma ordem do Partido Comunista determinando que qualquer candidato para chefe do executivo em Hong Kong, o cargo mais alto no território, teria que ser primeiramente avaliado por uma comissão composta por pessoas leais a Pequim. A ironia ficava clara: de que valia a proporção "uma pessoa, um voto", quando os únicos candidatos nos quais poderíamos votar haviam sido primeiro examinados por Pequim?

Mal o Movimento dos Guarda-Chuvas havia começado com os protestos em setembro, fomos orientados pelos oficiais da CCPPC a irmos a Hong Kong, organizarmos e financiarmos manifestações contrárias. Os empresários de Hong Kong foram instruídos a pagarem seus funcionários para protestarem em favor da posição chinesa. Em um dia quente de outubro de 2014, participei de um desses protestos.

Juntamo-nos no Parque Vitória na Baía de Causeway que, ironicamente, era o ponto de partida de todos os protestos pró-democracia do passado e que viriam a ocorrer. Representantes de diversas organizações da frente comunista, de associações de bairros, das CCPPCs de outras partes da China e de outros grupos pró-China patrulhavam a multidão.

Fiz questão de que os representantes do Gabinete de Articulação de Hong Kong, o principal órgão governamental da China na cidade, me vissem. Eles nos juntaram para uma foto. Queriam que Pequim reconhecesse seus esforços também. Os apparatchiks do Gabinete distribuíram bandeirinhas da China e a marcha começou.

Caminhamos pela avenida Hennessy, uma artéria principal da ilha de Hong Kong. Encontramos os manifestantes pró-democracia e trocamos piadas de bom-tom. As relações entre os grupos pró-Pequim e pró-democracia em Hong Kong ainda não eram tão antagonistas. Quando chegamos ao distrito vizinho de Wan Chai, alguns do nosso grupo começaram a ir embora.

Enquanto a maioria dos membros da unidade da CCPPC em Pequim vivia em Hong Kong, eu peguei um avião em Pequim para me juntar ao grupo. Eu havia faltado a tantas atividades organizadas que achei melhor participar dessa e ficar até o fim. Andei quase 2km desde o Parque Vitória até o Almirantado, que recebeu esse nome em homenagem a uma antiga doca naval britânica. Fiz questão de que os oficiais do Gabinete de Articulação soubessem que eu participei da manifestação até o fim.

Achei a coisa toda cômica. Todo mundo, incluindo os oficiais do Gabinete de Articulação e nós, os manifestantes, estava fazendo um teatro. Poucos — se é que havia alguém— acreditava na ideia principal subjacente ao ato: que Hong Kong precisava de menos democracia ou liberdade. Todos estavam lá por interesse próprio e para ganhar pontinhos em Pequim. No fundo do meu coração, nunca acreditei que a China deveria interferir nos negócios de Hong Kong. Nunca achei que Hong Kong precisava das diretrizes chinesas. Estávamos indo muito bem sem a interferência da China.

Para as eleições do Conselho Legislativo de Hong Kong em novembro de 2013 e 2015, os oficiais do Partido nos deram listas com os candidatos preferidos e nos orientaram a voltarmos a Hong Kong para convencermos pessoas a votar neles. A certa altura, uma cópia das instruções do Partido apareceu na conta de alguém na rede social WeChat. Foi constrangedor, por isso, o Partido parou de distribuí-las. E, para garantir uma isenção plausível, os oficiais nos deram então uma lista de candidatos de um jornal com as escolhas do Partido sublinhadas em vermelho. Eles nos exigiram que enviássemos relatórios da nossa atividade. "Quantas pessoas vocês conseguiram para votar em nosso candidato?", questionaram-nos.

Uma das peculiaridades do sistema de Hong Kong era que certos profissionais tinham seu próprio representante legislativo que só podia ser eleito por integrantes daquela área. Os médicos criaram um desses, denominados "distritos eleitorais funcionais". Como muitos dos formados no Colégio Rainha haviam se tornado médicos, fui instruído a usar minha rede de ex-alunos para convencer meus antigos colegas de sala a votar em candidatos médicos que haviam sido aprovados por Pequim.

Embora eu tivesse minhas dúvidas sobre Xi Jinping e a direção na qual ele estava levando o país, na época, eu não tinha muita simpatia com o Movimentos dos Guarda-Chuvas e da Ocupação Central. Pareciam radicais demais e separados da realidade, uma versão copiada do quixotesco movimento Ocupe Wall Street nos EUA. Para mim, o grosso da população de Hong Kong tampouco os apoiava.

Eu acreditava ainda que o governo central da China estava sendo manipulado quando o assunto era Hong Kong. Decidi fazer o que pudesse para ajudar o Partido a governar Hong Kong melhor. Após minha participação nas contramanifestações, voltei a Pequim e escrevi um relatório, que um amigo entregou no gabinete de Xi Jinping. No documento, concentrei-me no que denominei de "plutocratas" de Hong Kong, as famílias ricas que haviam usado suas conexões com altos oficiais comunistas para transformar Hong Kong em seus cofres particulares em detrimento do território do povo. Hong Kong era controlado pelo "capitalismo de compadrio", escrevi. Os ricos estavam ficando mais ricos, enquanto o salário de universitários comuns recém-formados não havia aumentado em toda uma geração. O que precisava acontecer, sugeri, era uma flexibilização democrática, especialmente na organização que nomeava o chefe do executivo honconguês. Defendi que os representantes de grupos democráticos e os jovens pudessem participar do comitê, e não apenas integrantes da elite empresarial pró-Pequim. Também ataquei a noção popular na área continental chinesa de que a instabilidade em Hong Kong fora influenciada pelas Revoluções Coloridas que varriam o Oriente Médio e que haviam sido incitadas por "forças ocidentais hostis". Tal interpretação equivocada da natureza do problema, previ, levaria a soluções inviáveis. O governo chinês precisava alcançar todas as partes da sociedade honconguês, e não apenas permitir que a classe endinheirada de lá monopolizasse o poder político. Era irônico, para dizer o mínimo, que o Partido Comunista Chinês, que havia chegado ao poder à custa das massas chinesas, estava ignorando as massas em Hong Kong.

Meu amigo me disse que o relatório foi lido pelo escalão mais alto do governo da China. No fim, o Partido ignorou meu conselho. Em vez disso, o controle foi endurecido, provocando protestos enormes que começaram em 2019 e foram até 2020. Em última instância, o Partido impôs uma lei de segurança nacional em Hong Kong que basicamente anulava o direito de liberdade de expressão. Como todas as leis nascidas na área continental da China, essa era deliberadamente vaga, cheia de áreas cinzentas, que davam ao Partido uma vasta abertura para perseguir qualquer um de quem não gostasse.

Milhares de pessoas de Hong Kong eram membros da CCPPC em níveis nacional, provincial, municipal e nos condados. E todos nós estávamos sendo orientados a facilitar a intromissão direta da China nas eleições de Hong Kong. O que me surpreende é que nenhum de nós jamais se pronunciou publicamente dizendo: "Eu fiz isso e está errado." Se você pensar sobre isso, é profundamente perturbador — que tanta gente em Hong Kong estava vendendo o futuro do território e ninguém sentiu remorso suficiente para dizer: "Está na hora de parar." Fazíamos a vontade da China por puro interesse próprio. Mas isso também mostra o quanto temíamos o Partido Comunista Chinês e as possíveis repercussões de dizermos não e nos manifestar contrariamente. Talvez fosse o mesmo dilema enfrentado pelos oficiais como Chen Xi, o antigo colega de quarto de Xi Jinping na Universidade Tsinghua. Nós todos nos alinhamos com um sistema que sabíamos estar errado, pois não fazer isso teria nos custado — e àqueles em nosso entorno, incluindo nossos amados — o sustento, a liberdade e, quem sabe, até nossa vida. O preço simplesmente parecia alto demais.

À medida que a campanha de corrupção de Xi era empreendida, finalmente cheguei à conclusão de que a questão era mais sobre enterrar os potenciais rivais do que erradicar a malfeitoria.

Xi já havia desempenhado um papel para encarcerar seu camarada principelho, Bo Xilai. Na sequência, ele enviou para a prisão o aliado de Bo no Comitê Permanente do Politburo, Zhou Yongkang. Então, ele voltou sua atenção à destruição de outra facção dentro do sistema comunista, algo chamado Liga da Juventude.

A Liga da Juventude havia sido liderada pelo predecessor de Xi enquanto chefe do partido, Hu Jintao. O braço direito de Hu, Ling Jihua, pai de Ling Gu, o jovem que certa vez pegou meus carros esportivos emprestados, foi escolhido para substituir Hu como a figura pública da Liga quando Hu se aposentou no fim de 2012.

Ling Jihua havia servido a Hu Jintao como o diretor do Gabinete Geral do Comitê Central do Partido, o mesmo cargo de "eunuco-chefe" que Wen Jiabao havia tido no início da década de 1990. A expectativa era que ele chegasse ao Politburo, e talvez até ao Comitê Permanente, em novembro de 2012, após a saída de Hu.

Sempre se planejando para o dia em que Wen Jiabao se aposentasse, Whitney tinha muito interesse em cultivar o relacionamento com Ling Jihua, então, ela conheceu sua família. Ela me pediu que eu fosse o mentor de Ling Gu. Também fez amizade com a esposa de Ling Jihua, Gu Liping, que na época era a fundadora e secretária-geral da Youth Business China, uma caridade da Liga da Juventude que financiava empreendedores emergentes. Whitney doou diversos milhões de dólares à caridade com a ideia de que Gu Liping e seu marido Ling Jihua pudessem um dia servir como peças em seu tabuleiro de xadrez.

Então, a catástrofe aconteceu. Antes do amanhecer do dia 18 de março de 2012, o filho de Gu Liping e Ling Jihua, Ling Gu, estava conduzindo um Ferrari 458 Spider (não era meu) a cerca de 1,5km de seu apartamento quando perdeu o controle do veículo, causando um acidente que ceifou sua vida e a de duas passageiras que usavam pouquíssimas roupas. O acidente se tornou um assunto apetitoso para os tabloides em chinês de Hong Kong, que se vangloriavam da devassidão dos filhos e filhas da aristocracia vermelha. Porém, eu conhecia Ling Gu e senti que havia uma peça faltando na história. Embora ele definitivamente gostasse de carros rápidos, ele também se interessava por ideias e não tinha a tendência niilista que eu percebera em outros "sangues vermelhos" da China.

O episódio se desdobrou dias antes do Comitê Permanente do Politburo se decidir sobre promover ou não Ling Jihua a um de seus assentos posteriormente naquele ano. Assim, ele sempre acreditou que seu filho de fato não havia morrido num acidente orquestrado para destruí-lo, bem como ao restante da facção da Liga da Juventude. Quando levantei essa teoria com amigos ocidentais, eles descartaram a possibilidade de que o Partido teria se engajado em tamanha chicanaria. Porém, muita gente tem dificuldade de imaginar a profundidade a que o Partido pode chegar quando o poder está em questão.

Após o acidente, Ling Jihuya cometeu um erro fatal. De acordo com Tia Zhang, ele convenceu Zhou Yongkang, o principal oficial de segurança do Partido, a bloquear informações sobre o caso. De alguma maneira, o chefe do Partido, Hu Jintao, ficou sabendo da batida. Quando perguntou a Ling Jihua o que havia acontecido, Ling negou que seu filho estivera envolvido.

Hu Jintao ficou sabendo posteriormente da verdade quando seu predecessor, Jiang Zemin, confrontou-o com os fatos. Com a mentira de Ling exposta, Hu Jintao não poderia mais protegê-lo. Assim, Hu perdeu a chance de abandonar um aliado no ápice do poder na China.

A punição de Ling Jihua começou a ser levada a cabo com força 6 meses antes, em setembro de 2012, quando foi removido de seu cargo como "eunuco-chefe". Depois, no dia 15 de novembro de 2012, na 18ª reunião do Comitê Central do Partido Comunista Chinês, Ling Jihua também não conseguiu um assento no Politburo.

Após manter Ling num limbo político por 2 anos, o Partido anunciou, em dezembro de 2014, que ele seria investigado pela Comissão Central do Partido para Inspeção de Disciplina. Ele foi expulso do Partido e acusado de corrupção. Em julho de 2016, foi condenado à prisão perpétua.

As acusações incluíam alegações contra a esposa de Ling, Gu Liping. Os promotores afirmaram que ela havia recebido propinas de uma empresa que buscava favores políticos de seu marido. Porém, Whitney e eu conhecíamos Gu Liping havia anos e consideramos tais acusações exageradas. Primeiro, ela mal via seu marido. Como "eunuco-chefe", ele passava a maioria de suas noites dormindo nas sedes do Partido em Zhongnanhai. Ele não tinha tempo para criar um império de corrupção com sua esposa.

Segundo, além de se encontrar frequentemente com Gu em Pequim, Whitney havia a acompanhado em viagens de compras em Hong Kong e percebeu como ela se sentia desconfortável em gastar vastas quantias de dinheiro para comprar relógios e roupas. Isso impulsionou a crença de Whitney de que nem Gu, tampouco seu marido, eram particularmente ricos ou corruptos. Certo dia, Whitney levou Gu à Relojoaria Carlson no distrito Central de compras em Hong Kong. A Carlson vende relógios que podem chegar a meio milhão de dólares. Mas Gu se esbaldou com um que custava US$20 mil. Whitney a levou à loja da Chanel ali perto e deram uma olhada num terninho. Gu espiou a etiqueta com o preço e disse que também era caro demais. Posteriormente, Whitney me disse que parecia que Gu nunca estivera numa loja Chanel. De volta a Pequim, as duas se encontravam para tomar chá no Grand Hyatt. Whitney sempre levava pessoas com propostas comerciais. Gu Liping era uma ouvinte ávida, mas nunca puxava o gatilho. Na verdade, Whitney parou de sair com ela porque achava que Gu não tinha a formação política, a visão nem a vontade de fazer qualquer coisa. "Ela fala demais e não faz nada", reclamou Whitney.

Outras alegações contra seu falecido filho, Ling Gu, também pareciam duvidosas. A imprensa estatal o acusou de estabelecer uma sociedade política secreta. Que piada! Ele tinha um grupo de leitura. Eu acompanhei todo o processo pessoalmente. Até sugeri alguns títulos.

Na China, o Partido Comunista pode falsificar evidências, forçar confissões e imputar quaisquer acusações que quiser, sem qualquer relação com os fatos. E, é claro, muitos acreditam inocentemente em tais acusações, pois o sistema é pouquíssimo transparente. É como a taxa de crescimento econômico da China. O Partido estabelece uma meta e, milagrosamente, o país sempre acerta na mosca, até as casas decimais. Todos contam a mesma mentira, incluindo os estrangeiros, pois o Partido é muito adepto de esconder a verdade e de silenciar as vozes dissidentes. É quase impossível separar o fato da ficção.

No entanto, nossa familiaridade pessoal com a família Ling nos levou à conclusão de que as acusações contra eles eram absurdas e que as estimativas de sua riqueza, expostas na imprensa estatal, eram falsas. O consenso popular era de que Ling estava sendo eliminado, não porque era mais corrupto do que os oficiais médios, mas porque representava uma força política concorrente.

Havia então o caso contra Sun Zhengcai. Ele estava no páreo para suceder Xi Jinping após o segundo mandato de Xi como presidente da China e chefe do Partido, que terminaria em 2022-2023. Após a queda de Bo Xilai em 2012, Sun assumiu a liderança de Chongqing e foi elogiado pela imprensa estatal por seu trabalho.

Porém, começando em fevereiro de 2017, a carreira de Sun sofreu um grande golpe. A Comissão Central para Inspeção de Disciplina o criticou por não ter eliminado suficientemente a influência de Bo em Chongqing. No início de julho de 2017, ele perdeu seu emprego para um homem que fora o chefe de propaganda de Xi Jinping quando Xi administrava a província de Zhejiang. No típico estilo comunista, censores começaram a eliminar a presença de Sun em fotos e vídeos. No fim de julho, o Partido anunciou que Sun estava sob investigação por violar a disciplina do Partido, fazendo dele o primeiro membro efetivo do Politburo a ser atingido por alegações de corrupção desde que Xi assumiu o poder em 2012. (Zhou Yongkang teve um processo instaurado contra ele após deixar o cargo.) Em setembro de 2017, Sun foi expulso do Partido Comunista e, no dia 8 de maio de 2018, foi condenado à prisão perpétua devido a alegações de ter recebido propinas que somavam a quantia de US$24 milhões. O principal concorrente de Sun, Hu Chunhua, saiu-se só um pouco melhor. Ele nunca foi preso, mas Xi também frustrou sua ascensão. Em 2017, Hu deveria ter conseguido um assento no Comitê Permanente do Politburo, mas foi mantido em um nível abaixo.

Para nós, as alegações contra Sun e Ling foram engendradas pelos serviços de segurança do Partido para atender à vontade de Xi Jinping de modo a garantir que nem Hu Jintao, tampouco Wen Jiabao, tomassem cargos, substituindo aliados no Comitê Permanente do Politburo. Em nossa concepção, as acusações de quanto dinheiro desviaram, ou até mesmo se chegaram a desviar alguma coisa, foram uma enorme surpresa. Xi deu a ordem de eliminá-los e a Comissão de Inspeção de Disciplina do Partido seguiu seu comando. Os promotores estatais fizeram então uso da infinita fungibilidade das leis chinesas para despachá-los para a prisão. Foi assim que Xi Jinping consolidou o poder.

Tirar Ling e Sun da linha de sucessão deixava claro para qualquer um que tivesse a menor compreensão sobre a China de que não se tratava de corrupção. Na minha opinião, eram eliminações políticas. A campanha poupou pessoas que Xi preferiu não atacar, por exemplo, os aristocratas vermelhos, especialmente aqueles associados com o líder da Gangue de Xangai, Jiang Zemin. Em janeiro de 2014, o Partido ordenou que os clubes noturnos de luxo fossem fechados em Pequim. Mas o Moutai Club de David não fechou suas portas. O sogro dele, o velho Jia, era aliado forte de Jiang. E o apoio de Jiang fora crucial para a ascensão de Xi Jinping.

No caso de Sun, desde o dia em que foi feito ministro da agricultura em 2006, ele se concentrou excepcionalmente em subir na hierarquia. Ele disse a Whitney que, contanto que não pisasse na bola, acabaria chegando ao Comitê Permanente do Politburo e que, se não fosse o presidente, seria o primeiro-ministro. Ele deu cada passo mantendo os olhos no prêmio.

O Partido alegou que Sun pagou prostitutas e aceitou propinas. Mas nós o conhecíamos muito bem. Sua sede não era de dinheiro ou sexo. Ele queria poder. Por que iria atrás de uma mulher ou de alguns milhões de dólares quando tinha uma nação de 1,4 bilhão de pessoas potencialmente em suas mãos?

Do que Whitney e eu observamos, aqueles que sucumbiam às tentações da corrupção eram os que em geral estavam prestes a se aposentar e buscavam encher os próprios bolsos, e não os que disputavam o controle da nação. Testemunhamos Sun passar sua carreira se protegendo cuidadosamente das alegações de malfeitorias. Enquanto estava em Shunyi, ele *fez* favores a pessoas influentes ao distribuir terrenos, mas, num sentido estritamente jurídico, isso não era corrupção. Porém, Xi Jinping e seus lacaios haviam aparentemente decidido tramar um caso contra ele, assim não havia nada que pudesse fazer. Ao longo da história chinesa, diversos imperadores assassinaram príncipes. Aqui, era apenas mais do mesmo.

Se Ling Jihua e Sun Zhengcai não tivessem sido eliminados, ambos estariam no Comitê Permanente do Politburo hoje. O Partido Comunista Chinês teria mantido a ideia de uma liderança coletiva que foi instituída por Deng Xiaoping na década de 1980. Não era um sistema perfeito, mas evitava fazer com que a China regredisse à época em que apenas um homem, neste caso o líder Mao, tomava todas as decisões. Agora, com os concorrentes e potenciais sucessores postos de lado ou presos, Xi Jinping passou a acumular ainda mais poder. Em março de 2018, ele forçou uma emenda à constituição chinesa que abolia os limites de mandatos para a presidência, desta forma abrindo seu caminho como imperador perpétuo. Seus acólitos no Ministério de Propaganda o rotularam de "líder do povo", uma reminiscência ao culto de personalidade que circundava Mao. O rosto de Xi começou a aparecer em cartazes, xícaras e pratos. Seu nome se tornou uma presença fixa na página de capa do *People's Daily*, o porta-voz do Partido. Ele angariou tanto poder que os chineses começaram a chamá-lo de "o presidente de tudo".

⚜ CAPÍTULO DEZOITO ⚜

HÁ UMA SALA DE CONFERÊNCIAS NO RESIDENCIAL do Four Seasons em Pequim que, para Whitney e eu, era um território neutro. Costumávamos nos encontrar lá de tempos em tempos para discutirmos sobre a educação de Ariston e outras questões. Certa tarde em agosto de 2014, ela me intimou. Ela era sempre direta, e não foi diferente dessa vez. "Quero o divórcio", afirmou.

Não fiquei surpreso. Pequenas coisas já indicavam que ela estava indo nessa direção. Ela mudou o código no cofre austríaco que instalamos em nosso apartamento. Sua mensagem era clara: "Não quero dar essas coisas para você." Reatar o relacionamento não passava pela minha cabeça, então a declaração dela não me abalou muito emocionalmente. Ainda assim, fiquei sentido que as coisas houvessem chegado nesse ponto.

Posteriormente, interpretei suas atitudes como uma maneira de me forçar a agir como ela queria. Enquanto estávamos separados, Whitney enviou sua mãe para tentar me convencer a voltarmos a morar juntos. Ela ainda apelou à minha mãe para nos ajudar a resolver as coisas. Deixei claro que não voltaria, a menos que ela estivesse disposta a fazer mudanças de verdade em nosso relacionamento. Queria que nossas condições fosse iguais, e não inclinadas em favor dela. Ela se acostumou a tomar as decisões em nossas vidas pessoais e profissionais. Isso tinha que mudar. Certamente, Whitney fora uma guia e professora essencial para mim durante momentos muito sombrios. Porém, conforme evoluí, precisava que ela crescesse comigo, que me desse espaço e que me visse como um igual.

Minha sensação de que ela queria me forçar de volta ao casamento sob os termos dela se reforçou pelo acordo de divórcio que propôs. Tudo que ela oferecia eram os US$30 milhões que eu havia emprestado ao meu velho amigo Ding Yi em Hong Kong. Mas esse dinheiro estava travado em uma disputa judicial.

Durante um encontro especialmente litigioso no Oriental Plaza, ela me disse que, se fôssemos nos divorciar, ela não me daria um centavo. "Consiga o dinheiro com seu amigo", disse ela. "Você que quis emprestar. O amigo é seu."

"Mas", repliquei, "se você não tivesse desistido tão repentinamente, não haveria esse problema."

"Puxa, que falta de sorte a sua", respondeu ela.

Basicamente, Whitney queria que eu ficasse precisando tanto de dinheiro que seria forçado a voltar para ela implorando. Sempre mantivemos nosso dinheiro em contas da Great Ocean. Eu tinha muito pouco nas minhas contas. Meu nome não aparecia em nenhum documento. Eu estava lascado.

Lutar numa guerra dupla contra minha ex-esposa e meu outrora melhor amigo me fez enfrentar o período mais difícil da minha vida. Isso foi muito pior do que a falência da PalmInfo ou a reviravolta causada pelo desaparecimento do chefe do aeroporto,

Li Peiying, ou ainda da reportagem do *New York Times*. Para me ajudar a enfrentar a situação, concentrei-me nas lições que aprendi durante aquelas crises. Retomei a meditação. Voltei aos textos filosóficos que estudara antes. Comecei a me desapegar das coisas diárias da vida, isolei minhas emoções e fiz o que precisava ser feito para segurar as pontas, exatamente como meus pais fizeram quando imigraram para Hong Kong.

Há uma colina nos arredores de Pequim chamada Xiang, ou Montanha Fragrante, que é repleta de pavilhões construídos no século XII. Milhares de degraus de pedra levavam ao topo e aprendi uma lição ali para minha vida diária. Em vez de focar o pico, concentrei-me no degrau à minha frente, sabendo que se fizesse isso, chegaria aonde precisava chegar. Tal lição ainda me é relevante hoje. *Controle o que você pode controlar. Não se incomode com o resto. Você sempre sairá da piscina*, dizia a mim mesmo. Ainda assim, foi uma época difícil. Um amigo de mais de duas décadas estava tentando me ferrar. E a mãe do meu filho estava tentando me deixar pobre.

Ding Yi, o velho amigo de quem eu estava tentando recuperar os US$30 milhões, não colaborou com as coisas quando destacou, nos documentos protocolados no tribunal em Hong Kong, o artigo do *New York Times* sobre a riqueza da família Wen. Aparentemente, ele queria que o juiz abandonasse o caso na base do medo. Por sorte, não funcionou. Mas Ding Yi ainda tinha uma carta na manga. Com meu processo ainda não analisado, ele declarou falência, e suspeitei que talvez tenha colocado o dinheiro no nome de sua segunda esposa. Anos depois, ainda estávamos em disputa judicial.

Whitney também prometeu lutar com unhas e dentes. Embora tenhamos nos casado em Hong Kong, ela conseguiu que um tribunal de Pequim aceitasse nosso caso de divórcio, visto que seria mais fácil pressionar o juiz dentro da China. Lá, não há essa coisa de bens em comum. Ela contava com a vitória total e queria me tirar de qualquer segurança financeira.

Minha única opção era lutar pra valer. Fiquei em dúvidas se deveria tomar mesmo esse passo. No fim, ameacei divulgar informações prejudiciais sobre ela. Aproveitei a reportagem do *New York Times* também. Nossas empresas estavam no radar das autoridades chinesas e, considerando a natureza deliberadamente flexível da lei comunista, sempre havia coisas que poderiam ser interpretadas sob uma luz negativa. Apesar da realidade de que Whitney tentava se manter distante de problemas, minhas ameaças a convenceram a aceitar um acordo que me garantiria o suficiente para viver com conforto. No dia 15 de dezembro de 2015, finalizamos nosso divórcio.

Esses dois suplícios me ensinaram muito sobre os caprichos da vida, especialmente na China. Aprendi que as amizades não são confiáveis. Tampouco os casamentos. Então, que tipo de relacionamento sobra?

Obviamente, esses problemas surgem *fora* da China também. Mas alguns detalhes são particulares ao meu caso. Um é a abordagem fria, de soma zero e "o ganhador leva tudo" imposta por Whitney, Ding Yi e até pela segunda esposa de Ding, Yvonne, a ex-bargirl que, após seu marido declarar falência, assumiu o lugar dele como diretora da empresa listada na Bolsa de Valores de Hong Kong. A história bizarra de Yvonne foi ainda outro exemplo do tipo "grande salto para frente" nada incomum na China daquele dias.

A característica de "não dar nenhum centavo" é uma função do sistema comunista. Logo cedo, nós, chineses, somos confrontados uns com os outros numa corrida de ratos e nos dizem que só os mais fortes sobrevivem. Não nos ensinam a cooperar nem a trabalhar em equipe. Pelo contrário, nos ensinam a dividirmos o mundo em inimigos e aliados — e que as alianças são temporárias e os aliados, descartáveis. Somos preparados para dedurar nossos pais, professores e amigos, caso o Partido nos diga para fazermos isso. E somos instruídos que a única coisa que importa é vencer, e que apenas os perdedores têm escrúpulos morais. Tal é a filosofia orientadora que manteve o Partido no poder desde 1949. Maquiavel teria se sentido em casa na China, pois, desde o nascimento, aprendemos que os fins justificam os meios. A China sob a liderança do Partido é um lugar sem coração.

O segundo é o quanto a política desempenhou um papel nesses eventos. Whitney conseguiu que o processo do nosso divórcio fosse transferido para Pequim, pois achou que poderia jogar seu jogo de *guanxi* e determinar o acordo. Bem no meio de uma audiência, o juiz pediu licença para atender uma ligação. *E lá vamos nós*, disse a mim mesmo. *Ela está agindo nos bastidores para conseguir que ele julgue em seu favor.* Nunca descobri sobre o que a ligação se tratava, mas isso me ajudou a ficar convencido de que ameaçá-la era minha única saída. Ding Yi também procurou capitalizar sobre minha notoriedade, uma cortesia do *New York Times*, para ganhar vantagem no processo que abri contra ele. Um confronto se tratava de um divórcio e, o outro, de uma disputa financeira, mas a política infetou ambos. E, assim, com o desdobramento dos dois processos, comecei a me questionar se não estava na hora de sair da China novamente.

Minha alienação do sistema chinês se intensificou de outras formas também. Encorajado por Whitney, eu havia conhecido integrantes da aristocracia vermelha. Na primeira vez que tive contato com os bem relacionados, como David Li, fiquei embasbacado. Porém, com o passar do tempo, minha consternação só aumentou com relação aos membros dessa classe.

Os filhos e as filhas dos líderes da China eram uma espécie própria. Viviam sob regras diferentes e habitavam no que parecia ser, às vezes, uma outra dimensão, isolada do restante do país. Suas casas ficavam atrás de altos muros. Eles não faziam compras com as massas. Seus alimentos vinham de uma cadeia de suprimentos específica. Viajavam em limusines com motoristas, frequentavam escolas fechadas aos chineses normais, recebiam cuidados em hospitais especiais e ganhavam dinheiro por meio do acesso político, que vendiam ou alugavam.

Graças a Whitney, deparava-me com essas pessoas com grande regularidade e passei a conhecê-las. Como, por exemplo, Liu Shilai. Ele era o neto de Gu Mu, veterano da revolução chinesa e aliado de Deng Xiaoping. Gu Mu serviu como primeiro-ministro nas décadas de 1970 e 1980, e foi uma figura essencial na instauração das reformas econômicas no país. Liu havia sido nosso vizinho.

Aparentemente, ele ganhava seu dinheiro da forma típica de muitos sangues vermelhos chineses: vendendo seus contatos políticos. Ele obtinha alvarás dos bombeiros para discotecas e licenças médicas para clínicas de cirurgia plástica. Em troca, ganhava uma parte dos lucros.

Liu queria que os sangues vermelhos tal qual ele fossem vistos como uma nobreza genuína. Ele jogava polo no mundo todo, vencendo competições na Tailândia e sediando campeonatos em Pequim. Lá, a nata da realeza comunista chinesa fazia contatos, e as chinesas — encarnando seus modelos da aristocracia inglesa — vestiam chapéus enormes.

Lembro-me de uma conversa que tive com Liu sobre as repressões aos protestos pró-democracia que ocorreram em 4 de junho de 1989. Ele era adolescente na época, mas se lembrava de como seus parentes ficaram com medo de que os manifestantes de fato conseguiriam derrubar o Partido Comunista Chinês. Liu estava morando numa casa com pátio interno no centro de Pequim com seu avô, Gu Mu. Ele passou a noite do dia 3 de junho de guarda em sua casa com um AK-47 em seu colo. Do lado de fora, o Exército de Libertação Popular atacava os manifestantes e esvaziava a Praça da Paz Celestial.

Outro sangue vermelho era um amigo que vou chamar de Wolfgang. Seu avô foi um dos principais líderes do Partido Comunista Chinês nas décadas de 1930 e 1940. Após a revolução, o avô serviu em cargos fundamentais, mas entrou em choque com Mao no fim dos anos 1950, quando criticou o desastroso Grande Salto para Frente que custou as vidas de milhões por causa da fome. O avô passou décadas em "castigo" político, até que foi reabilitado por Deng Xiaoping no fim da década de 1980.

Considerando sua experiência, o avô insistiu para que seu filho — o pai de Wolfgang — evitasse a política, então ele estudou ciências e conseguiu um emprego em um instituto de pesquisas. Quando Deng lançou as reformas econômicas orientadas ao mercado, o pai de Wolfgang abriu uma pequena empresa que fazia um produto muito usado e altamente regulado na China. Levando em conta sua linhagem, o pai de Wolfgang venceu a licitação com o governo.

Wolfgang cresceu em Pequim como membro da aristocracia vermelha. Estudou na Escola Fundamental de Jinshan, uma instituição de elite, juntamente com os demais filhos de membros de alto escalão do Partido. Em sua adolescência, a família foi embora da China. Wolfgang recebeu os estudos nos EUA. Após se formar, seu pai levou o filho único de volta à China para sua empresa.

A empresa continuou a obter lucros sólidos. De fato, a companhia de Wolfgang se beneficiava de praticamente todas as transações feitas no país, das compras de café na Starbucks à aquisição de uma mansão que valia muitos milhões de dólares em Xangai. Nessa altura, outra empresa, administrada pelo Exército de Libertação Popular, mudou-se para o mesmo local, mas havia espaço suficiente para ambas prosperarem. Esse tipo de duopólio era comum na China, com uma estatal compartilhando o mercado com uma empresa controlada por um descendente da elite vermelha.

Wolfgang expandiu a linha de produção da empresa e se envolveu em serviços que davam acesso a enormes fluxos de dados. Essas informações eram de particular interesse à polícia chinesa. Ele começou a compartilhar os dados com a polícia, que confiava nele implicitamente devido à sua procedência. Em troca, os serviços de segurança levavam mais negócios à empresa dele.

Wolfgang e eu costumávamos conversar sobre o sistema chinês, e ele me regalava com histórias de envolvimentos dos chefões do Partido com prostitutas. Ele observou que uma forma especialmente eficaz de criar laços com um oficial do Partido era compartilhar um quarto com ele repleto de mulheres. Ele via as falhas do sistema, sua corrupção e como manipulava a alma das pessoas. Ele não defendia a China em termos de valores ou ideologias, mas estava feliz em aproveitar sua linhagem para ficar rico. Eu o imaginava mais ou menos como Michael Corleone de *O Poderoso Chefão*. Para mim, Wolfgang era um mafioso relutante.

Superficialmente, ele era bem ocidentalizado. Falava um inglês perfeito e sua esposa era de Taiwan, mas ele não questionava o sistema. Na verdade, ele ajudava a sustentá-lo, compartilhando seus dados com os policiais e caçando contratos com a segurança estatal.

Ao mesmo tempo, porém, Wolfgang tinha um passaporte estrangeiro e havia investido uma boa quantia de sua riqueza fora do país. Eu debatia política com ele. "Onde você aplica seu capital?", perguntei certa vez, sabendo que a grande parte ficava fora da China. "Que tipo de passaporte você tem?", questionei, ciente de que não era chinês.

Por anos, comentaristas ocidentais insistiam que pessoas como Wolfgang, que estudaram fora, eram agentes de mudança na China — que elas importariam os valores universais do Ocidente e levariam a China numa direção melhor. Porém, gente como ele nunca viam a si mesmas em tal papel. Seu interesse era que a China permanecesse como era. Era isso que o deixava muito rico e o permitia colher os benefícios de dois sistemas de uma só vez: as liberdades do Ocidente e os duopólios manipulados da China autoritária.

Quanto mais conhecia Wolfgang e outros como ele, mais os via como facilitadores altamente competentes de uma aflição cada vez mais tóxica — o comunismo chinês. Em troca de um pote de ouro, eles vendiam suas almas. Whitney e eu havíamos jogado dentro das regras que eles e seus pais haviam estabelecido e prosperamos. Mas sabíamos que eram regras tendenciosas. Whitney estava confortável dentro do sistema distorcido; eu queria sair.

Apesar da minha batalha contra Whitney no tribunal, mantínhamos a aparência de unidade quanto à educação de Ariston. Logo após seu nascimento, Whitney planejou toda sua educação. Ele começou no jardim de infância numa pequena escola internacional de Pequim chamada 3e. Ela o matriculou em aulas de equitação no clube equestre de Liu Shilai, um passatempo que se enquadrava em seu status de membro da elite chinesa. Após o jardim da infância, ela havia planejado enviá-lo para uma escola de ponta associada à Universidade do Povo em Pequim. Para a faculdade, ele iria para o exterior, Estados Unidos ou Inglaterra.

Porém, a nociva poluição do ar em Pequim — somada ao meu desejo de ir embora do país — fez com que Whitney mudasse de ideia. Em 2015, Ariston e eu nos mudamos para a Inglaterra. Whitney e eu encontramos uma escola para ele e, em abril, ele já estava estudando.

Posteriormente naquele ano, Whitney foi passar alguns meses na Inglaterra e alugou uma casa perto de nós para ajudar Ariston a se acostumar com a mudança drástica. Eu já havia começado a me dedicar para ser o principal cuidador de Ariston. Se eu aprendi alguma coisa com minha pesquisa sobre legados familiares, foi o seguinte: nenhum pai jamais se arrependeu de ter passado tempo demais com seus filhos.

Também me esforcei para melhorar o relacionamento com meus pais. Levei-os para viagens em todo o mundo. Planejava cada passo do itinerário e garantia que estivessem confortáveis, bem alimentados e cuidados. Durante o almoço em Florença numa viagem de férias à Itália, minha mãe disse, com um olhar distante como se não estivesse falando com ninguém em particular: "Sabe, estou surpresa. Você acabou se tornando um bom filho."

Whitney ainda dava indiretas à minha mãe de que estava interessada em consertar as coisas. Após um divórcio tão litigioso, era irônico o fato de que ainda me queria de volta. Isso mostrava que, em algum nível, ela realmente valorizava o que construímos juntos e o que eu levei para sua vida. Na superfície disso tudo, suspeitava eu, havia uma solidão e o medo de ter que lutar as batalhas empresariais e o sistema chinês sozinha. Ela era extremamente complicada. Quando estava procurando um carro para comprar durante sua viagem à Inglaterra, ela me pediu que a acompanhasse à concessionária e a ajudasse a escolher um.

"Mas o carro é para você", argumentei.

"Quero que você escolha", respondeu ela. "Você sabe qual é o melhor."

Em outro momento, ela se virou para mim e disse: "Não sou boa com relacionamentos, sou muito insegura." Isso não me tocou. Eu queria um pedido sincero de desculpas, mas ela era orgulhosa demais.

Apesar de tudo, ela ainda acreditava que era superior a mim em entender a China e que eu ainda precisava aprender sobre o "jeitinho chinês". Certo dia em 2016, nos encontramos para um café. Estávamos ambos em Hong Kong. Sugeri novamente que ela diversificasse seu risco e realocasse alguns dos ativos da Great Ocean investindo no exterior. Eu só queria dar um conselho de amigo. Percebi que todo mundo estava fazendo isso. De fato, tantas pessoas queriam tirar seu dinheiro do país que o governo implementou controles sobre o movimento de capitais. Ela sorriu maliciosamente. "A China", disse ela, "vai continuar crescendo com força e vigor". Então, após uma pausa sugestiva, ela acrescentou: "As pessoas precisam ter visão" — como se ela tivesse, e eu não. Em 2017, durante uma viagem que fiz a Pequim, ela deixou escapar que as autoridades do Partido a haviam proibido de sair do país. Ela não parecia estar preocupada e, novamente, descartou meus pedidos para que saísse de lá. "Isso logo vai passar", afirmou ela.

⚜ POSFÁCIO ⚜

EM AGOSTO DE 2017, UM AMIGO FOI AO APARTAMENTO que eu costumava compartilhar com Whitney para buscar Ariston e levá-lo de volta para Inglaterra, após um verão com sua mãe. Whitney desceu para se despedir. Enquanto o carro esperava lá fora para levá-los ao aeroporto, ela deu um sorriso sem brilho. "Sou o corpo que deu à luz a ele", disse ela. "Agora, ele vai continuar sem mim."

É difícil dizer se Whitney tinha qualquer pressentimento de que desapareceria em breve. Caso tivesse, provavelmente teria se organizado melhor ou tentado se proteger. Ainda assim, aquela imagem solitária de uma mulher entregando seu filho ficou na minha mente. Será que ela fazia ideia de que estavam atrás dela? Milhares de pessoas foram pegas no ímpeto anticorrupção de Xi Jinping. Whitney estava proibida de viajar. Aparentemente, ela não levou isso a sério. Mas quando me disse sobre a proibição vários meses antes, há muito tempo já havíamos parado de conversar honestamente, como fazíamos antes.

Será que talvez as coisas teriam sido diferentes se eu tivesse tentado com mais afinco permanecer na vida dela como um ouvinte simpático e conselheiro confiável, senão como seu marido? Não consigo parar de me perguntar. Após eu me mudar e termos nos divorciado em 2015, Whitney perdeu a única pessoa no mundo com quem compartilhou tudo. Sim, ela tinha outros relacionamentos próximos. Mas ninguém a entendia como eu conseguira antes. Ela seguiu uma ambição selvagem. Tinha grandes sonhos e entrou de cabeça. Várias vezes eu a impedia de fazer coisas que pareciam perigosas ou arriscadas demais. Porém, depois que nos separamos, ela perdeu seu conselheiro, sua proteção e, talvez, sua precaução também. Quando a pegaram em seu novo escritório no complexo do Hotel Bulgari, que havíamos construído, tentei todos os meus contatos na China, mas ninguém tinha qualquer resposta.

Ouvi rumores. Um importante economista chinês me disse acreditar que Whitney foi drogada, provavelmente apanhou e, se algum dia reaparecer viva, a polícia secreta comunista vai injetar algo em sua espinha que a deixará como um zumbi. Se ela sair dessa, comentou ele, jamais será a mesma. O empresário chinês que virou dissidente, Guo Wengui, comunicou que as autoridades do Partido a haviam matado, mas ele é fofoqueiro e suas alegações raramente se mostram verdadeiras. Até o repórter do *New York Times*, David Barboza, numa tentativa de me fazer falar, espalhou rumores de que Whitney estava morta. Parte de mim acredita que um motivo pelo qual ela não apareceu é sua recusa em admitir culpa. Ela sempre costumava dizer: "Mesmo se tirasse meu corpo do caixão e o chicoteasse, não encontraria sujeira." Whitney é (ou era) o mais cabeça-dura possível.

Seu desaparecimento solidificou minha ideia em evolução sobre a China comunista. Fui criado para amar o país e o Partido. O patriotismo era algo natural para mim, assim como para muitos de minha geração. Desde os dias em que colecionava gibis detalhando como os revolucionários comunistas se aproveitavam de tudo, comprometi-me inconscientemente à causa de tornar a China grande novamente. Quando estudei nos EUA no fim da década de 1980, abri mão do direito de conseguir um *green card* para poder abrir meu caminho na grande China. Em Pequim, na década de 2000, dediquei-me literalmente a construir o capital — melhorando muitíssimo o aeroporto e construindo o que podemos chamar de o hotel e o complexo de escritórios mais finos da nação.

No entanto, que tipo de sistema permite sequestros ilegais como o de Whitney Duan? Que tipo de sistema dá aos investigadores o direito de desaparecer com uma pessoa sem sequer informar seus pais ou seu filho? Obviamente, Ariston sente falta da mãe, mas o que o tortura, e a todos nós, é não saber o que aconteceu com ela. Onde está Whitney Duan? Será que ainda está viva?

A China tem regras sobre como os suspeitos devem ser tratados. A Lei de Procedimentos Penais de 1997 permite que a polícia mantenha um suspeito sob custódia por até 37 dias antes de soltá-lo ou prendê-lo formalmente. Mas isso é uma piada cruel. Whitney desapareceu há *anos* e ainda não ouvimos nada a respeito.

Outro fator sobre a questão da moralidade básica do sistema é o mecanismo nada transparente do Partido para investigar seus membros. O processo é executado pela Comissão Central de Inspeção e Disciplina. Em 1994, o Partido instituiu um sistema investigativo chamado *shuanggui,* que permite aos investigadores que mantenham sob custódia o suspeito de violar os regulamentos do Partido. Mas o *shuanggui* não é limitado por nenhuma lei. Tecnicamente, as detenções podem durar para sempre. Acredito que Whitney está sendo mantida sob tal estrutura. Novamente, que tipo de sistema permite que um partido político opere acima da lei e mantenha seus suspeitos incomunicáveis por anos? Ela não é a única sofrendo tal destino, mas é a cativa mantida há mais tempo sem qualquer comunicação.

Minhas opiniões sobre a China começaram a deteriorar em 2008, durante o segundo mandato do chefe do Partido, Hu Juntao, e do Primeiro-ministro, Wen Jiabao. A lógica do sistema leninista chinês, basicamente inalterada desde o líder Mao Tsé-Tung, exige que o Partido busque um controle total. Apenas em momentos de crise ele abre um pouco a mão, permitindo mais empreendimentos livres e liberdade. Isso sempre ocorre com muita relutância e, logo em seguida, as coisas voltam a ser como eram. A partir de 2008, o Partido recomeçou a exercer seu controle — na economia, na imprensa, na internet e no sistema educacional. Editores foram dispensados, professores foram demitidos, a internet foi censurada e os comitês do Partido foram impostos em todas as empresas privadas. A economia crescente da China deu ao Partido uma oportunidade de reafirmar seu domínio.

Cheguei à conclusão de que a lua de mel do Partido com empreendedores como Whitney e eu não foi nada além de uma tática leninista, nascida na Revolução Bolchevique, para dividir o inimigo visando aniquilá-lo. As alianças com empresários foram temporárias, como parte do objetivo de controle total da sociedade pelo Partido. Quando não fôssemos mais necessários — para desenvolver a economia, investir no exterior ou ajudar a restringir as liberdades em Hong Kong —, também nos tornaríamos o inimigo.

A China caminhava nessa direção iliberal muito antes de Xi Jinping assumir o poder em 2012. Xi apenas acelerou o processo. Ele não apenas manobrou o Partido para maximizar seu controle dentro da China, como também pressionou a exportação do sistema repressivo chinês para outros países. Isso, também, se adequa à lógica do sistema da China. Conforme seus recursos aumentam, o Partido Comunista Chinês procurará se defender numa esfera sempre em expansão. Vemos isso em Hong Kong com a aprovação da lei de segurança nacional de 2020 que, embora seja propositalmente vaga, proíbe efetivamente que qualquer pessoa critique o governo honconguês em qualquer lugar. Pense em exageros imperiais...

Há uma mentira perpetrada pelo Partido de que ele prioriza o coletivo em detrimento dos interesses próprios do indivíduo. Muitos ocidentais, infelizes com a obsessão do Ocidente pelos direitos individuais, caem nessa fantasia de que o Partido Comunista Chinês quer o bem comum. A realidade é que o principal propósito do Partido é servir aos interesses dos filhos e filhas de seus revolucionários. Eles são os principais beneficiários; eles é que estão sentados no centro do poder econômico e político.

Trinta anos atrás, meus pais me tiraram de um Estado comunista e me levaram a Hong Kong. Cresci e estudei numa cultura liberal, capitalista e voltada ao Ocidente, aprendendo sobre as possibilidades e valores do potencial humano. A partir do fim da década de 1970, quando o Partido deu um descanso a todos para que pudesse se recuperar de seus erros desastrosos, ele abriu um pouco as portas e permitiu que o mundo imaginasse como a China poderia ser mais livre e aberta. Whitney e eu nos enfiamos nessa pequena abertura e aproveitamos uma oportunidade única — que nos deu a chance de nos expandir, realizar nossos sonhos e também construir a China.

Agora que o Partido Comunista Chinês tem os recursos, ele volta a mostrar sua verdadeira cara. Ao mesmo tempo, passei a perceber que, mais do que a riqueza ou o sucesso profissional, a dignidade e os direitos humanos são os presentes mais preciosos da vida. Quero viver em uma sociedade que compartilhe desse ideal. Então, escolhi o Ocidente em detrimento da China — não apenas para mim, mas também para meu filho.

⫷ EPÍLOGO: UM ANO DEPOIS ⫸

UM *MILAGRE*! É A ÚNICA PALAVRA QUE DESCREVE o que aconteceu desde que publiquei este relato detalhado dos anos emocionantes e, às vezes, cheios de riscos e extremamente frustrantes que passei na China, à medida que o Partido Comunista da China (PCCh) restringia gradualmente as liberdades. De todos os objetivos que tinha com a publicação de *Roleta Vermelha*, o mais crucial — obter a soltura de minha ex-esposa — foi concretizado apenas alguns dias antes de o livro ser vendido nas livrarias do mundo todo.

Mesmo agora, enquanto escrevo este epílogo, é difícil acreditar no modo dramático pelo qual a trama se desenrolou.

Roleta Vermelha estava programado para ser lançado globalmente em inglês na terça-feira, dia 7 de setembro de 2021. Considerando o fato de ser tradição das editoras norte-americanas lançar novos livros sempre às terças-feiras, essa data foi a mais próxima que conseguiríamos estar do quarto ano desde que minha ex-esposa, Whitney Duan, foi sequestrada pelas autoridades chinesas, o que ocorreu no dia 5 de setembro de 2017. Sem saber o que havia acontecido com ela e seus colegas de trabalho, decidi documentar nossa vida juntos na China 1 ano após seu desaparecimento, para que meu filho, Ariston, tivesse uma compreensão clara sobre a origem de seus pais e como havíamos navegado pelo sistema chinês, em geral perigoso. Meu plano de publicar as páginas que escrevera se solidificou no início de 2020 — após mais de 2 anos sem receber qualquer notícia sobre Whitney e sem ter qualquer prova de que ela estava viva.

Embora Whitney e eu tivéssemos nos separado legalmente antes de seu desaparecimento, nós compartilhávamos a custódia de nosso filho — bem como um grande amor por ele. Ariston sentia muita falta da mãe, e eu estava indignado porque seu desaparecimento se dera exclusivamente pelo sucesso empresarial que nós dois alcançamos, colocando-nos em conflito com os donos do poder dentro do PCCh.

Conforme a data de lançamento em 7 de setembro se aproximava, comecei a sofrer de insônia. Todas as preocupações e dúvidas que achei que tinha controlado ao me envolver com a publicação agora retornavam para me atormentar com cenários sombrios. Alguns dias antes do lançamento, minha ansiedade foi às alturas, quando as campanhas publicitárias do livro tiveram início.

Na sexta-feira, 3 de setembro, o *Financial Times* publicou uma reportagem intitulada "O mistério da mulher desaparecida que fazia negócios com a 'Aristocracia Vermelha' da China", e o *Wall Street Journal* acompanhou, publicando "Detalhes em primeira mão do desdém do Partido Comunista da China por empreendedores 'descartáveis'". Durante mais de um ano, tanto meu editor quanto meu publicista vinham trabalhando incansavelmente para garantir que nenhuma notícia sobre o livro vazasse cedo demais, com a preocupação de que elementos dentro do PCCh pudessem fazer algo para impedir o lançamento. Quando li as duas reportagens recém-publicadas, pensei: *Já era... agora é oficial.* Até então, não havia caído a ficha sobre o fato de que seria eu a erguer o véu da política e das transações comerciais da China no nível mais alto.

Uma enxurrada de preocupações permearam minha mente: *como o PCCh reagirá ao livro? Será que vão grampear meu telefone e meus e-mails? Terei que enfrentar um ataque na internet dos blogueiros pagos pelo Partido, às vezes chamados de Exército de Wu Mao? Será que o PCCh enviará agentes atrás de minha família ou mesmo infligirá danos físicos?* Embora eu houvesse prometido suprimir todos os medos quando o processo de publicação começasse, agora que milhões ao redor do mundo talvez estivessem lendo o livro, não consegui controlar a ansiedade. Foram noites intermináveis.

No domingo, 5 de setembro, dia que marcava 4 anos do desaparecimento de Whitney, acordei por volta das 4h e não consegui mais dormir. Liguei meu telefone na escuridão e vi que havia uma nova mensagem da minha mãe. Ela estava me pedindo para ligar para Whitney, dizendo que Whitney havia ligado para ela depois de não ter conseguido falar comigo. Essa mensagem caiu como um raio, e parecia que meu coração ia parar. Minha mente teve dificuldade de entender o que aquilo significava. Eu sabia que o telefone de Whitney não estava funcionando, pelos últimos 4 anos. A mãe dela, até sua morte em junho de 2021, tinha o hábito de telefonar para a filha todos os dias. Ela se recusava a desistir da esperança de que um dia talvez Whitney pudesse atender.

Ah... se ela tivesse vivido três meses mais.

Embora eu tenha decidido ligar para Whitney imediatamente, não conseguia parar de pensar sobre quem atenderia. A situação era surreal demais. Minha mente criou uma imagem de Whitney sentada em uma cela, um carcereiro ou um oficial do partido ao seu lado, garantindo que ela recitasse todas as palavras que deveria dizer.

Por fim, telefonei e, após uma ou duas chamadas, Whitney atendeu. Tive a distinta sensação de que ela estava esperando minha ligação. Ela estava muito emotiva e chorava ao falar. Começou pedindo desculpas e expressou arrependimento por seu comportamento anterior para comigo e por ter me deixado sozinho com a responsabilidade de criar Ariston. Disse que teve um conflito interno sobre se deveria ligar ou não — achava que entrar em contato talvez seria "incômodo" para a família que eu tinha agora, caso estivéssemos vivendo felizes juntos. Fiquei pasmo, sem conseguir falar. A confirmação de que ela estava viva, juntamente com seu tom emocional, quase solícito — tão diferente da última conversa que tivemos 4 anos antes, quando nossas palavras foram frias e confrontativas — tirou meu equilíbrio. Durante o primeiro minuto, deixei-a falar sem interrupções. Por fim, me recompus. Perguntei onde ela estava. Ela me disse que estava em casa, mas temporariamente, pois tinha assinado um acordo que possibilitava ser levada de volta de novo a qualquer momento.

Whitney pediu então para falar com Ariston. Na escuridão, fui tropeçando até o quarto dele. Acordei-o e lhe disse que sua mãe estava ao telefone, esperando para falar com ele. Ariston me olhou confuso, como se não tivesse entendido o que eu acabara de dizer. Embora eu pudesse compreender o que ele estava sentindo, não havia tempo para explicar. Eu estava preocupado que poderiam cortar a chamada. Instei-o com pressa para que pegasse o telefone e falasse.

Pude ouvir tudo que falaram. Do mesmo modo choroso que exibiu antes, Whitney começou contando a Ariston sobre sua profunda tristeza por não ter conseguido estar com ele, deixando-me com todo o fardo de criá-lo sozinho. Então, ela perguntou a ele com que altura estava, quanto pesava, qual escola frequentava e como estava indo com as tarefas. Lágrimas se formaram no canto dos meus olhos, visto que essas eram coisas que uma mãe "normal" nunca teria que perguntar. Ariston estava bem calmo e falava muito pouco — algo que eu não previa. Posteriormente, ele admitiu estar espantado pela aparição repentina de sua mãe após todos aqueles anos. Para ele, Whitney parecia ter emergido de um abismo escuro e ele ainda desconfiava que talvez fosse só um sonho.

Após a conversa entre mãe e filho, Whitney pediu para falar comigo novamente em particular, longe de Ariston. Peguei o telefone e fui até a sala de estar no andar de cima. Ela me disse que não tinha ouvido nenhuma notícia do mundo externo nos últimos 4 anos. Ela só ficou sabendo sobre o falecimento de sua mãe quando saiu. Presumi que ela tampouco soubesse sobre a pandemia de Covid, que mudara nossas vidas para sempre. Pedi que me dissesse por que havia sido pega pelo PCCh — de quais crimes estava sendo acusada e quais penas haviam sido impostas. Era uma pergunta extensa, mas a resposta foi curta. Ela expôs que as acusações eram confidenciais e que não podia revelá-las. Foi uma resposta evasiva, ridícula até, e alimentou minha ira. Whitney havia sido uma das empresárias mais bem-sucedidas e conhecidas da China. Que o PCCh havia a colocado em isolamento total por quatro longos anos sem passar por um processo judicial, sem dar bola para as acusações ou condenações, era um atropelamento total dos direitos humanos. E meu filho era um dano colateral.

Porém, logo entendi o motivo *real* pelo qual Whitney estava determinada a entrar em contato comigo. Embora ela não soubesse nada até sobre os grandes eventos dos últimos anos, ela sabia tudo sobre meu livro *Roleta Vermelha*. Sabia que seria lançado em breve, em poucos dias. Ela me pediu para abortar o lançamento. Suspeitei que a conversa que tivéramos até esse ponto havia sido apenas para quebrar o gelo, uma tentativa de nos deixar num clima amigável antes de trazer o tópico principal. *Aqui vem a mensagem completa do PCCh*, alertei a mim mesmo. Eu concederia a ela uma oportunidade sem interrupções para dizer tudo que precisava dizer. Conforme eu a escutava, ela expôs as consequências de provocar o PCCh. Muita ênfase foi dada aos danos que o lançamento do livro causaria para *ela* — a natureza temporária de sua soltura e a possibilidade de poder ser levada novamente sob custódia. Então, ela mudou de tática e fez uma série de perguntas inquietantes: "E se acontecer algo ruim com você, Desmond? Como você acha que isso impactaria Ariston? E se acontecer algo ruim com Ariston? Como isso faria você se sentir como pai?" Permaneci em silêncio. Ela concluiu sua mensagem com um slogan do Partido, recordando-me de que não havia um final feliz para aqueles que se opunham ao Estado Chinês.

Relatei essa ligação e o que conversamos para meu editor e para meu agente literário em Nova York. A primeira reação de todos foi de puro espanto — muito parecida com a que tive quando li a mensagem enviada por minha mãe. Nossas conversas progrediram de um agradecimento por Whitney estar viva para uma concordância de que ela estava em uma missão, pelo menos parcialmente — no mínimo sob coação mental, isso era bem provável — para fazer ameaças veladas em nome do PCCh e, em terceiro lugar, chegando à empolgação de que seu reaparecimento faria do lançamento de *Roleta Vermelha* um evento midiático. Alguém da equipe da editora me perguntou se por um acaso eu havia gravado a conversa com Whitney. "Não", respondi. A ideia não passou pela minha cabeça. Mas a pergunta lançou uma semente. Decidi gravar as ligações futuras — se é que haveria alguma.

Whitney ligou de novo no mesmo dia, um pouco depois das 18h. Desta vez, sua voz estava calma. Ela sempre foi boa em transpassar a aparência certa para se adequar ao propósito; era uma habilidade que ela usara para transitar entre os *guanxi* na China. Ela começou dizendo que, após ter sido "instruída" durante seu cativeiro, ela se considerava culpada de ter cometido crimes. Visto que eu havia sido seu sócio, ela estava insinuando que eu também havia cometido crimes. Quando lhe perguntei a quais crimes ela estava se referindo exatamente, sua resposta foi ambígua: "Você mesmo deveria saber." Ela continuou insistindo nesse argumento por uns dez minutos, enquanto eu ficava cada vez mais irritado.

Percebendo que eu não estava abrindo mão, ela mudou de tática e me pediu para postergar o lançamento do livro. Sugeriu que isso daria tempo para ela negociar uma boa saída com o PCCh. Como eu já havia lidado com o Partido e com seus burocratas por anos, não era inocente sobre como *isso* acabaria. Minha intenção de publicar era o suficiente para selar meu destino como um inimigo jurado do PCCh e do Estado chinês. Não havia volta agora que o Partido estava obviamente ciente do livro. Disse a Whitney que manteria o cronograma e expressei gratidão pelas notícias de que o livro de fato a havia tirado do cativeiro. Eu acreditava que a melhor chance de *mantê-la* fora seria continuar lançando luz sobre seu caso. Eu estava resoluto.

Ao ver que sua tática não estava causando o efeito desejado, ela soltou outra frase assustadora: "Já estou velha, mas nosso filho ainda tem um longo caminho à frente. Não custe uma vida." Minha paciência já estava no fim. "Seja específica", pedi. "Vida de quem? Sua? Minha? Do nosso filho?" Ela reestruturou seu comentário dizendo: "Digo, nossos pais já estão velhos."

Ela fez uma terceira ligação no dia seguinte — um dia antes do lançamento do livro, e deixou uma mensagem na caixa postal. Essa pareceu ser *muito* forçada. Consistia em muitos slogans do Partido — não morda a mão que o alimenta, não difame o Partido e o Estado, qualquer um que se opõe ao Estado não terá um final feliz, etc. — ditos de formas teatrais muito dramáticas.

Então, as ligações de Whitney pararam. *Roleta Vermelha* foi publicado como planejado. E, da parte da minha ex-esposa e mãe de Ariston há muito tempo desaparecida, houve apenas silêncio.

Após um mês sem qualquer notícia de Whitney, comecei a ficar preocupado com o fato de ela estar em cativeiro novamente. Felizmente, um primo meu que mantinha contato com Whitney me disse que ela permanecia em Pequim. Meu palpite foi de que ela não queria falar comigo. Fiquei aliviado.

Embora Whitney tivesse sido solta obviamente para que o Partido pudesse me pressionar para enterrar o livro, o ataque teve o efeito oposto, como geralmente acontece com as manobras de ditadores e máquinas estatais autoritárias. Ao invés de eliminar ou minimizar o potencial impacto do livro *Roleta Vermelha*, o uso que o PCCh fez de Whitney como uma mensageira forneceu argumentos intrigantes que a mídia aproveitou. Foi uma tempestade perfeita. A reaparição de uma bilionária chinesa muito conhecida após 4 anos de suplício — o desaparecimento mais longo orquestrado pelo país até hoje — coincidiu com o inesperado desaparecimento de outro magnata chinês, Jack Ma da Alibaba.

A cartilha do PCCh estava ficando óbvia demais.

Minha história teve cobertura do *Washington Post*, do *New York Times* e do *Wall Street Journal* nos EUA, do *Financial Times*, do *Sunday Times* e do *Telegraph* no Reino Unido, e do *Straits Times* em Singapura. Publicações financeiras como *Economist* e *Bloomberg* também publicaram artigos. No Reino Unido, participei do programa *Newsnight* da BBC e, nos EUA, fui entrevistado ao vivo na *CNN* por Christiane Amanpour e Erin Burnett, e na *Fox News* por Maria Bartiromo. O programa *Morning Edition* da *NPR*, apresentado por Steve Inskeep, transmitiu uma entrevista comigo. Do outro lado do mundo, o *60 Minutes Australia* produziu um segmento que atraiu mais de 3 milhões de visualizações.

Roleta Vermelha chegou à lista dos mais vendidos do *New York Times* e, a certa altura, foi o livro mais vendido na Austrália. Meu editor australiano destacou que, na "terra dos cangurus", *Roleta Vermelha* estava angariando tantas vendas quanto o livro *Peril*, de Bob Woodward. Era demais para eu assimilar. Tanta coisa poderia ter dado errado com a publicação do livro, cumprindo meus medos mais sombrios, mas, de forma incrível, *Roleta Vermelha* encontrara um público maior do que eu imaginara.

Muitas vezes os jornalistas, apresentadores de TV e de mídias online me perguntaram: "Por que você quis escrever o livro?" Durante os quase 2 anos desde que comecei a escrever até que finalmente me comprometi com a publicação, preparei-me constantemente para responder a essa pergunta. Em última instância, concluí que escrever e publicar *Roleta Vermelha* seria a coisa certa para Ariston e Whitney, para Hong Kong e o restante do mundo além das fronteiras chinesas.

Como mencionei, passar uma imagem minha e de Whitney a Ariston foi um grande motivador para eu escrever. Um ano após o desaparecimento de sua mãe na China, Ariston estava numa idade em que talvez começasse a buscar informações sobre ela na internet. A probabilidade disso ocorrer foi muito gentilmente trazida à minha atenção por um de seus professores. Fui orientado a ficar de olho e pronto para fornecer um acompanhamento adequado. Na época, conteúdos relacionados a Whitney que estavam disponíveis online eram em sua maioria fictícios. Sem saber nada sobre o destino dela e incerto sobre o fato de que Ariston voltaria um dia a falar com sua mãe novamente me obrigaram a escrever.

Acredito que Whitney e eu fizemos o melhor que pudemos durante um período turbulento na história chinesa — um momento de crescimento econômico exponencial, de melhoria contínua na vida das pessoas e uma abertura da sociedade a novos conhecimentos e novas ideias. Sentimos que estávamos surfando numa onda de promessas e, em retorno, contribuindo para uma sociedade chinesa mais aberta, livre e civilizada. Tenho orgulho do que conquistamos e creio que Ariston pode ter orgulho de nós como pais. Queria que ele conhecesse nossas histórias — senão ouvindo de nós dois, pelo menos de mim.

Porém, além de preencher algumas lacunas para Ariston, eu queria fazer algo tangível por Whitney — caso ainda estivesse viva. Na época em que autorizei a publicação de *Roleta Vermelha*, Whitney havia desaparecido há 2 anos e meio. Tentei entrar em contato com pessoas cujos avanços nas carreiras ela assistira, na esperança de que talvez pudessem perguntar discretamente sobre onde ela estava e sobre seu estado de saúde. Meus esforços se mostraram inúteis. Sob meu ponto de vista, qualquer atenção que eu pudesse levar à situação dela não tinha como piorar mais nada, e talvez até fosse algo positivo.

Outro fator que me levou a escrever foi Hong Kong — um lugar muito especial para mim. Essa é a cidade onde cresci, onde a maioria dos meus amigos próximos vive e que, na minha opinião, oferece a melhor comida do mundo. É uma metrópole extraordinária na qual os modernos valores ocidentais e as tradições chinesas de antes de 1949 se interlaçam em perfeita harmonia. Senti um cheiro de má-fé chinesa para com Hong Kong em meados de 1997, quando o ministro de relações exteriores da China inicialmente fez um anúncio unilateral de que a Declaração Conjunta Sino-britânica sobre Hong Kong era um "documento histórico" que não tinha mais nenhum significado prático. Desde então, a liberdade de expressão e a liberdade civil em Hong Kong foram de mal a pior, fato esse acentuado muito pela tentativa do governo em legalizar a extradição à China. Movido e inspirado pela luta de jovens honcongueses, peguei um avião no Reino Unido e fui até Hong Kong em junho de 2019 para que pudesse protestar com um milhão de outros honcongueses no escaldante calor do verão, demonstrando ao mundo todo a vontade do povo de Hong Kong.

Ao chamar a atenção em *Roleta Vermelha* para a verdadeira natureza do PCCh, para o aparato político que o Partido opera e como está se infiltrando na política de Hong Kong, minha esperança foi a de mostrar a difícil batalha que os honcongueses enfrentam em sua luta diária pela liberdade. Infelizmente, agora acredito que Hong Kong foi arrastada a um ponto sem retorno. Como um honconguês, queria fazer minha parte mesmo assim. (A venda de *Roleta Vermelha* está proibida em Hong Kong. Inabaláveis, meus amigos compraram seus exemplares na Amazon dos EUA e pagaram frete internacional para recebê-los lá.)

Meu objetivo final ao escrever *Roleta Vermelha* foi mostrar ao mundo o que exatamente está acontecendo. Há uma abundância de informações equivocadas, muitas delas propagadas intencionalmente pelo PCCh. Como os diversos países do mundo decidem lidar com a China será escolha deles, é óbvio, mas sinto que poderão escolher mais corretamente se tiverem um conhecimento adequado.

Ouvi de jornalistas e especialistas em *think tanks* que *Roleta Vermelha* tem sido lido especialmente por líderes políticos eleitos, legisladores e executivos. Alguns meses atrás, tive a honra de falar na Aliança Interparlamentar sobre a China (IPAC, da sigla em inglês), um grupo de legisladores que "trabalha em prol da reforma sobre como países democráticos lidam com a China". Havia cerca de doze políticos eleitos presentes. Foi gratificante saber que todos haviam terminado a leitura do livro, ou que o estavam lendo.

Espero que *Roleta Vermelha* encontre um lugar permanente na literatura sobre a China referente a esse período histórico. O crescimento recente do país nos últimos 20 anos reformulou o mundo de todas as formas possíveis, incluindo geopolítica, econômica e ideologicamente. A emergência explosiva da China de fato levou à escrita de muitos livros. Espero que as opiniões dos acadêmicos não excluam as histórias pessoais das pessoas que enfrentam a batalha.

No momento de escrita deste epílogo, *Roleta Vermelha* já foi licenciado para publicação em catorze idiomas, sendo oferecido nas prateleiras de quatro continentes. Observei que muitos dos países que têm fronteiras terrestres ou marítimas com a China garantiram direitos de publicação. Isso inclui Japão, Coreia, Tailândia, Vietnã e Mongólia — este último um país que raramente autoriza a publicação de editoras norte-americanas.

"Já há uma edição chinesa?", perguntam-me com frequência. Bem, a influência do PCCh pode ser definitivamente detectada no mundo das publicações. Uma editora tailandesa adquiriu os direitos de publicação do livro no fim de 2021. O gerente editorial entrou em contato comigo para me informar que estavam correndo para publicar o projeto e que haviam contratado dois tradutores para cumprir com o prazo de lançamento. Logo depois disso, um grande conglomerado tailandês que têm negócios significativos com a China foi multado em US$60 milhões pela China por ter feito doações políticas para o partido nacionalista governante em Taiwan, o Partido Democrático Progressista. Esse incidente fez com que todas as empresas taiwanesas com presença na China corressem para se proteger. Na sequência, recebi outra ligação da editora taiwanesa informando que estavam rescindindo o contrato e que não publicariam mais a edição em chinês de Roleta Vermelha.

No entanto, como é o caso com muitos outros produtos na China, é possível encontrar uma edição pirateada com uma boa pesquisa. Descobri com várias fontes em Taiwan e na China que há algumas versões digitais rudimentares em chinês circulando, compiladas por um software de tradução com IA, e compartilhadas no WeChat e por e-mails. Até recebi um exemplar como referência. Por mais decepcionante que seja ver seus próprios direitos autorais sendo violados, senti-me vindicado quando me disseram que *Roleta Vermelha* era o livro mais debatido entre as elites chinesas, em geral fomentando as conversas na mesa de jantar. Isso faz sentido. Os casos dos líderes políticos chineses de alto escalão sempre foram guardados a sete chaves, então até os burocratas mais poderosos ficaram interessados em dar uma espiada no que estava acontecendo.

Até o momento, o *feedback* que venho recebendo sobre o livro tem sido muito encorajador. Um grande número de pessoas me agradeceram pela coragem necessária para desafiar as vontades e narrativas do PCCh. Vários conhecidos no Ocidente também mencionaram que *Roleta Vermelha* realmente os ajudou a obter respostas às perguntas que sempre tiveram sobre a China.

Quanto às críticas, os ocidentais e os chineses se concentram em aspectos muito diferentes.

No Ocidente, as críticas tendem a se aglutinar em torno dos gastos extravagantes que o livro descreve. Uma expressão pejorativa dita sobre mim que me impressionou foi "porco capitalista corrupto". Quando eu escrevia os capítulos, tinha preocupações que o consumo evidente que descrevi evocaria imagens depreciativas, mas minha história é um retrato preciso de como as altas elites chinesas daquele período de ouro gastavam suntuosamente. Os gastos extravagantes não eram exclusivos a Whitney e eu, nem ao Sr. Hui da Evergrande. Em retrospecto, na verdade éramos como os homens da caverna que saíam ao mundo pela primeira vez, ávidos e curiosos para experimentarem a vida material ao máximo.

Na China, as críticas ao livro têm muito a ver com as lutas internas entre as diversas facções do PCCh. A maior parte da elite chinesa não contesta qualquer fato exposto pelo livro. Pelo contrário, os debates centram grandemente em onde me encaixo entre as várias facções. Alguns levantam hipóteses de que o livro é um ataque ao ex-primeiro-ministro Wen Jiabao, tendo como evidência a proximidade da data de lançamento de *Roleta Vermelha* com o seu aniversário. Outros, inclinados a buscas inúteis, acreditam que pretendi influenciar o resultado da Sexta Sessão Plenária do 19º Comitê Central do PCCh, que foi marcada 2 meses após o lançamento do livro. Outros ainda creem que escrevi o livro simplesmente porque perdera o favor da atual estrutura de poder de Pequim. Todos têm uma opinião sobre *Roleta Vermelha* talvez ser uma ferramenta para as lutas internas do PCCh antes que Xi inicie seu terceiro mandato de poder absoluto.

Apenas peço aos meus críticos que julguem o livro pelos fatos apresentados. Sou receptivo a debates baseados em *fatos*. Agradeço quaisquer opiniões que os leitores tenham sobre mim, sobre os diferentes personagens do livro e sobre a China, com base em fatos.

Desde o lançamento de *Roleta Vermelha*, de fato me perguntam se contratei guarda-costas ou seguranças. A maioria das pessoas percebe que há um preço a ser pago quando alguém decide ir contra um regime totalitário. Um comentário feito por Ariston alguns meses atrás ainda está na minha cabeça. Após assistir ao documentário da Netflix, *Spycraft*, ele exclamou: "Tenho a sensação de que o PCCh vai nos matar com veneno, de uma forma horrível." Sim, fico preocupado. Nós ficamos. Antes do livro, Ariston costumava ir caminhado à escola sozinho todas as manhãs. Isso não acontece mais. Eu costumava caminhar livremente pelas ruas de Londres. Isso tampouco ocorre mais. Minha família adotou alguns novos hábitos. Há países que não visitamos mais. Também verifico a Difusão Vermelha da Interpol de vez em quando — algo impensável anteriormente na minha vida.

Sabemos que nossos medos são reais e aprendemos a confrontá-los diretamente. Um regime totalitário implacável não obedece regras, não tem padrões éticos ou morais e é capaz de qualquer coisa. O PCCh nos inflige medo deliberadamente — para nos coagir a autorregularmos nossos comportamentos, a autocensurar nossas palavras e a obedecer as linhas vermelhas que o Partido traça. Recuso-me a viver assim.

"Qual é seu plano para o futuro?", perguntou-me um repórter. Janelas de oportunidades aparecem todos os dias se mantivermos nossos olhos bem abertos. Por ora, estou focado em dar suporte ao lançamento de *Roleta Vermelha* em diversos outros idiomas ao redor do mundo. Fiquei tocado e motivado pelo comentário de um novo amigo, referindo-se à mensagem do livro: "É um evangelho que precisa ser espalhado."

E, assim, sigo em frente, difundindo a palavra.

Desmond Shum

2 de março de 2022

◀ AGRADECIMENTOS ▶

Este livro é um projeto que começou com coragem e amor. Amor, amar e ser amado.

Escrevi-o por causa do meu amor pelo meu filho, Ariston. Ele me deu a chance de ser o pai a que eu aspirava ser. Quero que ele saiba quem seus pais realmente são, o que conquistaram e pelo que passamos.

Ser amado. Sem o apoio dos meus amados, nunca teria tido a coragem de levar isso adiante. Ci Sun, minha cara-metade, é uma verdadeira bênção em minha vida. Sem ela, teria sido muito mais difícil me recompor depois de ter virado a página da China. Ela tem sido tolerante e me motiva em cada passo tomado.

Ela também está sacrificando parte de sua vida para enfrentar comigo quaisquer tempestades que podem nos atingir após a publicação deste livro. Ela se preparou para não voltar à China. É uma decisão muito grande que tomou.

Também quero agradecer à minha ex-esposa, Whitney Duan. Eu não seria o que sou hoje sem ela. Ela é minha parceira silenciosa neste livro. Também agradeço aos meus pais. Eles me amam à sua própria maneira. Eles também me apoiaram neste projeto ao se prepararem para possíveis perseguições do Partido Comunista Chinês.

Coragem. É preciso ter toda a coragem que posso reunir para me levantar e falar a verdade sobre este poder inescrupuloso, o Partido Comunista Chinês. Muitos me ajudaram a me preparar para tal empreitada. Keith Berwick foi meu mentor no Programa de Bolsas Crown no Instituto Aspen. Ele me inspirou quando eu buscava um propósito maior na vida. Me mostrou o caminho da coragem, da retidão e do amor. Ele continua me motivando e encorajando. Meus colegas de turma da 9ª Sinfonia me inspiraram com sua dedicação pelos outros e com seu desejo de viver uma vida em prol de outra pessoa que não eles mesmos. Ainda me lembro da história de Jordan Kassalow sobre como enfrentou uma tempestade de janelas abertas. Outro colega de Aspen, Bill Browder, tem sido uma inspiração por sua coragem em publicar seu livro, *Alerta Vermelho*. As memórias publicadas lá e suas ações subsequentes abriram um caminho para todos aqueles que enfrentam regimes autoritários inescrupulosos. Agradeço também a Matthew Pottinger, que serviu durante 4 anos no Conselho de Segurança Nacional dos EUA. A imagem dele recitando, num mandarim impecável, uma frase de um antigo poema de Fan Zhongyan — "É melhor se manifestar e morrer do que ficar em silêncio e viver" — que não sai da minha cabeça. O poema de Fan foi o lema da jornada de redação deste livro, e essa frase é a epígrafe deste livro.

Obviamente, não posso me esquecer do destemido povo honconguês, que se sacrificou na busca da dignidade humana. Fico maravilhado por sua valentia e quero fazer minha parte pela cidade que costumava chamar de lar.

Este livro não teria sido possível sem meu parceiro de escrita, John Pomfret. Seu conhecimento da China e sua experiência lá tornou nossas trocas de ideias suaves e proveitosas. Sua atenção e diligência tornaram prazeroso trabalhar com ele. Espero continuar nossa amizade.

Também quero agradecer aos amigos que trocaram ideias comigo ao longo do projeto. Andrew Small é meu amigo desde que se formou em Oxford. Na medida em que ascende como um dos principais pesquisadores em geopolítica, mal posso esperar em ter mais conversas com ele; sei que sempre haverá novidades em nossos debates. Ken Zhou é um importante pensador e escritor sobre a política de Taiwan e a dinâmica nos dois lados do estreito. Seu pensamento fora da caixa foi uma inspiração para mim ao longo da última década. Thomas Eymond-Laritaz sempre foi um amigo apoiador e atencioso. Seu conhecimento sobre política global e negócios é realmente excepcional. Há outros, também, mas manterei seus nomes comigo, considerando a tendência lamentável do Partido em punir os amigos e familiares dos dissidentes.

Moda e estilo são coisas que aprecio desde o início da minha vida adulta. Isso me fortaleceu para sonhar alto, para reimaginar o que é possível. Meu amigo de vida toda, Stephen Luk, foi quem me levou a esse mundo. Após 40 anos, ainda trocamos ideias sobre moda e informações sobre os melhores artesãos para fazerem nossos itens adorados.

Sou eternamente grato à ChinaVest, a principal empresa de *private equity* na grande China no início da década de 1990.Jenny Hui me contratou. Dennis Smith e Alex Ngan me ajudaram a aprimorar meus planos empresariais e minha perspicácia nos investimentos.

Quero agradecer aos meus colegas da Great Ocean; juntos, criamos projetos imobiliários de ponta na China. Porém, devido ao seu medo de retaliação do Partido, não posso mencionar seus nomes. Vocês sabem quem são. Sou grato por todo seu apoio.

Também agradeço aos meus agentes editoriais, Amy e Peter Bernstein. Eles viram o potencial da minha história e a levaram para as principais editoras. Eles me guiaram durante todo o processo. A editora Scribner foi uma parceira ideal. Meu editor, Rick Horgan, foi extremamente tolerante com este escritor novato. Sua sabedoria e paciência são exemplares. Também agradeço à toda equipe da Scribner que percebeu a urgência de nossa história. Isso inclui o editor Nan Graham, o diretor de publicidade e marketing Brian Belfiglio, o diretor de direitos autorais Paul O'Halloran, a diretora sênior de marketing Brianna Yamashita, o editor sênior de produção Mark LaFlaur, a diretora de arte Jaya Miceli e a assistente editorial Beckett Rueda. Meg Handler fez um ótimo trabalho com as fotos.

⚜ NOTAS ⚜

Capítulo Três

50   *"o esclarecimento pode fluir pelas torneiras como água"*: David Sheff, "Betting on Bandwidth", *Wired*, 1º de fevereiro de 2001, https://www.wired.com/2001/02/tian/.

53   *Robertson supostamente se gabou dos laços com a família de Feng Bo:* Charles R. Smith, *Deception: How Clinton Sold America Out to the Chinese Military* (La Porte, Ind.: Pine Lake Media Group, 2004), 166.

Capítulo Seis

85   *os mais velhos do Partido já haviam decidido se livrar dele:* Philip P. Pan, *Out of Mao's Shadow: The Struggle for the Soul of a New China* (Nova York: Simon & Schuster, 2008), 4.

Capítulo Sete

91   *J.P. Morgan pagou à Fullmark US$ 1,8 milhão:* David Barboza, Jessica Silver-Greenberg e Ben Protess, "JPMorgan's Fruitful Ties to a Member of China's Elite", *New York Times*, 13 de novembro de 2013, https://dealbook.nytimes.com/2013/11/13/a-banks--fruitful-ties-to-a-member-of-chinas-elite/.

93   *"enojado pelas atividades da família":* Consulado de Xangai, "Carlyle Group Representative on Leadership Issues". Cabograma no Wikileaks: 07SHANGHAI622_a. Datado de 20 de setembro de 2007. https://wikileaks.org/plusd/cables/07SH ANGHAI622_a.html.

94   *"limitado pela prominência de sua posição":* Consulado de Xangai, "Carlyle Group Representative on Leadership Issues". Cabograma no Wikileaks: 07SHANGHAI622_a. Datado de 20 de setembro de 2007.

97   *Havia rumores de que grande parte da riqueza de Xu fora obtida ilegalmente:* Michael Forsythe, "Chinese Businessman Linked to Corruption Scandals Dies in Prison, Reports Say", *New York Times*, 6 de dezembro de 2015, https://www.nytimes.com/2015/12/07/world/asia/china-xu-ming-dies-prison.html.

101   *Huang Huang embolsou outros US$3 milhões do Deutsche Bank:* Michael Forsythe, David Enrich e Alexandra Stevenson, "Inside a Brazen Scheme to Woo China: Gifts, Golf and a $4,254 Wine", *New York Times*, 14 de outubro de 2019, https://www.nytimes.com/2019/10/14/business/deutsche -bank-china.html.

Capítulo Oito

108   *contratos para fornecimento de um tipo de água mineral, chamado Tibete 5100:* Cao Guoxing, "Everest 5100: The Political and Business Alliance Behind a Bottle of Mineral Water". Rádio França Internacional, 7 de julho de 2011.

Capítulo Dez

141   *Li Peiying entrou de cabeça. Ele usava seus músculos e seu carisma:* "Beijing Capital International Airport Air Cargo Clearance Base Lays Foundation", Site Oficial do Governo Central da República Popular da China, 29 de junho de 2006, http://www.gov.cn/jrzg/2006-06/29/content_323047.htm.

Capítulo Doze

170   *Artista, ela havia feito uma pequena fortuna:* Patrick E. Tyler, "China's First Family Comes Under Growing Scrutiny", *New York Times,* 2 de junho de 1995, https://www.nytimes.com/1995/06/02/world/china-s-first-family-comes-under-growing-scrutiny.html.

Capítulo Catorze

205   *Sua suposta corrupção também tinha um quê de lenda:* Bill Savadove, "Jia Qinglin: Tainted survivor with a powerful patron", *South China Morning Post,* 23 de outubro de 2007, https://www.scmp.com/article/612592/jia-qinglin-tainted-survivor-powerful-patron.

211 *Isso foi uma licença para imprimir dinheiro:* Sean O'Kane, "EV startup Canoo's mysterious backers named in new harassment lawsuit", *The Verge*, 8 de outubro de 2019, https://www.theverge.com/2019/10/8/20899436/discrimination-lawsuit-canoo-foreign-backers-ev-startup-british-chinese--government.

212 *identificada nos Papéis do Panamá como a acionista única:* Juliette Garside e David Pegg, "Panama Papers reveal offshore secrets of China's red nobility", *Guardian*, 6 de abril de 2016, https://www.theguardian.com/news/2016/apr/06/panama-papers-reveal-offshore-secrets-china-red-nobility--big-business.

213 *também relacionaram Yu a empréstimos questionáveis:* Consulado de Xangai "Pension Scandal Claims More, Politics as Usual". Cabograma no Wikileaks 06SHANGHAI16957_a. Datado de 27 de outubro de 2006, https://wikileaks.org/plusd/cables/06SHANGHAI6957_a.html.

Capítulo Dezesseis

235 *a família Wen tinha cerca de US$ 3 bilhões:* David Barboza, "Billions in Hidden Riches for Family of Chinese Leader", *New York Times*, 25 de outubro de 2012, https://www.nytimes.com/2012/10/26/business/global/family-of-wen-jia-bao-holds-a-hidden-fortune-in-china.html.

237 *fortuna de parentes do... Xi Jinping:* "Xi Jinping Millionaire Relations Reveal Fortunes of Elite", Bloomberg News, 29 de junho de 2012, https://www.bloomberg.com/news/articles/2012-06-29/xi-jinping-millionaire-relations-reveal-fortunes-of-elite.

239   *os filhos e as filhas dos membros seniores do Partido obti-*
      vessem boas posições: Yuan Huai, "Chen Yun Appointed Me
      to Work under Li Rui of the Central Organization Depart-
      ment", Mirror History Channel, 10 de novembro de 2020
      https://www.mingjingnews.com/article/48411-20.

Capítulo Dezessete

251   *discursei no Instituto Aspen:* "Leadership in Action Series:
      David Rubenstein; The China Model; Madeleine Albright", Ins-
      tituto Aspen, 31 de julho de 2013, https://archive.org/details/
      Leadership_in_Action_Series_-_David_Rubenstein_The_Chi-
      na_Model_Madeleine_Albright.

Capítulo Dezoito

27   *Ele era o neto de Gu Mu:* Wu Ying, "A man, his horse, His mal-
      let, his life", *China Daily*, 26 de outubro de 2011, http://www.
      chinadaily.com.cn/cndy/2011-10/26/content_13976808.htm.

272   *a nata da realeza comunista chinesa:* John O'Sullivan,
      "China: Wealthy elite revives the spirit of the emperors",
      Financial Times, 26 de maio de 2012, https://www.ft.com/
      content/f6ace4c8-9da1-11e1-9a9e-00144feabdc0.

❊ ÍNDICE ❊

Projetos corporativos e edições personalizadas
dentro da sua estratégia de negócio. Já pensou nisso?

Coordenação de Eventos
Viviane Paiva
viviane@altabooks.com.br

Assistente Comercial
Fillipe Amorim
vendas.corporativas@altabooks.com.br

A Alta Books tem criado experiências incríveis no meio corporativo. Com a crescente implementação da educação corporativa nas empresas, o livro entra como uma importante fonte de conhecimento. Com atendimento personalizado, conseguimos identificar as principais necessidades, e criar uma seleção de livros que podem ser utilizados de diversas maneiras, como por exemplo, para fortalecer relacionamento com suas equipes/ seus clientes. Você já utilizou o livro para alguma ação estratégica na sua empresa?

Entre em contato com nosso time para entender melhor as possibilidades de personalização e incentivo ao desenvolvimento pessoal e profissional.

PUBLIQUE
SEU LIVRO

Publique seu livro com a Alta Books. Para mais informações envie um e-mail para: autoria@altabooks.com.br

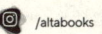 /altabooks   /alta-books   /altabooks   /altabooks

CONHEÇA OUTROS LIVROS DA **ALTA BOOKS**

Todas as imagens são meramente ilustrativas.

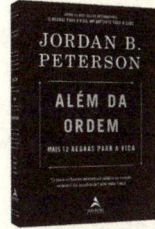

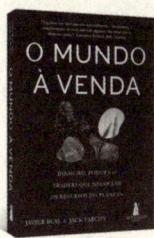